DESIGN E ESCOLA: PROJETAR O FUTURO

Dados Internacionais de Catalogação na Publicação (CIP)
(Jeane Passos de Souza – CRB 8ª/6189)

Design e escola : projetar o futuro / Caroline d'Auria... [et al.]; tradução de Eloise de Vylder. – São Paulo: Editora Senac São Paulo, 2021.

Título original: Innover dans l´école par le design
ISBN 978-65-5536-436-1 (impresso/2021)
e-ISBN 978-65-5536-437-8 (ePub/2021)
e-ISBN 978-65-5536-438-5 (PDF/2021)

1. Design : Educação 2. Design : Escola 3. Design – Experimentação 4. Arquitetura escolar 5. Ambiente escolar 6. Inovação em educação I. Título. II. D'Auria, Caroline. III. Flamand, Brigitte. IV. Fleury, Jean. V. Grosson, Giles. VI. Mergy, Clémence. VII. Musset, Marie. VIII. Pène, Sophie. XIX. Thomas, Marie-Claire. X. Tixier, Jean-Pierre. XI. Veltcheff, Caroline.

21-1221t
CDD – 745.4
371.1
727
BISAC DES000000
EDU012000
ARC007000

Índices para catálogo sistemático:
1. Design : Educação 745.4
2. Educação : Inovação escolar 371.1
3. Ambiente escolar : Arquitetura 727

DESIGN E ESCOLA: PROJETAR O FUTURO

OBRA COLETIVA
TRADUÇÃO: ELOISE DE VYLDER

EDITORA SENAC SÃO PAULO – SÃO PAULO – 2021

Presidente do Conselho Regional
Abram Szajman

Diretor do Departamento Regional
Luiz Francisco de A. Salgado

Superintendente Universitário e de Desenvolvimento
Luiz Carlos Dourado

EDITORA SENAC SÃO PAULO

Conselho Editorial
Luiz Francisco de A. Salgado
Luiz Carlos Dourado
Darcio Sayad Maia
Lucila Mara Sbrana Sciotti
Jeane Passos de Souza

Gerente/Publisher
Jeane Passos de Souza (jpassos@sp.senac.br)

Coordenação Editorial/Prospecção
Luís Américo Tousi Botelho (luis.tbotelho@sp.senac.br)
Dolores Crisci Manzano (dolores.cmanzano@sp.senac.br)

Administrativo
grupoedsadministrativo@sp.senac.br

Comercial
comercial@editorasenacsp.com.br

Edição e Preparação de Texto
Heloisa Hernandez

Revisão de Texto
Karen Daikuzono

Editoração Eletrônica
Manuela Ribeiro

Impressão e Acabamento
Type Brasil Gráfica e Editora

Proibida a reprodução sem autorização expressa.
Todos os direitos desta edição reservados à
Editora Senac São Paulo
Rua 24 de Maio, 208 – 3º andar
Centro – CEP 01041-000
Caixa Postal 1120 – CEP 01032-970 – São Paulo – SP
Tel. (11) 2187-4450 – Fax (11) 2187-4486
E-mail: editora@sp.senac.br
Home page: http://www.livrariasenac.com.br
© Editora Senac São Paulo, 2021

Título original
Innover dans l'école par le design

Direção
Sandrine Chudet e Caroline d'Auria

Texto
Caroline d'Auria, Brigitte Flamand, Jean Fleury, Giles Grosson, Clémence Mergy, Marie Musset, Sophie Pène, Marie-Claire Thomas, Jean-Pierre Tixier e Caroline Veltcheff
©Réseau Canopé-Cité du design, 2017

Ilustrações (capa e desenhos internos)
©Cyril Afsa, Gaëtan Robillard, Studio Tabouret, 2017

Cet ouvrage, publié dans le cadre du Programme d'Aide à la Publication année 2020 Carlos Drummond de Andrade de l'Ambassade de France au Brésil, bénéficie du soutien du Ministère de l'Europe et des Affaires étrangères.

Este livro, publicado no âmbito do Programa de Apoio à Publicação ano 2020 Carlos Drummond de Andrade da Embaixada da França no Brasil, contou com o apoio do Ministério francês da Europa e das Relações Exteriores.

SUMÁRIO

7	NOTA DO EDITOR	
9	PREFÁCIO	
11	INTRODUÇÃO	
13	LEITURA DE FORMAS ESCOLARES INOVADORAS	
	15	Como trabalhei no oceano de projetos inovadores
	17	Epifanias e permanência de formas escolares inovadoras
	35	O processo criativo como fábrica de inovação
65	EXPERIMENTAÇÃO EM DESIGN	
	67	Vocês falaram em "'experimentação em design"?
	73	Métodos criativos do design na rede de educação prioritária: uma oportunidade a abraçar?
	77	Estudos dos usos
	81	Balizas e cenários de uso pedagógico
	151	O design à prova da organização escolar
157	ESPAÇO ESCOLAR, AMBIENTE ESCOLAR	
	159	Dar aula na sala de aula hoje?
	171	O design para questionar o ambiente escolar
177	CONCLUSÃO	
179	REFERÊNCIAS	
181	SITES	
182	SIGLAS	
185	OS AUTORES	

NOTA DO EDITOR

Em um contexto marcado por transformações digitais nas relações de ensino e aprendizagem, esta publicação volta o seu olhar para outra questão igualmente importante: onde reside o ensino e o aprendizado nas escolas? Como o ambiente escolar pode favorecer essa dinâmica, proporcionar a sensação de acolhimento ao aluno e contribuir para a sua formação?

Mais além da sala de aula, o relato de diferentes profissionais nos mostra que o lugar de aprendizado se expandiu. Retomando os preceitos da OCDE quanto aos fatores que influenciam o ambiente de aprendizagem nas escolas, professores, designers e coordenadores de instituições de ensino trazem suas vivências relacionadas ao contexto francês, expondo os seus estudos, análises e práticas do design aplicado à escola – no que tange à arquitetura dos espaços e à metodologia das disciplinas criativas aplicadas a projetos em aula –, suas percepções enquanto profissionais de ensino e o seu olhar quanto à receptividade e ao desenvolvimento dos alunos.

Considerando que as experiências e os projetos pedagógicos franceses apresentados nesta publicação podem suscitar novas formas de interpretá-los e implementá-los no país, com base em nossas especificidades, o Senac São Paulo tem como objetivo, por meio do lançamento deste livro, fomentar a inovação no ambiente escolar.

PREFÁCIO

A mente humana está sempre inclinada a imaginar o futuro e sonhá-lo. Da utopia à cidade ideal, o humanismo construiu lugares de saber consagrados ao *Ratio Studiorum*[1] e preservados do mundo exterior para apenas alguns escolhidos.

O século XIX é, ao contrário, aquele da democratização e da escola obrigatória, que encarna pela primeira vez em espaços e mobiliários adaptados às exigências das disciplinas. Inúmeros arquitetos prescreviam então as normas dos novos espaços escolares adaptados às condições de higiene, conforto e funcionalidade. A escola moderna surge, assim, sobre a base de um primeiro modelo funcionalista e padronizado, adaptado à era industrial, que toma o lugar do *studiolum*.

Em 1885 e 1887, a lei Goblet fixa os princípios da arquitetura e do mobiliário da escola, estabelecendo assim a estrutura material do espaço escolar em toda a França. No pós-guerra, a situação política e social obriga a pensar com urgência na construção de novas unidades escolares. Com frequência, o mestre de obras substitui o arquiteto e responde a essa urgência com blocos de princípios arquitetônicos elementares com o pseudoálibi modernista.

Um único esquema para as classes: janelas à esquerda e corredor central de 1,75 m à direita. Entre 1950 e 1960, 74 mil escolas elementares e maternais* são construídas na França. Essas formas padronizadas respondem a uma única lógica: aquela do número de cadeiras e mesas repetidas dentro do espaço da sala de aula, reduzido ao único critério do número de alunos. Alternativas de classes abertas que respeitam o desenvolvimento do corpo da criança certamente surgiram, mas muitas se transformaram com o tempo em salas tradicionais, fechadas, com divisórias ou paredes de vidro.

A escola atual é sintoma de tudo isso! Uma arqueologia dos imóveis e móveis estratificados ao longo dos séculos ainda hoje nos mostra, com desvios sutis, um modelo pedagógico que relativamente pouco evoluiu. A estruturação disciplinar privilegia sempre o intelecto em detrimento do corpo e sustenta, com algumas ínfimas variações, as mesmas lógicas educativas. As experiências pedagógicas de Maria Montessori e John Dewey mostram que respeitar o corpo ao mesmo tempo que o intelecto é essencial para o bem-estar da criança. Experimentações virtuosas se repetem, mas sem conseguir responder ao desafio de 12 milhões de crianças confrontadas com mudanças sociológicas complexas (família, trabalho, respeito aos valores da laicidade, etc.). Nossa relação com a aprendizagem e os saberes continua, na verdade, estruturada por lógicas descendentes pouco propícias à partilha, à colaboração e à interdisciplinaridade.

Entre o "pedagogismo" e a nostalgia de uma escola fundada exclusivamente sobre a cultura humanista francesa, o século XXI se inscreve num período em plena mutação, aquele dos *nativos digitais* que nos obrigam a nos questionar sobre um mundo em processo de transformação diante dos nossos olhos.

A escola deve, portanto, responder a um desafio histórico, o Ministério da Educação francês mobiliza condições para superá-lo em todos os níveis do sistema educativo, enquanto preserva aquilo que funda nossa cultura e nossa identidade francesa. A escola informatizada contribui, mas não somente. Reconciliar o corpo e a mente é um grande desafio e as experiências realizadas por renovadores ou professores e pesquisadores aventureiros não devem mais ser exceção. Essa ambição de mudar se traduz também na renovação do nosso patrimônio arquitetônico, na criação de novos espaços educativos e na reconstrução de nossa escola. Para sermos bem-sucedidos, devemos nos reapropriar das palavras de Maria Montessori: "O

---

1   Plano de estudos – sistema educativo jesuíta, 1598.

*   N. T.: Equivalentes aos primeiros anos do ensino fundamental (6 a 10 anos) e à educação infantil (2 a 5 anos), respectivamente.

intelecto da criança não trabalha sozinho, mas, sempre e por toda parte, em íntima ligação com seu corpo, e mais particularmente com seu sistema nervoso e muscular".
Para reexaminar os espaços arquitetônicos e nosso ecossistema escolar, devemos portanto admitir que o corpo tem uma importância fundamental no desenvolvimento das capacidades cognitivas.
"Criar novas formas escolares" implica uma atitude voluntarista diante de todas as formas de transmissão de saberes, aquelas das novas ferramentas, mas, mais fundamentalmente, aquelas do gesto manual ou técnico que participam do desenvolvimento do intelecto, já que se trata de uma outra maneira de ver a materialidade do mundo.
Suscitar o desejo pela escola é uma resolução inscrita na lei francesa de refundação da escola[2] e, para conseguir isso, devemos começar a parar de chamar de "usuários" os seres que precisam de um ambiente calmo e propício ao trabalho.
No cerne dessa refundação, a tecnologia digital também questiona todas as novas formas de inovação social, aquelas que perguntam: como habitar e gerir esse novo espaço social?
A arquitetura encontra aqui seu lugar natural e legítimo, irrigando nossas reflexões sobre os novos usos e sua necessária roteirização, a fim de antecipar nossos espaços futuros, privados e públicos. Nesse aspecto, a escola é um formidável catalisador de transformações sociais e nossa ambição é ampla, não se destina a apenas algumas experimentações. Questionar nossos espaços educacionais cria as condições de mudança. Alguns exemplos:
– o programa "Eu participo da reforma da minha escola" (Cité du Design e metrópole de Saint-Étienne; desde 2007);
– o prêmio Jean Prouvé de mobiliário escolar para o futuro, lançado em 2014 por iniciativa do Ministério da Educação francês e da UGAP[3] (ele permite o questionamento sobre o mobiliário escolar do futuro com os designers e as escolas de design e de arquitetura);
– o chamado para projetos do Concurso de Ideias Archiscola – construir uma escola para o futuro – (laboratório EMA da Universidade Cergy-Pontoise);
– o lançamento de um chamado à manifestação de interesse para criar os espaços educativos do futuro envolvendo o grupo Caisse des Dépôts e seu Lab cdc, o Ministério da Educação francês, autoridades locais e indústrias (2016-2017).
O Ministério da Educação francês dedica toda a sua atenção a esse novo ecossistema para o qual devemos reinventar um novo viver conjunto. Uma criança se desenvolve com o tempo, segundo lógicas que não se inscrevem num só modelo e menos ainda submetidas apenas às leis naturais. A autonomia, a colaboração, o individual, o recolhimento, o participativo, a escuta, a visualização, a concentração, o questionamento são o bem comum das Humanidades Digitais e, portanto, um novo desafio para a aprendizagem e a aquisição de saberes.
A revolução do digital está aí e a mudança é inevitável. Michel Serres vê "...efeitos pelo menos tão consideráveis quanto no tempo da invenção da escrita e, depois, da imprensa [...] As formas de acessar o conhecimento foram profundamente modificadas".[4]
Preservar nossa cultura fundada naquela do Iluminismo, mas também na de Michel de Montaigne, que pensava de forma premonitória que "tratar da forma de criar e educar as crianças parece ser a coisa mais importante e a mais difícil de toda a ciência humana".[5]
O desafio que a revolução digital representa nos incita mais do que nunca a inovar as formas escolares desde já.

Brigitte Flamand
IGEN Design & métiers d'art

---

2   Lei nº 2013-595 de 8 de julho de 2013, de orientação e programação para a refundação da escola da França.
3   Um glossário de siglas pode ser encontrado à página 182 desta obra.
4   Michel Serres, "L'Innovation et le numérique", Universidade Paris 1 Panthéon-Sorbonne, palestra ministrada em 29 de janeiro de 2013, 48 min.
5   Michel de Montaigne, Essais, Livro I, capítulo XXV.

INVENTAR A ESCOLA DO FUTURO

A escola se caracteriza ao mesmo tempo pela permanência e pela impermanência. A permanência é a renovação das gerações, o "devir humano", a aproximação do mundo pela criança que se torna adulta...

A impermanência está no fato de que há inúmeras maneiras de se "fazer humano"... Será que havia uma escola para os primeiros *Homo sapiens*? Provavelmente existiam práticas de comunicação, de participação, de treinamento para a vida em curso! É claro, a escola não estava instituída, mas esta "função escolar" era latente... Da Antiguidade ao mundo Moderno, a escola modificou-se em sua forma. Com o pensamento do positivismo, o século XIX introduziu as disciplinas e a escola foi fortemente estruturada. O século XX foi marcado pela ascensão da ideia de igualdade. Já o século XXI deveria estar concentrado na ideia de complexidade. Como então fazer surgir uma nova forma que responda a essa nova exigência e a essa nova visão? Como podemos escapar da imposição de uma forma e inventar novas?

Nos dois casos, a metodologia do design parece especialmente adequada.

A mudança é uma aventura. Como mostrou a sociologia da inovação, não basta que um projeto esteja repleto de qualidades lógicas para que seja aceito e implementado. A realidade é uma mistura de vontades, aptidões, disposições, hábitos, objetos, finalidades... Reformas se sucedem a reformas e percebemos a dificuldade de fazer surgir uma mudança verdadeira. A experiência relatada aqui, conduzida em conjunto pelo Ministério da Educação da França, a rede Canopé e a Cité du Design, começou a explorar uma nova maneira de fazer a escola evoluir. Tratava-se, antes de mais nada, de "mudar os métodos de mudança".

Por suas características próprias, a metodologia do design abre a perspectiva de um novo caminho. Com expressões como "coconstrução", "atenção aos usos", "expressão de necessidades", "atenção às formas", "processo criativo"..., percebemos novos horizontes potencialmente propícios a uma evolução durável. Pensar no design permite mudar o ângulo de visão e os modos de agir.

Mas o sistema resiste e vemos os limites do *think different*, do pensar diferente. Em todos os aspectos: em que momento reunir as diferentes pessoas? No que podemos trabalhar? Até onde podemos ir? Como restaurar e regular as propostas? Quem decide o quê? Como aliar universos desconexos (as escolas de diferentes níveis, as diferentes categorias de pessoas, etc.)? Em que momento as propostas podem ser implementadas?

O experimento realizado por meio do projeto "Inovar as formas escolares pelo design" foi conduzido com muita perseverança pelos diferentes atores por um longo período de tempo. Mudanças aconteceram, professores e responsáveis foram transferidos, dando lugar a novos atores que tiveram de se apropriar do projeto. A temporalidade escolar impôs suas lógicas (fim de ano, férias, tempos diferentes entre escolas e colégios,* emprego do tempo distinto entre professores, etc.). Os territórios também evoluíram em sua representação política, e os órgãos administrativos permitiram uma continuidade salutar.

Portanto, aprendemos muito, tanto pelas dificuldades quanto pelas realizações.

O que foi realizado constituiu uma experiência humana muito rica e proporciona perspectivas promissoras. O olhar para a ação que foi realizada, como aparece neste livro, traz ferramentas conceituais e práticas que podem consolidar as ações necessárias de mudança e contribuir para o desenvolvimento da escola do século XXI.

---

* N. T.: No sistema educacional francês, as escolas se destinam ao ensino de crianças de 3 a 11 anos (escola maternal, de 3 a 6, e escola elementar, de 6 a 11), e os colégios, de 11 a 15 anos.

O texto que vocês vão ler descreve a elaboração de uma transferência do método do design para o mundo educativo. Isso é muito: como diz Sophie Pène, o design se redesenha. É uma dupla transformação a que assistimos: a do design e a do mundo escolar. É uma combinação promissora para caminhar em direção a esse mundo no qual o saber será o bem comum da humanidade.

Um estado da arte,[1] nas regras metodológicas do design, descreve de maneira detalhada e eficaz o trabalho de mudança nas formas escolares. Há verdadeiras afinidades entre os processos do design e os da inovação. Podemos identificar vários pontos de ligação no formato do projeto e na condução de processos criativos. O design permite aliviar o peso dos hábitos e abre possibilidades. Clémence Mergy, designer e professora, retraça seu itinerário no texto "Como trabalhei no oceano de projetos inovadores"[2] e ausculta as explorações de novas formas escolares. Ela extrai desse itinerário a substância do movimento de inovação. Estabelece um plano que constitui uma ferramenta de pensamento a ser aplicada, ilustrada por exemplos que podem indicar os caminhos a serem construídos. Surge assim uma paisagem prática, que guia aquele ou aquela que deseja criar novas pedagogias.

O design é também uma experiência de campo. Três parceiros se dedicaram à experimentação de ferramentas do design como elementos de mudança e de desenvolvimento da inovação. Por meio da Coordenação acadêmica pela pesquisa e desenvolvimento em inovação e experimentação (Cardie, em francês), o distrito escolar de Lyon, a rede Canopé e a Cité du Design juntaram suas forças para sustentar uma equipe multidisciplinar que trabalhou com várias escolas e um colégio de uma rede de educação prioritária (REP). Caroline d'Auria descreve a abordagem prospectiva adotada pela Cité du Design para ligar o mundo do design a grandes desafios sociais. Marie-Claire Thomas evoca a evolução dos métodos criativos no contexto da educação prioritária, caracterizando-os como uma oportunidade: é necessário mudar a estrutura do problema para encontrar soluções. Gilles Grosson e Jean-Pierre Tixier retomam sua experiência de confronto entre a ação de uma equipe multidisciplinar e o mundo da escola, com sua diversidade e contradições. Vemos aparecer os atritos da mudança em ação, a distância entre o mundo da concepção intelectual e a realidade da organização escolar. Apesar disso, frutos amadureceram nessa troca: a implantação de possibilidades feitas de balizas e cenários. A imagem das balizas é particularmente esclarecedora: num universo de mudança, é primordial saber em que águas navegamos, o que colocamos à prova e aquilo com que nos confrontamos. Os cenários, com sua flexibilidade e capacidade de trazer para a experiência uma problematização, representam potencialmente uma boa solução para a difusão das inovações.

Inovar as formas escolares pelo design abre assim caminhos de reflexão pertinentes para questionar as mudanças da escola. Moldada pelas restrições e pelo modelo da indústria, a escola deve encontrar outras matrizes. Como diz Marie Musset, é necessário acabar com a identificação, por mais intuitiva e disseminada que seja, do espaço escolar com a sala de aula. É o espaço da escola, como um todo, que é educador. A escola manifesta os valores de uma sociedade. Como, então, pensar a arquitetura e a configuração escolar hoje? Habitar a escola traz a questão da experiência dos alunos e do que eles aprendem nela. É a problemática tratada por Caroline Veltcheff, ao colocar em perspectiva questionamentos sobre o bem-estar na escola.

É, portanto, para uma galeria de espelhos que convidamos o leitor: as soluções estão lá, nós as vemos... mas, como alcançá-las?

Jean Fleury, Inspetor de ensino, Conselheiro acadêmico
pela pesquisa e desenvolvimento em inovação e experimentação

---

1 Clémence Mergy, *Innover dans les formes scolaires par les disciplines créatives*, Cité du Design, 2015.
2 Cf. Parte 1, Capítulo 1.

"A permanência de alavancas de inovação encontradas nas formas escolares persiste em nos indicar caminhos de mudança para a escola."

Clémence Mergy

COMO TRABALHEI NO OCEANO DE PROJETOS INOVADORES

Clémence Mergy, designer e professora

Dedico-me aqui a uma espécie de fenomenologia das *formas escolares* e tento distinguir, entre elas, aquelas que acompanham a inovação.

A PESQUISA INICIAL

Apresentação do plano inicial e suas quatro partes

O estado da arte *Innover dans les formes scolaires par les disciplines créatives* (Inovar as formas escolares pelas disciplinas criativas) é a documentação de uma pesquisa exaustiva, com oitocentas páginas amplamente ilustradas e organizadas em quatro grandes seções ("A infraestrutura escolar à luz da inovação", "Repensar o *status* do conhecimento na escola", "Os protagonistas do meio escolar" e "A metodologia ou a inovação pelo projeto criativo").

Esta pesquisa, realizada de 2013 a 2014 pela Cité du Design, apoia-se na coleta de exemplos de "formas escolares" mais diversas, consideradas interessantes ou inovadoras, sob uma perspectiva reflexiva sobre a escola.

Os exemplos vêm de todos os níveis de aprendizagem, escolares ou não escolares, levantando inovações de todas as amplitudes, modestas ou complexas, com meios humanos e materiais importantes ou reduzidos, com propostas internacionais ou locais. Essas diferenças qualitativas não representam uma segmentação *a priori* para a pesquisa, que mistura os exemplos e os confronta de maneira indiferenciada segundo outros critérios, relacionados mais ao design do que à pedagogia. Todos esses exemplos esclarecem a questão das formas escolares em escalas variadas e é a classificação do todo e sua problematização que permite identificar alavancas de inovação e caminhos de trabalho para o futuro. Por fim, esta seleção se apoia sobre uma experiência dupla de designer e professora, e assume ao mesmo tempo a complementariedade, a subjetividade e, às vezes, o conflito desse duplo olhar.

Formas escolares: o que são?

Mas o que se entende por "formas escolares" e por que essa escolha terminológica? A expressão tomou aqui o lugar daquela, empregada com mais frequência, de "dispositivo pedagógico". É que, se o dispositivo, como lembra Giorgio Agamben,[1] é aquilo que organiza a relação de poder e de saber e remete a um conjunto de meios, práticas e mecanismos, ele pertence antes de mais nada ao professor e à instituição da qual faz parte. Nessa pesquisa, é o designer que observa e que fala de situações pedagógicas: faz isso naturalmente sob o prisma da forma, cerne de sua profissão. De fato, sob seu ponto de vista, todo dispositivo pedagógico envolve a *forma*: o espaço bifrontal da sala de aula tradicional, que coloca frente a frente um professor transmitindo um conhecimento e um grupo de alunos imóveis que recebe esse conteúdo, é uma *forma escolar* que podemos ler numa planta arquitetônica e na volumetria de um espaço. É sobre esses elementos materiais, essas infraestruturas, que o designer costuma agir.

A escolha de uma infraestrutura (arquitetura, mobiliário, utensílios) em vez de outra determina as formas escolares e, por isso mesmo, as condições de transmissão e de aprendizagem. Se acompanha os usos, a forma faz sentido; e é próprio da profissão do designer desenhá-la, trabalhá-la, mas também questioná-la, avaliar seu desempenho, sua recepção crítica ou mesmo propor uma melhoria.

Tomando a expressão ao pé da letra – *inovar as formas escolares* –, a designer que sou fornece à professora um viés interpretativo para pensar a inovação pedagógica onde esta última não tem legitimidade *a priori*.

---

1   Giorgio Agamben, *Qu'est-ce qu'un dispositif?* Editions Rivages, 2006.

SOBRE O CONCEITO DE INOVAÇÃO

Inovação é um termo trivial e às vezes de conotação negativa, empregado tanto no campo do design quanto no da pedagogia. Isso nos convida a falar rapidamente sobre seu uso específico nesse último campo. De fato, como lembra o relatório "L'innovation, un projet institutionnel"[2] (Inovação, um projeto institucional), seu emprego recorrente aplicado à educação costuma vir combinado com o do fracasso escolar. Sua aparição simultânea data dos anos 1960, período pós-guerra no qual o ensino secundário começa a se generalizar e, com ele, uma sede de sucesso nem sempre saciada. É esta época que vê o nascimento do sentimento de fracasso e transfere a responsabilidade, socialmente intolerável, daqueles que antes eram apenas maus alunos para a instituição propriamente dita. Dessa forma, o Estado é chamado a responder a essas situações que se tornaram um problema. É o começo de uma longa e incessante sequência de reformas e inovações, algumas vindas do alto e outras da base, levando ao desenvolvimento extensivo dessas últimas.

Desde o final do século XIX, pensadores imaginam o que chamamos de novas pedagogias, que se opõem às tradicionais. A educação, portanto, não esperou os anos 1960 para buscar novas práticas: o que mudou naquele momento foi a vontade de difundir a novidade para trazer mudanças e fazer uma política. Mas, como lembra muito bem o relatório citado, a exemplaridade não é suficiente, e não podemos esperar que ela se espalhe como uma "mancha de óleo".[3] Inventamos para isso, tanto na França como no mundo, organismos institucionais encarregados de difundir e apoiar a inovação. Nos Estados Unidos, desde 1974, a National Diffusion Network (Rede Nacional de Difusão), mas também na França, após a votação do artigo 34,[4] a Cardie ou o INRP (Instituto Nacional de Pesquisa Pedagógica) faz esse tipo de trabalho em todo o território. Não é coincidência que o presente projeto seja apoiado e difundido pela rede Canopé.* Hoje, na era da internet e das redes sociais, essas práticas inovadoras são compartilhadas de forma direta e horizontal, sem passar sempre "pelo alto", o que paradoxalmente não as torna visíveis da mesma maneira, pelo menos no plano institucional.

A relação com o campo de pesquisa

O que é apontado e descrito aqui são as práticas e as formas que nasceram em campo, as realizações concretas nomeadas e consolidadas eventualmente *a posteriori*, ao contrário das intenções que nunca se concretizaram. No domínio das disciplinas criativas, o campo prático de pesquisa está na base de toda reflexão e de toda proposta. O designer trabalha a maior parte do tempo com o campo prático, que na maioria das vezes chama de contexto; ele inclui o usuário em seu processo e se nutre das situações que analisa: ele não as observa necessariamente como técnico, mas, sim, como amador e esteta, às vezes como poeta ou artesão, e certamente como ator e autor. Pode-se dizer que sua subjetividade não é banida e que é até mesmo assumida quando ele realiza um projeto. Mesmo quando é contratado pelo alto (pela empresa, pela instituição), o designer, não tendo nenhuma teoria *a priori* ou ideia preconcebida do que vai produzir, mergulha – em campo – para passar o real pelo filtro de sua análise, de sua experiência e de sua prática, como faz um pedagogo, de certa forma.

---

2   O relatório pode ser consultado no site do distrito escolar de Poitiers em: Action éducative/Innovation-Expérimentation/Liens avec la recherche/Innover et expérimenter/Pratiques innovantes, p. 2. © Académie de Poitiers.

3   *Ibid*, p. 24.

4   Artigo 34 sobre a experimentação pedagógica na lei de diretrizes da escola.

---

*   N. T.: A rede Canopé é uma instituição pública supervisionada pelo Ministério da Educação da França. É uma rede de criação e de acompanhamento pedagógicos, que produz e edita materiais para a educação, contribui para o desenvolvimento de tecnologias na educação e para a educação artística e cultural.

EPIFANIAS E PERMANÊNCIA DE FORMAS ESCOLARES INOVADORAS

Clémence Mergy, designer e professora

Implicitamente sensível, enquanto designer, ao argumento do "terceiro professor",[1] comecei minha pesquisa interessando-me pelas infraestruturas e ambientes escolares. Rapidamente identifiquei que, desde as primeiras inovações de origem pedagógica, ao final do século XIX e começo do XX, a infraestrutura arquitetônica da escola teve por vocação ao mesmo tempo apoiar, acompanhar e exprimir essas inovações. Ela foi simultaneamente o primeiro sinal e a primeira ferramenta.

Se, como mostra a análise de inúmeros exemplos, as escolhas de infraestrutura envolvem o *status* do conhecimento, o *status* dos atores da situação pedagógica e os meios para fazer ambos se encontrarem, cada vez que um desses elementos é modificado pela sociedade, um questionamento é ativado e ressurgem inclinações para a mudança nas maneiras de fazer a escola.

As escolhas organizacionais, formais e infraestruturais efetuadas no começo do desenvolvimento do ensino público (primeira metade do século XIX) chegaram até nós sem quase nenhuma modificação. Portanto, a sociedade na qual a escola se encontra hoje é bem diferente e foi afetada repetidas vezes por mudanças sociais, políticas, econômicas e tecnológicas. É em parte contra essa *forma massivamente dominante que formas contestatórias ou simplesmente experimentais* surgem. Sua manifestação é recorrente a cada sobressalto da história pedagógica e, em retrospectiva, estranhamente insistente.

Com base num vasto *corpus* de exemplos de infraestruturas inovadoras, selecionei vários períodos-chave propícios a esses questionamentos e identifiquei alguns grandes princípios que estão por trás dessas mudanças e que, por não terem sido perenizados, generalizados ou difundidos largamente, são portanto ciclicamente reatualizados e reformulados (pode-se dizer que "aparecem sob uma nova forma", literalmente). É à permanência dessas alavancas de inovação que se dedica esta primeira parte, sua manifestação e a existência daquilo que poderíamos chamar de "modelos formais recorrentes", que, embora mascarados por nomes, ideologias e designs diferentes, persistem contudo a nos indicar caminhos de mudança.

INOVAÇÕES NOTÁVEIS AO LONGO DO TEMPO

Pensar a infraestrutura escolar tornou-se fundamental desde que se passou a oferecer uma instrução qualitativa ao maior número possível de alunos e a se organizar o acesso. Quando a educação era reservada a poucos, essa questão não existia. Na Europa, até o século XIX, o ensino não era público, mas, sim, privado e/ou religioso, e se estabelecia, na maior parte do tempo, numa relação privilegiada, direta e individualizada, entre o preceptor e o aluno. Quando o número de alunos por professor aumenta radicalmente, este dispositivo não funciona mais e são necessárias novas infraestruturas, que acabam por surgir.

Se as premissas da reflexão sobre a educação foram pensadas durante o século das Luzes, sobretudo por Rousseau e seu *Emílio*, as primeiras experimentações verdadeiras destinadas a abrir a educação a um maior número de pessoas são realizadas por homens da Igreja. Dois grandes modelos se opunham no começo do século XIX: aquele dos colégios jesuítas, que já praticavam as aulas expositivas com um mestre sábio que discursava sobre um estrado diante de estudantes comportados e passivos que olhavam para ele, e aquele do ensino mútuo, praticado pelos padres franciscanos, como o padre Girard, e por protestantes vindos da Inglaterra. Neste modelo, o mestre é auxiliado por estudantes instruídos que guiam pequenos

---

[1] "O terceiro professor" é uma expressão originada na "abordagem Reggio Emilia". Sobre as propostas de Loris Malaguzzi, essa pedagogia implementada numa cidade da Itália (Reggio Emilia) experimenta uma nova pedagogia, designando os pais e o professor como o primeiro professor, a comunidade de crianças (os pares) como o segundo professor, e o ambiente espacial e material como o terceiro professor.

grupos de crianças e a aprendizagem se apoia na ajuda mútua e na colaboração. A infraestrutura necessária à prática dessas duas abordagens não é a mesma. Na batalha que opõe aquilo que podemos de fato chamar de duas concepções de educação, é o modelo jesuíta que prevalece, pelo menos na França, onde é apoiado por Napoleão e onde marca a escola de forma duradoura, inclusive a escola pública laica e gratuita da República, da qual hoje somos herdeiros.

Os exemplos escolhidos na pesquisa inicial e reorganizados aqui estão em ordem cronológica, de maneira a ressaltar a continuidade e a permanência das preocupações que os atravessam, marcando os principais períodos de questionamento do modelo dominante. Quase todos esses períodos correspondem a grandes momentos históricos nos quais a sociedade é afetada em sua organização, sua economia, suas ideologias, suas certezas.

RUMO A UMA INFRAESTRUTURA ESCOLAR DESMATERIALIZADA, NUM FUTURO INEVITÁVEL

Várias *permanências formais* de infraestruturas inovadoras foram identificadas. Globalmente, apesar de designs diferentes relacionados à sua época de concepção, todos esses exemplos – que eu preferiria evitar chamar de modelos, já que sua promoção aqui não busca ser modelizante – vão numa direção clara cujos interesses subjacentes são muito próximos. Trata-se sempre de garantir ou proporcionar uma maior abertura da escola (para o exterior, para a natureza, para o outro), de conectá-la com seu ambiente mais ou menos direto (a cidade, a sociedade, a empresa) e de facilitar o acesso e as trocas de recursos, sejam locais ou mundiais, sejam meios materiais e analógicos ou imateriais e digitais. Todos vão na direção de uma desmaterialização da infraestrutura em formação ou já existente, tal como aquela pensada desde o início da instituição escolar pública, pelo menos na França. Enfim, podemos constatar que todos eles vão na direção oposta de uma sacralização da escola, termo frequentemente empregado no mundo político em relação ao resgate desta última, desde o final do século XX.

Essas infraestruturas ou são concebidas desde o início como inovadoras e acompanham posicionamentos pedagógicos – são, portanto, exemplos que têm valor de vanguarda, verdadeiros parênteses utópicos logo abandonados (Malting House School, Black Mountain College) ou recuperados pela comunidade da instituição escolar (Saint-Merri-Renard, em Paris) –, ou são escolas "clássicas" que promovem transformações por ocasião de reformas, reabilitações, normatizações ou ampliações, e poderíamos considerá-las *atualizadas* no plano infraestrutural e pedagógico. Todas se opõem a ou se distanciam de um modelo de infraestrutura fechada, rígida e que impõe uma só relação entre professor e aluno, e isso desde o começo dessas reflexões, no final do século XIX.

DO *OPEN AIR* À ESCOLA PAVILHONAR: A ABERTURA PARA O EXTERIOR

O gesto inaugural da pesquisa de uma infraestrutura escolar diferente é a abertura para o exterior e, sobretudo, para a natureza circundante, que fornece tanto o ambiente para suas atividades e contemplações quanto um tema para seus estudos. Esse modelo é aquele que chamaremos aqui de *open air* ou escola ao ar livre, em referência à origem anglo-saxônica dessas primeiras propostas espaciais e do nome de várias escolas inspiradas pelas novas pedagogias surgidas do pensamento pragmatista de John Dewey. Privilegiando uma abordagem ativa e intuitiva em que a experiência é essencial para a aprendizagem, essas pedagogias pedem uma infraestrutura que incita a ir para fora, fazer exercício físico, não só de maneira recreativa ou puramente higienista, mas, de fato, no *continuum* de experiências que constituem a descoberta e a aprendizagem. Um falso ar de rousseauísmo coloca a escola *open air* como o antimodelo de sua época, a menos que seja, pelo contrário, o modelo por excelência desse início de século XX higienista.

Desse tipo de escola inovadora, citaremos uma das primeiras, a Hillside Home School, concebida em 1902 em Spring Green, em Wisconsin, pelo arquiteto Frank Lloyd Wright, para suas tias Jane Lloyd-Jones e Ellen C. Lloyd-Jones, que promoviam um aprendizado pelo exemplo, aberto para a natureza. A arquitetura de Wright se insere na paisagem circundante e se abre através de grandes vidraças que tendem a apagar o limite entre o interior e o exterior. Mas *Open Air School* é também a Malting House School de Cambridge, escola experimental em que a direção foi assumida de 1924 a 1927 pela inglesa Susan Isaacs, que propõe tanto atividades interiores quanto exteriores e cuja infraestrutura é pensada para permitir a observação crítica dessa experimentação a partir de uma galeria onde pesquisadores podiam circular livremente, sem atrapalhar o desenvolvimento de atividades.

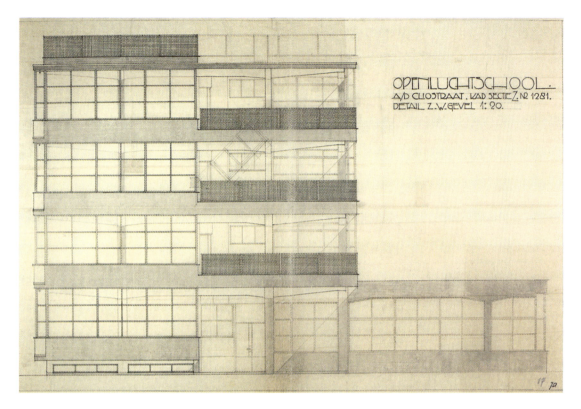

Figura 1. Jan Duiker, A.-M.Bijvoet (arquitetos), Open Air School of Amsterdã, 1927-1928.
Fonte: Het Nieuwe Instituut, Rotterdam, NAI Collection, LEPP d28-3.

infraestrutura em pequenas unidades, como é o caso dos pavilhões da Open Air School de Birmingham em 1911 ou, ao contrário, concentrando e distribuindo o espaço em altura, como é o caso da Open Air School de Amsterdã. Construída em 1927 por Jan Duiker, ela oferece acesso ao ar livre a partir de vastas plataformas-varandas disponíveis em cada sala, de cada andar.

As inúmeras fotos tiradas à época nessas diferentes escolas mostram atividades praticadas no exterior ou testemunham o vaivém incessante entre interior e exterior, e estão lá para apoiar a ligação entre o florescimento e o cenário alegre da natureza. As primeiras escolas ao ar livre surgem em forma de cabanas ou tendas montadas temporariamente na natureza antes de serem perenizadas de forma "dura", com a ajuda da planta livre que, na arquitetura, libera a fachada de sua função sustentadora e lhe permite uma espécie de desmaterialização pela abertura de grandes janelas envidraçadas, garantindo o contato permanente – ao menos visual – com o exterior.

Do ponto de vista formal, o que se pesquisa a princípio é a possibilidade de ter um número máximo de pontos de contato e de passagens entre o interior e o exterior, que estes sejam encontrados dividindo a

Junto ao *open air*, desenvolve-se quase simultaneamente uma outra forma arquitetônica, que

Figura 2. Patrick Bouchain, Loïc Julienne, Sébastien Eymard (arquitetos), *L'école foraine de Saint-Jacques-de-la-Lande*, 2007-2011.
© Patrick Bouchain, Loïc Julienne, Sébastien Eymard.
© Foto Cyrille Weiner.

chamaremos de modelo pavilhonar. Consiste numa sucessão de pequenas unidades à maneira de pavilhões, como já existia nos jardins, e onde o encadeamento espacial geralmente é garantido pela circulação, sobretudo no exterior, por meio de caminhos. É o caso da escola municipal privada ao ar livre de Suresnes, imaginada entre 1932 e 1935 pelos arquitetos Eugène Beaudoin e Marcel Lods, com a colaboração do designer Jean Prouvé. Apoiado pelo prefeito à época, Henri Sellier (futuro ministro), o projeto se insere num imenso parque planejado e ensolarado de vários hectares e visava, de início, acolher crianças frágeis ou tuberculosas, num ideal higienista de apoio à saúde pública. Em seguida, ele passou a acolher outras crianças com deficiência. O modelo arquitetônico é aquele de vastos pavilhões retangulares, com dois a três lados envidraçados e aberto inteiramente em pelo menos um dos lados, de forma a eliminar totalmente o limite entre o interior e o exterior. Nas fotos da época, podemos ver crianças circulando de um pavilhão a outro por rampas de acesso externas, trabalhando sobre a grama sombreada, brincando em tanques d'água, e podemos constatar que o ambiente mobiliário não é nunca disposto da mesma maneira nem no mesmo lugar. As configurações mudam, o lugar dos alunos também e, consequentemente, o do professor.

Na Suíça e nos Estados Unidos, no mesmo momento, encontramos este modelo ao ar livre-pavilhonário na escola primária de Bruderholz, na Basileia, datada de 1935, na qual as crianças são mostradas numa configuração de trabalho circular que se aproxima mais de uma sala de reunião do que de uma situação frontal tradicional na pedagogia, e na Corona School de Westwood, construída por Richard Neutra em 1938 e que, embora não fosse pavilhonar, deixa grandes vidraças escamoteadas na fachada lateral para abrir as salas de aula para o exterior.

Muito mais recentemente, o Open Air Kindergarten de Katsuhiro Miyamoto, concebido em 1992 no Japão, oferece um exemplo radical de pré-escola que funciona totalmente dentro do modelo das escolas pavilhonárias e *open air*, mesmo que sua linguagem arquitetônica não seja aquela do Ocidente dos anos 1930. Aqui, um telhado grosso e técnico, suspenso por uma estrutura triangular externa, cobre o pátio. Mal sustentado por dois ou três pilares muito finos, esse espaço se abre totalmente para o exterior com a ajuda de portas de vidro basculantes. O edifício parece flutuar sob o sol.

Ainda que a época das escolas ao ar livre tais como foram concebidas no começo do século XX já tenha passado, a relação interior-exterior que essas arquiteturas problematizaram continua questionando as modalidades pedagógicas de hoje. Enquanto a escola historicamente se separou, pouco a pouco, da vida, isolada fisicamente, ela também apartou aquilo que era "sério" do que não era tanto. Separadas no tempo e no espaço, as atividades ditas "ao ar livre" foram aos poucos reservadas às crianças menores e aos momentos de recreação, e foram amplamente marginalizadas pela Escola da República.* Contudo, pela continuidade que estabelece entre interior e exterior, a infraestrutura pode também instalar uma continuidade entre atividades formais e informais, entre aprendizagem e brincadeira. Em cada um dos vários projetos da "nova educação", esse é um dos pontos importantes: tentar separar a escola e a vida o mínimo possível. Hoje, sair da sala de aula, sem nem mesmo falar em sair da escola – ideia ainda mais louca –, tornou-se raro. Na escola do tipo ar livre ou pavilhonar, a relação com o ambiente externo não é somente recreativa, ela é o motor, ao mesmo tempo recurso e contexto de aprendizagem.

Podemos citar um exemplo contemporâneo de escola que, na França, reativa o modelo pavilhonar e *open air* com base em problemáticas arquiteturais e urbanísticas que, a princípio, não estão ligadas a um projeto pedagógico, mas que, evidentemente, o influenciam. Muito mais rica do que sua dimensão pavilhonar, a escola Saint-Jacques-de-la-Lande, concebida por Patrick Bouchain, Loïc Julienne e Sébastien Aymard, na região de Rennes, em 2007, é um belo exemplo de infraestrutura atípica que faz ver a escola de uma outra forma e que impacta a vida do bairro. Essa escola de doze salas de aula, construída com urgência para atender à chegada de novas famílias com crianças num bairro de imóveis construídos em ilhas densas ao modelo de Ildefons Cerdà, de Barcelona, estava fadada a ser temporária, a durar o suficiente para enfrentar o pico de população infantil. A prefeitura havia antes previsto alugar contêineres e colocá-los num terreno disponível no meio do bairro. Esse terreno negligenciado estava situado, no entanto, em meio a torres cercadas por uma natureza atrativa, com uma fazenda antiga, uma capela do século XVIII e uma antiga mansão, tudo isso em um terreno muito arborizado. O contexto provisório favorecia como sempre a experimentação e a possibilidade de arriscar-se, e o arquiteto propôs construir uma escola de alvenaria que depois se transformasse em moradia. Tendo como base a ideia de que "uma sala de aula é igual a uma casa", o projeto fez renascer o arquétipo da escola pavilhonar e reinventou ao mesmo tempo o pátio da escola, ou seja, o ar livre. De fato, pensar nos futuros jardins privativos das casas permitiu não asfaltar inteiramente o pátio e manter as árvores frutíferas existentes no parque da antiga mansão e da fazenda, embora nenhum pátio escolar tenha frutíferas hoje em dia. A relação interior-exterior também se afirma pela extensão dos telhados de cada casa sobre a frente do prédio. Com esse projeto, Patrick Bouchain reinstaura, em plena cidade planejada, certos princípios caros aos pedagogos e arquitetos modernos do começo do século XX: inscrição num contexto paisagístico, relação dentro-fora, pequenas unidades que beneficiam as inter-relações, etc., empregando uma estilo arquitetônico próprio.

As situações que chamo de "instáveis" favorecem a mudança e a experimentação: são aqueles momentos em que aproveitamos a suspensão do funcionamento normal, a modificação da infraestrutura existente... para intervir na falha e melhorar, consertar ou rever o existente. É o caso do projeto de reforma da Westborough Primary School and Nursery, em Westcliff-on-Sea, na Grã-Bretanha, realizado em 2009 pelo escritório Cottrell & Vermeulen. Contratados para rever o desempenho energético da escola e adequá-lo às normas atuais, os arquitetos conseguiram criar quase 300 m² suplementares de espaço de convívio para os alunos, aproveitando a superfície gerada pela utilização de painéis fotovoltaicos e implantando no prédio histórico de tijolos vermelhos um pátio coberto onde a carpintaria em madeira e os *sheds** cobertos por telhas transparentes azuis e brancas deram uma nova identidade ao local. Esse pátio requalifica a relação interior-exterior, sem modificar o prédio original, e possibilita usos informais, favorecendo o florescimento da vida estudantil em torno do estabelecimento.

Com algumas exceções, as infraestruturas escolares "ao ar livre" e "pavilhonar" não existem em grande número na paisagem francesa, exceto pelos jardins de infância, onde a escala reduzida parece combinar naturalmente com a idade das crianças envolvidas. Os colégios e liceus – ginásio e ensino médio –, onde os alunos são mais velhos, são em sua maioria estabelecimentos monolíticos entre os quais os mais antigos são imensos navios de concreto, respondendo à massificação escolar do pós-guerra, espécie de "usinas escolares" cuja eficácia e rendimento – para completar a metáfora industrial – são fortemente questionados hoje. No contexto atual de reflexão

---

* N. T.: Na França, a escola pública obrigatória, baseada nos valores da República: liberdade, igualdade, fraternidade e laicidade.

* N. T.: Também conhecidos como dentes de serra, os *sheds* podem ser definidos como um tipo de iluminação zenital, mais eficaz quando construído voltado para o sul. Em regiões tropicais, como o Brasil, essas aberturas localizadas na cobertura devem ter anteparos que barrem a entrada da radiação solar direta.

sobre a escola, imaginamos novamente infraestruturas de escala mais humana, reativando o modelo pavilhonar. É o caso de um projeto em elaboração chamado Nouveau Collège, uma "escola politécnica e cooperativa", que deve ser inaugurado nos próximos anos em Aubervilliers, nos subúrbios parisienses. Pensado coletivamente por atores locais, professores e arquitetos do coletivo Exyzt para favorecer a integração e fortalecer os vínculos entre jovens e adultos, a escola será dividida em várias unidades pequenas chamadas de "casas". Esse projeto pedagógico global, cujos vastos e ambiciosos desafios são claramente enunciados por seus responsáveis, ainda não tem um estilo arquitetônico preciso, mas, por outro lado, antecipa desde já sobre qual arquétipo infraestrutural vai se apoiar: o modelo pavilhonar.

DO MODELO DE ÁREA ABERTA À *LEARNING PLAZA*

Depois da tipologia da escola *open air*, infraestrutura aberta para o exterior natural, o segundo movimento recorrente na pesquisa de uma infraestrutura escolar diferente é a implementação da área aberta. Filha natural do ensino mútuo do padre Girard e modelo paralelo ao *open air*, a escola de área aberta é reivindicada sobretudo pelos reformadores do pós-Segunda Guerra Mundial. Na verdade, embora desde 1818 o padre Jean-Baptiste Girard reclamasse às autoridades de Friburgo, onde atuava, uma infraestrutura grande e ampla que permitisse a circulação livre dos estudantes entre grupos de trabalho mútuo e capaz de acolher um grande número deles ao mesmo tempo, ele ainda não empregava o termo "área aberta". Essa tipologia do espaço se afirma com o desenvolvimento da arquitetura moderna e de sua "planta livre", que dá a possibilidade de oferecer vastos espaços não compartimentados por paredes de sustentação, permitindo uma maior flexibilidade.

Como lembra Marie-Claude Derouet-Besson em *Les Murs de l'école*[2] [*As paredes da escola*, em tradução livre], o dispositivo espacial dominante do século XX, por sua frontalidade e sua rigidez, não permitia um ensino adaptado a cada indivíduo, obrigando o professor a se dirigir ao "conjunto da classe" como um todo, expulsando assim a individualização do ensino. A *área aberta*, esta inovação espacial de origem pedagógica, aparece nos anos 1950 na Inglaterra, onde os professores primários queriam se livrar do espaço de arquibancadas legado pelo século XIX, que consideravam obsoleto. Este último não permite circular entre os alunos nem mover as mesas de trabalho. Além disso, todos os alunos olham na mesma direção, a do professor: é isso que chamamos hoje em dia de "modelo frontal". Ele pressupõe um professor modelo que se dirige a um aluno modelo e não permite a pedagogia diferenciada defendida pela maior parte das pedagogias reformadoras.

A transformação das salas de aula tradicionais em espaços de área aberta passa, portanto, em primeiro lugar, pelo desaparecimento das arquibancadas ou plataformas que designavam um lugar definido a cada um em função de seu *status* e de sua hierarquia dentro do grupo, atribuindo-lhe ou não a palavra. Este primeiro movimento é muito bem ilustrado no filme que reconta a vida de Augustin Freinet,[3] em que o aprendizado da classe com o professor, na escola onde ele acaba de chegar, começa pela retirada do estrado para usar como lenha de aquecimento. Essa transformação passa também por uma redistribuição mutável e flexível das mesas de trabalho no espaço, permitindo configurações diversas e adaptadas às situações pedagógicas. Assim, o investimento progressivo nos espaços de circulação que são os corredores em volta das salas se tornou possível. De fato, já que agora é possível circular livremente na sala de aula entre os alunos, o corredor não é mais o único órgão dos deslocamentos e foi recuperado como espaço de vida e de trabalho. A constatação é, portanto, a mesma, tanto no espaço pedagógico como no espaço doméstico: a abertura de um cômodo para outro faz desaparecer os corredores de circulação e devolve metros quadrados "habitáveis" aos interiores.

Se a área aberta foi originalmente inventada por professores ingleses, ela retorna, na França, e encontra pais de alunos entusiasmados, pesquisadores de educação e sobretudo arquitetos, que a difundiram. Fundada em 1969 por um grupo de entusiastas, a AEP participou fortemente da difusão do modelo de escola de área aberta no continente. Tendo por missão "promover prédios e equipamentos adaptados à pedagogia diferenciada e às práticas sociais e culturais renovadas, desenvolver a pesquisa, a experimentação e a difusão de conhecimentos nessa área, em todo país ou região que manifeste esse desejo", a AEP se organizou para enviar observadores experientes para investigar em campo. Esses estudos visavam

---

2 Marie-Claude Derouet-Besson, *Les Murs de l'école? Éléments de réflexion sur l'espace scolaire*, Édition Métailié, 1998, p. 61-63.

3 *L'École buissonnière*, Jean-Paul le Chanois, 1949. Bernard Blier interpreta o professor que se torna pedagogo.

a difusão das inovações espalhadas pelo território nacional e internacional, e a formação de atores que participariam de novos projetos pedagógicos: a ideia era acabar com o isolamento dos professores reformadores, permitindo que trabalhassem em colaboração direta com pesquisadores e arquitetos capazes de definir os lugares nos quais eles iriam trabalhar.[4] Em pouco tempo, a AEP viu-se realizando aquilo que chamamos hoje de Assistência à coordenação de obras (AMO) ajudando a definir as necessidades dos futuros usuários de uma infraestrutura escolar em construção. O que ela conseguiu implementar concretamente na escola Saint-Merri-Renard, ainda em funcionamento em Paris, e na hoje extinta escola Établette, em Saint-Brieuc, na Bretanha.

Graças ao trabalho da AEP nos anos 1970 e 1980, podemos hoje ver plantas recolhidas em escolas do mundo inteiro que testemunham não só a infraestrutura de área aberta mas também sua aplicação prática no plano pedagógico. Assim, as plantas da Asfordby Hill Primary School de Leicestershire, desenhadas por Nancy Willard-Magaud, formada em ciências da educação e encarregada da missão de pesquisa da AEP, permitem visualizar a descompartimentalização do espaço, sua flexibilidade e a mobilidade dos alunos representados por pequenos pontos no espaço. Embora o desenho da planta possa parecer menos sedutor do que uma fotografia a um observador que não tenha o hábito de manipular esse tipo de representação, ele é bastante instrutivo qualitativamente e permite, aqui, a comparação entre as plantas recolhidas no início dos anos 1970 por Nancy Willard-Magaud e aquelas produzidas pelo escritório de design Rosan Bosch Studio em 2011 para a escola privada Vittra Telefonplan, na Suécia. Quarenta anos separam essas duas escolas e, no entanto, suas respectivas plantas mostram a mesma preocupação com uma forma escolar aberta, flexível, estruturada em função do tempo de atividades diferenciadas e sugerindo pequenos grupos de evolução autônoma, em vez de um grupo-classe coletivo e estático. Apenas a estética das apresentações distingue essas duas ferramentas de leitura do espaço, uma vez que uma, austera e feita à mão, em preto e branco, apenas descreve um estado do espaço, e a outra, muito mais expressiva, é antes de mais nada uma ferramenta de comunicação a serviço do design.

Ao mesmo tempo que a AEP faz o possível para importar o modelo de área aberta para a França, surgem experiências na Suécia, país que desde o início dos anos 1960 realiza inúmeras reformas escolares. Assim, a partir de 1967 nasce o programa Samskap, implementado por cinco coletivos locais associados da região de Malmö. Respondendo a um incentivo do Estado para "jogar o jogo" da coordenação e da industrialização, esse programa de planejamento permite a construção de cerca de vinte escolas, privilegiando a área aberta e possibilitando a adaptação de infraestruturas tradicionais à essa forma específica. A fotografia e a planta de uma escola concebida por Olle Wählström, em Köping, às quais tivemos acesso, permitem compreender a radicalidade da mudança operada por esse modelo formal inovador que é a área aberta. Mais do que uma mudança espacial, é uma nova mentalidade pedagógica trazida por essa forma. Esses documentos permitem constatar a semelhança com a escola de Asfordby e com aquela, contemporânea, de Vittra.

Uma rápida digressão permitirá evocar aqui a eficácia da planta ou da maquete da sala de aula como instrumento de reflexão e de transformação do espaço escolar, ferramenta para uso dos professores e alunos, e não somente dos designers e arquitetos. Seja para modificar verdadeiramente o ambiente no qual evoluímos, seja apenas para se apropriar dele ao manipular a representação, elas são os recursos de predileção das disciplinas criativas, especificamente do design e da arquitetura. A planta e a maquete podem ser colocadas nas mãos dos próprios alunos a fim de projetar uma nova disposição do espaço e permitir uma troca construtiva com o professor sobre o assunto. Lucien e Simone Kroll, adeptos da concepção participativa, utilizaram-nas largamente para o projeto da escola primária[*] instalada na universidade católica de Louvain, mais conhecida pelo nome de "La Mémé", de *maison médicale* (centro médico, em francês), e realizada após uma solicitação dos estudantes de medicina desta universidade, em 1969. Outros designers e alunos também usaram a maquete – mais do que a planta, que é mais abstrata – para se apropriar do espaço da classe, da escola, do bairro, até da cidade.

Certos projetos, por fim, possuem a imensa qualidade de sintetizar, num estilo arquitetônico simples e

---

4   Encontraremos este aspecto de concepção conjunta na segunda parte desta pesquisa, centrada sobre os métodos criativos.

*   N. T.: A escola primária, ou ensino primário, na França, compreende a chamada escola maternal (de 3 a 6 anos) e a escola elementar (de 6 a 11 anos).

Figuras 3, 4 e 5. Rosan Bosch Studio, *Escola Vittra Telefonplan, Estocolmo, Suécia.*
© Rosan Bosch Studio, Dinamarca, 2016.

3

4

5

evidente, tudo o que foi feito antes deles. É o caso da escola maternal Fuji, construída em 2008 por Takaharu e Yui Tezuka, em Tóquio, no Japão. Ela propõe uma elegante conjugação do modelo formal *open air* com a área aberta. O prédio é um simples anel, envidraçado dos dois lados, com o perímetro externo de 183 m e interno de 108 m, definindo ao mesmo tempo uma abertura para o ambiente externo e para um pátio interno protegido. O conjunto tem um pé direito de apenas 2,10 m, uma altura muito baixa que aumenta a impressão de intimidade nesse lugar que, no entanto, é muito aberto e pontuado apenas por pilares e móveis baixos, que deixam o espaço sem compartimentalização aparente à primeira vista. O telhado do prédio também é ocupado, servindo às vezes de parquinho, arquibancada e mirante. O prédio desfruta, por outro lado, da sombra proporcionada por três grandes olmos, cuja presença amplifica a "sensação de natureza", cara aos proponentes das escolas ao ar livre. Por todos esses aspectos, a escola Fuji reatualiza, numa linguagem muito depurada – "japonizante" –, os princípios nascidos na Europa no começo do século XX.

A área aberta é sem dúvida a forma escolar que mais coloca em crise o modelo de ensino frontal ainda largamente utilizado hoje, sobretudo nos colégios e liceus* franceses. Seus princípios são passados nas formas escolares das classes menores, como o maternal, e às vezes o primário, mas quase nunca no ensino secundário, herdeiro dos antigos colégios jesuítas. É necessário lembrar aqui Marie-Claude Derouet-Besson,[5] que insiste no desenvolvimento majoritariamente anglo-saxão da área aberta e nas disfunções que sua difusão encontra na França.

Sob esse aspecto, o exemplo de escola de área aberta disfuncional é sem dúvida o da Saint-Merri-Renard, em Paris. Imaginada ao mesmo tempo que o museu Plateau Beaubourg, a escola foi pensada como um modelo das novas pedagogias dirigidas aos filhos dos funcionários do novo museu de arte moderna, ao qual a direção do projeto foi diretamente confiada. A AEP participou ativamente da redação do programa arquitetônico, utilizando seu conhecimento de áreas abertas, e é um prédio singular que se ergue em 1974. Oferecendo num mesmo complexo uma escola maternal, uma escola primária, um ginásio e uma piscina, ele se organiza em torno de uma longa rampa de acesso, que distribui os espaços sem verdadeira ruptura ou sem verdadeira compartimentalização. A equipe de professores do começo é recrutada com conhecimento de causa, ou seja, para desenvolver uma pedagogia aberta e, portanto, adaptada. Mas, com o tempo, as equipes de professores mudam e a atração pelas pedagogias abertas acaba, e assim a infraestrutura vai se fechando progressivamente, por meio

---

* N. T.: A escola primária, ou ensino primário, na França, compreende a chamada escola maternal (de 3 a 6 anos) e a escola elementar (de 6 a 11 anos).

5 *Op. cit.*

Figura 6. Tezuka Architects, *Escola maternal de Fuji, vista do telhado*, Tóquio, Japão, 2007.
© Tezuka Architects.
© Katsuhisa Kida/Fototeca.

Figura 7. Tezuka Architects, *Escola maternal de Fuji, vista interior*, Tóquio, Japão, 2007.
© Tezuka Architects.

Figura 8. Tezuka Architects, *Escola maternal de Fuji, vista geral*, Tóquio, Japão, 2007.
© Tezuka Architects.
© Katsuhisa Kida/Fototeca.

de pequenas reformas nem sempre bem-sucedidas, demonstrando que uma infraestrutura "inovadora" não é suficiente para trazer uma renovação pedagógica. Sem dúvida, ela pode exprimir, acompanhar, mas não impor a mudança. É preciso reconhecer que o terreno e seus usos resistem às vezes fortemente às decisões tecnocráticas da instituição e de suas infraestruturas. Um motivo a mais para preferir a concepção colaborativa que será tratada na segunda parte. Excluindo-se alguns casos raros, a pedagogia aberta não se difunde muito no contexto francês, uma vez que o modelo do mestre sábio[6] parece resistir fortemente.

Hoje em dia, o termo "área aberta" dá lugar ao *learning center* ou *learning plaza*. Aí também, a própria expressão assinala a origem anglo-saxônica dessa reativação contemporânea da forma escolar mais inovadora depois da escola ao ar livre. De fato, o que é um *learning center* senão uma área aberta conectada? Às vezes há uma certa reincidência nos fatos, e uma forma inovadora que saiu pela porta por falta de adesão retorna pela janela, por meio de um desenvolvimento tecnológico que a torna evidente: é o caso do *learning center* que, a favor da generalização da tecnologia digital, reativa, e até torna inevitável, a reavaliação dos princípios da área aberta.

A escola New Line Learning Academy em Maidstone, Kent, na Inglaterra, concebida pela Jestico + Whiles Architecture em 2010, não é nada mais do que uma área aberta ultraconectada. Sem um design particular, a escola apresenta vastos espaços não compartimentalizados, similares a áreas abertas, chamados aqui de *learning plaza* em função de sua forma específica. Eles oferecem um acesso imediato a recursos ilimitados, via web. Esses espaços pedagógicos se distinguem das salas de aula tradicionais, pois podem acolher em Maidstone até noventa alunos atendidos por quatro professores. O total é sempre dividido em pequenos grupos de trabalho, que evoluem no espaço em função das atividades.

O que a tecnologia digital faz na escola, como no resto da vida fora dela, é tornar acessível uma massa de informação e dados, até então pouco conhecidos ou pouco acessíveis, em todos os pontos do espaço, interior ou exterior, por meio de uma tela móvel tão pequena quanto a palma da mão ou de uma grande projeção luminosa que reúne as pessoas, como a tela de cinema. A primeira consequência dessa mudança é

Figura 9. Jestico + Whiles, *New Line Academy*, 2008-2010.
© Jestico + Whiles + Associates Limited © Photo Tim Crocker.

o *status* do professor, que não é mais a única porta de acesso ao saber para o aluno e precisa rever seu papel nesse novo ambiente. A consequência seguinte, e não menos importante, é a liberdade dada ao corpo de cada um, que pode se mover, ler, escrever e compartilhar instantaneamente conteúdos, por meio da tela, sem ter necessidade de mesa ou cadeira. O *tablet*, por exemplo – uma forma arcaica, por excelência –, faz muito bem o papel de livro, mesa ambulante, caderno, gravador ou máquina fotográfica. É toda a coreografia da sala de aula que se encontra transformada. As posturas e as atitudes são assim convidadas a saírem do papel que tinham até então. Um projeto vanguardista publicado em 2016 e intitulado RAAAF, The End of Sitting (o fim do sentar-se), problematiza essa questão da postura e do lugar do corpo no espaço na era digital, sobretudo nos espaços de trabalho. Ele propõe uma espécie de "mobiliário-instalação-paisagem", no qual é possível circular e que permite múltiplas posturas, movimento, mais ou menos de intimidade e, certamente, com pontos de conexão à rede elétrica para alimentar os *tablets* e *laptops*.[7] Esse espaço não é senão uma área aberta, um *open space* que assume nosso nomadismo readquirido graças à miniaturização das ferramentas e ao wi-fi.

Na relação pedagógica, três elementos intervêm: a informação-saber, o professor-tutor e o aluno-aprendiz. Com a chegada do digital, os três elementos estão sempre presentes, mas é a interação entre os três que se transforma. No modelo de aprendizagem tradicional, a informação passa primeiro pelo tutor (o professor),

---

6   Termo emprestado de Jacques Rancière (cf. sua obra *Le Maître ignorant*, 10/18, 2004).

7   Computador portátil.

Figura 10. Rosan Bosch Studio, *Vittra Södermalm, Estocolmo, Suécia.*
© Rosan Bosch Studio, Dinamarca, 2017.

Figura 11. Rosan Bosch Studio, *Bornholms Efterskole, Ronne, Dinamarca.*
© Rosan Bosch Studio, Dinamarca, 2017.

Figura 12. Rosan Bosch Studio, *Campus Gentofte, Copenhague, Dinamarca.*
© Rosan Bosch Studio, Dinamarca, 2016.

que a retransmite ao estudante por meio da explicação. No modelo de aprendizagem autônoma, é o estudante quem vai buscar a informação, e o tutor zela por sua boa compreensão-utilização, avalia a motivação do aluno e sua vontade de aprofundar a pesquisa. Esse modelo de transmissão sustentado pelo digital lembra Joseph Jacotot, personagem histórico singular e esquecido da história da pedagogia,[8] cujo percurso intelectual iconoclasta é relatado por Jacques Rancière em seu livro *O mestre ignorante*.[9]

A observação das escolas suecas Vittra já citadas, mas também de inúmeras escolas inovadoras constituídas sob o modelo do *learning center*, todas exemplos do "terceiro professor", permite identificar os "órgãos vitais" desses espaços pedagógicos, os dispositivos recorrentes que garantem seu bom funcionamento. Entre esses órgãos, os recursos são sempre centrais e se dividem em duas categorias: recursos teóricos (biblioteca ou recursos on-line, saber do professor) e recursos práticos (como oficinas) que permitem realizar concretamente as atividades. Encontraremos nessa categoria espaços como laboratórios científicos, ateliês de pintura ou de tecnologia, mas também a disseminação de estúdios de fotografia, alinhados com uma prática que invadiu amplamente a vida cotidiana, ou ainda os recentes *fab labs*,* que surgem no espaço escolar como indicadores de uma sociedade criativa, na vanguarda da inovação. Cada um desses recursos é acessível num polo específico de acordo com suas restrições materiais. O acesso a esses polos não é necessariamente determinado com antecedência por uma infraestrutura temporal como uma agenda (que dedicaria todas as manhãs de segunda-feira ao estúdio de fotografia, por exemplo), mas, sim, em função das necessidades de um projeto que o aluno e seus eventuais colegas-colaboradores devem realizar. Assim, o acesso a esses espaços "de produção" precisa ser flexível e encorajar a autonomia.

---

8 Joseph Jacotot nasceu em 1770 e morreu em 1840.
9 *Op. cit.*

* N. T.: Do inglês "laboratórios de fabricação", os *fab labs* são oficinas que proporcionam a criação de diversos tipos de objetos utilizando ferramentas de fabricação digitais.

28 DESIGN E ESCOLA: PROJETAR O FUTURO

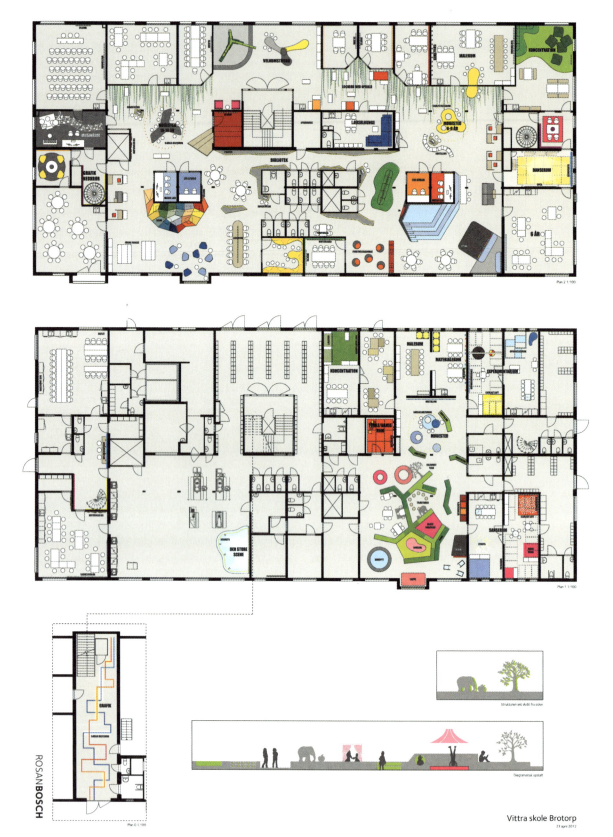

Figura 13. Rosan Bosch Studio, *Planta da escola Vittra Brotorp, Estocolmo, Suécia.*
© Rosan Bosch Studio, Dinamarca, 2017.

A flexibilidade total dos grupos de trabalho e dos espaços é central para o bom funcionamento do *learning center*. Os grupos de alunos não se constituem de maneira definitiva, assim como os espaços. Uns e outros se reconfiguram em função das necessidades e se deslocam de um espaço de recursos a outro. Os estudantes devem ser "ativos", e os educadores, "disponíveis". É o acesso a um material digital individualizado (computador portátil para cada aluno, ou *tablet*) que permite essa flexibilidade de funcionamento e torna possível o modelo.

Essa flexibilidade é sustentada pela disponibilidade de espaços de tamanhos e configurações variados, por exemplo polos de reunião como pequenas praças, anfiteatros ou arquibancadas, cantos e salas mais íntimas e mais isoladas nesse espaço aberto. Trata-se de permitir tanto o diálogo coletivo com um grupo maior, quanto trocas de trabalho em pequenos grupos, enquanto outros grupos fazem outras atividades mais "práticas".

Com o *learning center*, o design do mobiliário escolar tradicional, que parecia sussurrar "comporte-se bem", é substituído por formas e materiais que dizem: "seja livre, criativo e ativo". De fato, os diferentes polos evocados oferecem um equipamento no qual os assentos são mais parecidos com arquibancadas circulares móveis e reconfiguráveis e sofás macios, em vez de cadeiras metálicas sólidas e barulhentas ou mesas rígidas inspiradas na ergonomia. Os dispositivos costumam ser providos de uma "cobertura" ou de uma compartimentalização parcial que permite isolar auditiva e visualmente esse ponto de reunião do resto do espaço aberto, sem fechá-lo totalmente. Cortinas também permitem organizar o espaço de forma flexível. Nos momentos mais informais do dia, fora do tempo de trabalho tutorado pelos professores, esses espaços são utilizados pelos alunos como área de recreio, de brincadeira ou de simples socialização. Eles se encontram para conversar, como fariam nas escadarias da escola ou num parque na saída do liceu.

O que impressiona em todas as escolas do modelo *learning center*, que compreende as escolas do grupo Vittra (Telefonplan, Södermalm, Brotorp); o Campus Gentofte do estúdio Rosan Bosch, na Suécia; a North Star School do Arkitema Architects, na Dinamarca; a Beacon Academy do Studio Kepribo, em Jacarta; a escola Bornholms Efterskole, na Dinamarca; ou o KUA Try-Out-Lab, da Universidade de Copenhague, é que as crianças e os estudantes fazem suas pesquisas de maneira autônoma, instalados em diferentes lugares do espaço, às vezes de meias, sentados sobre um degrau, as costas apoiadas na parede ou deitados de bruços, com fones de ouvido, com atitudes próximas às que poderíamos ver num fim de semana em casa. No seio dessas escolas, as situações de aprendizagem formais e informais são sempre acompanhadas pela tecnologia digital, ao ponto em que a fronteira entre os dois desaparece com frequência.

Àqueles que não estão habituados a esses espaços de aprendizagem em que parece não haver ordem porque ela não é imposta do exterior ou "de cima", mas nos quais ela está integrada e mobilizada em nível individual, os *learning centers* parecem espaços desorientados que não têm mais nada a ver com os espaços de trabalho e aprendizagem tradicionais. A ênfase em equipamentos que propiciam o relaxamento e o encontro parece inversamente proporcional à presença de salas de aula tradicionais.

Os observadores e os especialistas de espaços de aprendizagem ressaltam a eficácia da presença de espaços ditos "sociais" nos *learning centers*. Como são "bem desenhados" e bem equipados, parecem melhorar a motivação dos estudantes e ter um impacto positivo sobre sua capacidade de aprendizagem. Esses espaços sociais permitem que os estudantes se reagrupem por equipes de trabalho, de interesse, de afinidade ou de ajuda mútua, nas quais podem ao mesmo tempo relaxar e trabalhar de maneira informal. Os espaços de alimentação, as salas de reunião e até mesmo os corredores podem ser reconsiderados como espaços sociais, nos quais podem ocorrer aprendizagens em grupo e, assim, promover uma visão de aprendizagem contínua e inclusiva, com base na interação social. Aí também a área aberta já tinha previsto esses deslocamentos e oportunidades, ao investir sobretudo nos corredores e halls.

Nas escolas tradicionais, pesquisas mostraram que até 30% dos espaços eram subutilizados, pois estavam reservados à circulação, e que, fora desse tempo de uso intensivo, eram espaços mortos. O corredor e o hall, da forma como costumam ser configurados nas escolas de arquitetura moderna do pós-guerra, são sem dúvida os órgãos mais emblemáticos do ordenamento dos indivíduos dentro do coletivo escolar: "Circulem, não tem nada aqui!". Se paramos, fazemos barulho que perturba. Se nos demoramos, estamos transgredindo a infraestrutura temporal imposta pela comunidade. Também nos expomos a alguns problemas sociais, já que os corredores são às vezes "mal frequentados". A área aberta, em sua época, e o *learning center* hoje propõem absorver esses espaços naquilo que constitui o local de aprendizagem, que não é mais monolítico e congelado, mas feito de uma rede de polos interconectados e de circulação livre.

O *learning center* coloca em crise o *status* dos diferentes usuários do local pela busca de uma maior igualdade entre todos. No funcionamento dessa nova forma escolar, os professores devem se revezar com outros profissionais de supervisão, que garantem a ligação entre todos os eventos e lugares do *learning center*, ao mesmo tempo que precisam oferecer ajuda de primeiro nível. O conjunto de interações é individualizado e adaptado ao ritmo de cada um. Essa configuração lembra muito o funcionamento das escolas maternais, nas quais os alunos são auxiliados por assistentes que intervêm nas aulas para apoiar o professor. O princípio fundamental dos *learning centers* é de não diferenciar os diversos tipos de usuários: visitantes, professores, funcionários, estudantes de todos os níveis – todos são cousuários do espaço. É preciso, para isso, reatribuir os espaços antes designados a cada membro da comunidade educativa: a sala dos professores, a cafeteria, os corredores, laboratórios, biblioteca, etc. É uma mudança de mentalidade que deve acompanhar as mudanças de infraestrutura.

Comparando as infraestruturas de aprendizagem inovadoras e os espaços de trabalho em empresas de última geração, podemos nos surpreender ao encontrar características comuns e semelhanças muito fortes. Temos a impressão de assistir a uma *desespecialização do espaço escolar*. Por exemplo, a agência de publicidade KBP West Offices, projetada por Jensen & Macy, e a primeira escola Vittra Education projetada pelo Rosan Bosch Studio, a escola Telefonplan, possuem inúmeras similitudes. A comparação é surpreendente: tanto uma como outra não lembram os modelos tradicionais que as precedem. A distribuição dos espaços, as funções, mas também um certo espírito estético comum parece aproximá-las: convivialidade, expressividade, dimensão lúdica, possibilidade de mesclar situações formais e informais, tantas características que dissolvem as categorias. Assim, os espaços ditos "sociais", defendidos pelos proponentes do *learning center* como fator de motivação e de sucesso entre os alunos, estão presentes igualmente nas empresas que dizem querer favorecer a criatividade e a colaboração. É preciso poder relaxar com os colegas, se queremos ter uma relação produtiva no trabalho.[10]

Na agência de publicidade projetada por Jensen & Macy, o que surpreende não é só a presença, mas a variedade de dispositivos de convivência e de relaxamento colocados à disposição dos colaboradores. Encontramos sofás em cômodos relativamente íntimos, salas que recriam jardins de inverno e até lugares mais insólitos que emprestam tanto do jardim de infância quanto dos parquinhos. Mas a comparação é possível com outras empresas. Na Lego, o princípio é o mesmo e o design apoia a imagem lúdica do grupo. Na Best, projetada em Amsterdã por Paul Coudamy inteiramente em papelão, o espaço é estruturado da mesma maneira e oferece o mesmo tipo de funcionamento. Esses espaços têm muito a ver, em sua lógica, com os espaços de *coworking* que se desenvolvem em torno do *status* do trabalhador independente ou de pessoas compartilhando escritórios e um acesso à internet enquanto desenvolvem atividades profissionais distintas. Podemos também classificar esse modelo espacial como "googliano",[11] já que responde à diretriz de ter prazer e satisfação no trabalho.

Após a constatação dessa *desespecialização* da escola em relação a outros espaços de trabalho induzida pelas transformações tecnológicas do digital, podemos legitimamente nos perguntar sobre a necessidade de conservar uma infraestrutura material específica para a educação, tal como aquela que até hoje chamamos de "escola". A proximidade cada vez maior entre as infraestruturas do museu, da biblioteca, mas também a possibilidade de fazer as mesmas coisas no parque ou em casa, desde que se tenha um computador portátil sobre os joelhos e internet à disposição, permite imaginar outras formas de acesso aos saberes, fora de uma estrutura arquitetônica específica. Especialmente considerando que o desenvolvimento das ferramentas digitais e de sua capacidade de armazenamento virtual permitem conceber uma espécie de escola "não situada", mas "conectada", que coloca em rede alunos dos quatro cantos do mundo, com professores também distantes. Isso vai ao encontro do conceito educativo inovador desejado por Sugata Mitra, um pedagogo indo-britânico que desenvolveu, em 1999, o princípio da School in the Cloud (Escola na Nuvem), que convida os alunos a organizarem seu próprio ambiente de aprendizagem. O Greenfield Community College, em Newton Aycliffe e Shildon, no condado de Durham, na Inglaterra, é uma das sete escolas do

---

10 Cf. Luc Boltanski, Ève Chiapello, *Le nouvel esprit du capitalisme*, Gallimard, 1999.

11 O Google propõe a seus funcionários um novo tipo de administração, que autoriza combinar o tempo profissional com o tempo pessoal e que oferece inúmeros "serviços" sob responsabilidade da empresa (saúde, transportes, creche, espaços de relaxamento no trabalho).

mundo a fazer parte da "escola na nuvem" de Sugata Mitra. Esse professor da Universidade de Newcastle, premiado pelo TEDx em 2013 por sua atuação há mais de quinze anos entre a Inglaterra e a Índia, permitiu criar uma sala experimental na escola: *Room 13* (Sala 13), possibilitando que as crianças se organizem como quiserem, disponibilizando internet de banda larga e professores on-line. O acesso é livre, o espaço é convidativo e, à primeira vista, não tem muito a ver com uma sala de aula.

Esse tipo de projeto evoca a necessidade, para os professores de hoje, de treinar o manuseio das tecnologias digitais que desafiam tão fortemente suas práticas habituais. É por isso que a União Europeia implementou um programa de formação. Atualmente, a maioria dos professores não captou ainda a medida da mudança de paradigma em ação na escola, mudança que se deve em grande parte a um acesso renovado aos saberes. A fim de prepará-los para essas novas modalidades pedagógicas que, se não são escolhidas, serão de toda forma impostas, uma vez que são inevitáveis, as políticas públicas imaginaram espaços laboratoriais voltados aos professores para que eles possam se formar. Espaço dedicado às novas práticas pedagógicas, o Future Classroom Lab foi desenvolvido em 2012 pela European Schoolnet, com trinta ministérios de educação europeus e o apoio dos principais fornecedores de tecnologias para a educação. Esse laboratório, situado em Bruxelas, é uma espécie de "classe-escola", no qual se encontram à disposição todas as ferramentas digitais atuais, da lousa digital até o projetor de vídeo, as mesas conectadas e um mini *fab lab*. O objetivo é propor aos professores e aos pesquisadores um espaço europeu de referência e de recursos, permitindo a formação, a troca e o questionamento das novas formas de aprendizagem. Quatro anos depois de seu início em Bruxelas, esse projeto deverá ser exportado rapidamente, se quisermos desenvolver sua eficácia e acompanhar o ritmo da imersão do digital na escola, que não espera. Uma versão itinerante de um dispositivo como esse permitiria sem dúvida uma formação mais ampla em campo.

AS VANTAGENS DA DESMATERIALIZAÇÃO DA INFRAESTRUTURA

O modelo do *learning center* tem antecedentes na história das formas escolares, com variantes em relação à natureza dos recursos propostos e às modalidades de acesso a eles. Ele tem um movimento duplo: a atomização do "espaço classe" em múltiplos espaços de trabalho possíveis por um lado, e a garantia do acesso a recursos ricos e interessantes por outro. Sua implementação se reduz às vezes à dissolução pura e simples da infraestrutura em seu contexto de inserção. Esse foi o caso nos anos 1970, nos Estados Unidos, com um experimento bastante excepcional por sua longevidade, o Parkway Program, que funcionou de 1970 a 1983, na Filadélfia.

Essa aventura, que se chamava à época "escola sem paredes", era apoiada pelo Distrito Escolar da Filadélfia, e a revista *Times* chegou a elogiá-la como o projeto de escola mais inovador da época nos Estados Unidos. Tratava-se de aprender sem escola, sem infraestrutura escolar, mas não – e aí está a nuance – sem nenhuma infraestrutura. Em 1967, o distrito da Filadélfia criou o programa Parkway "para motivar" os alunos. Esse programa se destinava a alunos do ensino secundário que, por razões e acidentes diversos da vida – drogas, pequenos furtos, violência, desmotivação –, viam-se rejeitados pelo sistema escolar norte-americano. Os estudantes recebiam a oferta de aprendizado aberto, que lhes permitia fazer uma escolha. Os cursos eram oferecidos "externamente", ou seja, fora da escola, em instituições públicas ou empresas. Os alunos dessa escola alternativa aprendiam jornalismo nos jornais, mecânica automobilística em revendedores e oficinas mecânicas, história da arte nos museus e galerias, biologia nos hospitais, etc. Os cursos eram às vezes ministrados por professores, mas, mais frequentemente, por profissionais das respectivas áreas. O médico, o mecânico, o curador do museu forneciam o conteúdo do curso e o professor acompanhava os alunos nos locais. Cada professor devia encontrar as estruturas para acolher os alunos e apoiar seus aprendizados. Os estudantes podiam propor cursos, encontrar o professor que aceitasse orientá-los e, se um número suficiente de alunos se mostrasse interessado, o curso acontecia. A frequência nas escolas do Parkway Program diminuiu ao longo dos anos, e os responsáveis à época atribuíram essa diminuição a uma mudança de mentalidade e a uma rejeição desse tipo de modelo alternativo nos anos 1980. As prefeituras secaram pouco a pouco os meios de que as escolas necessitavam para funcionar. Alguns denunciaram desvios, como cursos de biologia sendo organizados num banheiro, e não mais no hospital, o que poderia parecer menos "motivador" e sobretudo menos eficiente!

É interessante que essas propostas assim radicais sejam quase sempre pensadas para casos extremos, e não para a maioria dos alunos. De fato, quer se trate do Parkway Program ou, hoje em dia, do projeto La Ville pour École, esses experimentos são aplicados sobretudo às crianças desistentes, para as quais constatamos o fracasso dos métodos tradicionais. A estrutura pública La Ville pour École, situada numa região parisiense, acolhe alunos desistentes do colégio e do liceu, com idades entre 16 e 20 anos. Coordenada por três professores, é uma microestrutura que corresponde a uma classe capaz de acolher em torno de vinte e cinco alunos pelo tempo de um ano escolar. A equipe é regularmente enriquecida com intervenções de outros professores ou parceiros externos, procurados e solicitados em função de abordagens e objetivos específicos. La Ville pour École propõe um retorno dos alunos à escola e também uma descoberta aprofundada de diversos campos profissionais (os alunos fazem de quatro a cinco estágios de quatro semanas), esses dois aprendizados estão associados a um acompanhamento individual (tutoria) e a uma ajuda personalizada de orientação, trabalho que pode ser solicitado tanto pelos pais quanto pelos parceiros socioeducativos. Esses dispositivos têm pouquíssimos alunos e são considerados dispositivos de "desligamento".

Nos Estados Unidos também aparece esse tipo de abordagem, que a tecnologia reativa torna ainda mais evidente, com o desenvolvimento de um sistema de *mentoring* entre profissionais e alunos de escolas ditas tradicionais. É notadamente o caso da Big Picture Learning, fundada em 1995 por Dennis Littky e Elliot Washor, uma rede que reúne escolas em torno da ideia de uma aprendizagem centrada no estudante em cerca de vinte Estados dos EUA, atualmente. Cada aluno faz parte de um pequeno grupo de quinze estudantes que depende de um professor chamado de *"advisor"*, ou seja, "conselheiro". Ele é acompanhado individualmente em seu projeto de formação por um *"mentor"*, um "tutor" que o acolhe num estágio em seu quadro profissional, compartilhando experiências, saberes e conhecimentos práticos. Em todos esses exemplos, seja na cidade, no mundo do trabalho ou mais especificamente na empresa, é o contexto de inserção do estudante que serve de recurso e de motivação.

Já citei aqui Jacques Rancière e a expressão provocativa de Joseph Jacotot, pedagogo francês quase improvisado do século XIX, que se vangloriava de ser um "mestre ignorante". É ainda nele que pensamos quando estudamos o projeto de Sugata Mitra, Hole in the Wall, desenvolvido em 1999, primeiro na Índia, de onde vem sua família, depois em outros países pobres, onde as crianças têm pouco acesso à educação. Hole in the Wall é um simples computador inserido numa parede, numa área de recreação para crianças, no centro da cidade e disponível com acesso gratuito, livre e ilimitado. Seu projeto demonstra que as crianças podem aprender "sozinhas", sem a intervenção exterior de um terceiro, se houver alguém que os incentive, o que Sugata Mitra faz a distância da Inglaterra, utilizando a estrutura de seu experimento, mas que pode ser feito da mesma maneira por um dos membros da comunidade, às vezes até analfabeto. Esse princípio educativo repousa, como a teoria de Jacotot, sobre a curiosidade natural das crianças e sua capacidade de aprendizagem, bem como sobre o incrível poder da internet, que pode dar acesso a quase todo tipo de informação. Assim, Sugata Mitra demonstra que as crianças de uma favela aprendem inglês sozinhas e conseguem corrigir seu forte sotaque ao escutar vídeos e conteúdos em inglês na web, enquanto brincam e se propõem desafios pela interface da tela do computador conectado, que coloca o professor à sua disposição. A aprendizagem se apoia em três critérios: a troca, a ajuda mútua e a curiosidade.

Situações economicamente desfavoráveis costumam ser ocasião para pensar soluções inovadoras de baixo custo, e este é o caso de Hole in the Wall. Poderíamos citar inúmeros projetos nos quais a tecnologia acompanha essa desmaterialização de infraestrutura e devolve a cada um papel ativo na aprendizagem. É o caso do projeto da BBC chamado BBC Jalana Service, que propõe que as pessoas aprendam inglês ligando para um número gratuito a partir de um celular. Partindo do princípio de que o telefone celular é hoje em dia a ferramenta mais bem distribuída entre as populações desfavorecidas, mais ainda que o computador, e que todos sabem usá-lo, ele é o meio de difusão mais eficaz para dar acesso a cursos de línguas, que não precisam necessariamente da interação, mas, sim, da escuta e da repetição. Se o autodidatismo existe há muito tempo com fitas cassete e CDs, a internet e a rede telefônica tornam sua prática ainda mais evidente.

PERMANÊNCIA DOS MODELOS INOVADORES: ASSIMILAÇÃO *VERSUS* RESISTÊNCIA

Se o design não pode tudo, fica claro que ele permite acompanhar a mudança das formas e, portanto, das formas escolares. A cada tentativa de transformação das práticas pedagógicas, constatamos uma transformação da infraestrutura escolar. A análise de diferentes formas escolares inovadoras permite identificar a permanência e a recorrência de certos modelos que tendem atualmente a convergir para uma forma mais aberta, mais flexível, mais conectada, porém também mais desmaterializada do que nunca. No momento em que elementos da linguagem ainda transmitem a ideia de uma sacralização da escola, vemos, ao contrário, que com a pressão tecnológica do digital, que já invadiu totalmente o campo doméstico e profissional, torna-se contraproducente resistir à sua invasão no campo pedagógico. Sem querer transformar todas as escolas segundo o modelo da École 42, que faz do digital não somente sua forma e seu meio, mas também seu modelo de negócio, é preciso contudo integrar na escola práticas difundidas em toda a sociedade e das quais a escola deve permitir o domínio e a apreensão crítica. Como fazer isso sem que a escola se confronte consigo mesma? A insistência dos modelos pedagógicos inovadores incita a integrar a mudança, em vez de resistir a ela, a fim de evitar transformar o confronto entre a escola e a vida fora dela, num face a face violento como já é o caso em inúmeros bairros. De fato, a abertura para o exterior como contexto de aprendizagem, a flexibilidade dos espaços e das temporalidades, a individualização e a autonomia oferecidas aos alunos defendidas pelas pedagogias inovadoras não são somente permitidas, mas também impulsionadas pelo digital. Certamente essa revolução engendra novas aprendizagens e a aquisição de novas competências, então como recusar integrá-las desde a escola para permitir um maior domínio delas na vida adulta e profissional?

Alguns países têm um sistema educativo que favorece a emergência de novos modelos. Sem entrar no debate sobre seu caráter progressista ou idealista, nem sobre a situação social desses países muito diferentes do nosso, é preciso de toda forma voltar ao caso das escolas suecas privadas Vittra Education, já citadas, que promovem de forma exemplar, graças a um design muito "cativante", ainda que criticável, o modelo de área aberta, rebatizado de *learning center* na era digital. O desenvolvimento desse modelo de escola é permitido por um sistema educativo diferente do sistema francês, menos centralizado e financiado de outra forma. O governo sueco apoia a criação de escolas privadas, que devem ser aprovadas pela Inspeção Nacional dos Estabelecimentos Escolares e se adequar aos programas de ensino e aos planos de estudo nacionais. Essas escolas oferecem um ensino gratuito e acessível a todos os alunos, o que dá às famílias uma liberdade de escolha entre diversos estabelecimentos. Mas o Estado não subvenciona essas escolas. Ele subvenciona cada família, que por sua vez investe o dinheiro na escola de sua escolha. Ao final da escolarização, os alunos dessas escolas passam pelos mesmos exames que os demais, já que é o Estado que os organiza em nível nacional. Seus resultados são, portanto, comparáveis aos dos alunos de outras escolas privadas e aos das escolas públicas. Após o sucesso de sua primeira escola Telefonplan, a empresa privada Vittra Education agora administra trinta e cinco escolas na Suécia. Antes concebidas pelo Rosan Bosch Studio e depois por outros escritórios de arquitetura globais, o "modelo Vittra" não é o único e hoje é desenvolvido em inúmeros outros países do norte da Europa e do mundo.

Esse modelo do *learning center* à sueca, embora possa ser facilmente percebido como um modelo de "escolas ricas e caras", sobretudo no plano da infraestrutura, não está em oposição ao modelo *low cost* desenvolvido por Sugata Mitra com o Hole in the Wall. Trata-se, antes, de uma mudança de postura dos professores e alunos, bem como de uma mudança de organização do trabalho e de consideração do *status* do conhecimento que torna esses modelos eficazes, cada um a seu nível e sob condições muito diferentes. Inúmeros professores já compreenderam esse movimento, proporcionando condições para uma nova abordagem pedagógica no seio da própria educação da França. Não é possível rastrear aqui todos os experimentos, já que não estão todos registrados no portal francês de inovação e experimentação pedagógica, ele próprio desatualizado em sua forma. As práticas evoluem pontual e localmente em função de interesses próprios dos professores e variavelmente em função das gerações, mais ou menos acostumadas às ferramentas digitais. A formação pedagógica existe, ainda lutando contra um atraso importante naquilo que chamamos de TICE – Tecnologias de informação e comunicação para o ensino, cuja sigla denota uma espécie de exotismo dessas tecnologias e das práticas que as acompanham na escola, tecnologias que, apesar disso, estão inseridas na vida cotidiana.

As formações de design e artes aplicadas nas quais dou aula, na própria rede pública, estão mais próximas desses modelos inovadores do que a maioria das formações tradicionais e acadêmicas seguidas pelos alunos, do colégio ao liceu, apesar de uma estrutura global similar. A pedagogia é fortemente induzida pela própria prática do projeto, que está no coração do processo do design, como lembrei na introdução. Essa constatação, colocada à prova e confirmada pelos exemplos dessa pesquisa, levaram-me a evocar, no próximo capítulo, as práticas específicas do campo criativo.

O PROCESSO CRIATIVO COMO FÁBRICA DE INOVAÇÃO

Clémence Mergy, designer e professora

Se por um lado as disciplinas criativas estão preocupadas com a definição de infraestruturas inovadoras, como mostrou a primeira parte deste trabalho, por outro, elas procedem segundo abordagens e processos singulares que podem interessar à pedagogia. Entendo com isso que, se o resultado formal do trabalho criativo é importante, os caminhos metodológicos que levam a ele também podem interessar à escola. De fato, parece-me que a *chave da convivência entre disciplinas criativas e pedagógicas reside no conceito de projeto*. Não há processo criativo sem projeto. Preferiremos aqui o termo *processo* ao termo *método*, porque, apesar de o designer às vezes fazer uso de métodos, passa seu tempo emancipando-se deles para pôr em prática sua criatividade e ficar mais próximo do contexto no qual realiza seu projeto.[1] Esses aspectos do trabalho formam novos pontos de contato entre designers e professores. Esse processo criativo é flexível, adaptável, em perpétua reformulação. Ele é compartilhável e compartilhado com os interlocutores do projeto e se apoia sobre um conhecimento e uma experiência profissional particular.

A especificidade do processo criativo é que ele permite produzir qualquer coisa: obras visuais, sonoras, animadas, ou ainda objetos, imagens, arquiteturas, roupas, para falar do que é mais comum, mas também serviços, eventos, espetáculos, roteiros, etc. O *processo criativo é uma fábrica e o projeto é o formato dessa fábrica. A partir da pesquisa inicial, selecionei exemplos de projetos que ativam as fábricas cujos temas me parecem interessar à escola. Identifiquei quatro fábricas: a fábrica de si, a fábrica do conhecimento, a fábrica do sensível, a fábrica de usos.* As duas primeiras não são exclusivas das disciplinas criativas e são fábricas já identificadas e ativadas pela escola hoje (a fábrica de si, e a fábrica do conhecimento, que é sem dúvida o cerne das missões pedagógicas). Elas podem ser enriquecidas com a ajuda das disciplinas criativas para responder aos desafios atuais da escola. As duas últimas fábricas (fábrica do sensível e fábrica dos usos) estão particularmente ligadas às disciplinas criativas e aparecem como alavancas interessantes para pensar a inovação das formas escolares. Essas diferentes fábricas estão às vezes ligadas umas às outras e, nos exemplos citados, várias delas às vezes são ativadas ao mesmo tempo.

Como no segundo capítulo, quis estruturar minha proposta cruzando essas diferentes fábricas com o que há de constante e permanente no processo criativo. Assim, entre as posturas criativas, identifiquei aquelas que podiam ser compartilhadas com as práticas pedagógicas e que tratavam do humano, de sua capacidade reflexiva e das interações entre pessoas. Identifiquei, portanto, cinco posturas que são também cinco ações, cinco maneiras de realizar um projeto, permitindo ativar uma ou outra fábrica. Essas cinco ações são as seguintes:
– nós trocamos/nós compartilhamos;
– nós experimentamos/nós prototipamos;
– nós participamos/nós contribuímos;
– nós concebemos em conjunto/nós fazemos juntos;
– nós fazemos de verdade/nós fazemos pela verdade.

Espero que o conjunto de exemplos selecionados permita, por um lado, testemunhar a potência criativa de certos projetos pedagógicos e, por outro, dar acesso a uma ferramenta, uma espécie de tabela de análise das alavancas de inovação que esses projetos exemplares ativaram em escalas variadas. Os exemplos descritos aqui são, em sua maior parte, resultado da pesquisa inicial, mas não são exaustivos e, como sempre, essa lista poderia continuar se alongando. Espero que eles estimulem em cada leitor a

---

1 De fato, por trás do *método* se encontra a ideia de conduzir uma ação ou um raciocínio de maneira racional, estruturada, organizada e de "aplicar", de certa forma, um conjunto de procedimentos preestabelecidos, pré-programados, que devem se desenrolar numa ordem precisa para chegar ao bom resultado.
No *processo*, o método é constantemente alterado em campo, pois o intelecto desenvolve sua reflexão de acordo com o avanço de sua ação, literalmente à medida que progride. Não cabe, portanto, necessariamente o programa proposto pelo método. O processo é, ao mesmo tempo, pessoal, mais ligado ao contexto no qual acontece e mais flexível em seu desenrolar do que o método.

vontade de dar seus próprios passos como pedagogos a partir dos estudos descritos aqui e de trilhar novos caminhos criativos.

AS DIFERENTES FÁBRICAS DO PROCESSO CRIATIVO

Fábrica de si

A fábrica de si contribui com ao menos dois dos quatro pilares da educação enunciados pela Unesco em 1994:[2] aprender a viver em comunidade e aprender a ser. Trata-se de contribuir para construir uma pessoa, no plano individual e no plano coletivo e social. Fazer de cada indivíduo um sujeito e construir ou consolidar a imagem de si enquanto parte do todo. Os exemplos coletados mostram como o processo criativo e as disciplinas artísticas contribuem largamente para essa fábrica.

A fábrica de si permite abordar a dimensão identitária, questionar o lugar do corpo e a construção da personalidade. Mas ela também oferece a possibilidade de vislumbrar maneiras de engajar o indivíduo na coletividade e de levá-lo a se construir na relação com o outro, a partir do contexto, do ambiente. Esses dois aspectos permitem abordar problemáticas de envolvimento, integração, apropriação, autoestima e confiança, todas necessárias à aprendizagem.

Por fim, a fábrica de si na escola não diz respeito apenas aos alunos: é também uma reflexão que pode se endereçar a todos os atores que ela mobiliza. Várias categorias de atores que interagem com a escola foram identificadas na pesquisa inicial: aqueles da própria escola (alunos, professores, funcionários) e os da comunidade (pais, bairro, sociedade civil). A qualidade das relações que se estabelecem entre todos esses atores pode contribuir para melhorar as condições de aprendizagem das crianças. A fábrica de si não se destina somente a indivíduos isolados. Ela pode abranger comunidades, entidades compostas de vários indivíduos. As disciplinas criativas podem contribuir fabricando objetos, imagens, histórias, representações sensíveis dessas entidades.

Fábrica do conhecimento

A fábrica do conhecimento está evidentemente no cerne dos pilares da educação enunciados pela Unesco, sobretudo do primeiro: aprender a conhecer. O que parece menos evidente é a maneira pela qual as disciplinas criativas podem contribuir para essa fábrica. No entanto, para quem se interessa por essas disciplinas e as pratica, fica logo evidente que elas permitem com frequência uma entrada atraente "no país do conhecimento" e sabem abordar territórios desconhecidos, confrontando-se de outra forma que não pelo saber acadêmico, que elas não possuem, mas, sim, valendo-se daquilo que é sensível e do que aflora, observando o que se vê, escutando o que se ouve, anotando e desenhando o que se diz e utilizando os materiais disponíveis para construir, pouco a pouco, uma leitura do mundo que nos cerca.

Entre as condições que, contextualmente, modificam o trabalho do professor, há uma que o influencia de forma irreversível hoje em dia: a disponibilidade digital do saber, sua acessibilidade e, por consequência, sua acelerada obsolescência, que deveria, daqui a alguns anos, modificar consideravelmente as infraestruturas das escolas – como começamos a enunciar –, e também os métodos pedagógicos. Nesse novo contexto, a fábrica de conhecimento é portanto o lugar onde devemos ao mesmo tempo colher informações disponíveis, selecioná-las, examiná-las, enfim, manipulá-las para nos apropriarmos delas. O professor não deve acreditar nem por um instante que está fragilizado pela concorrência, em seu campo disciplinar, das ferramentas digitais e do *Big Data*,[3] mas, sim, aproveitar a chance que lhe é oferecida de se libertar da função de reservatório de saber para acompanhar os alunos na apropriação que fazem desse conhecimento.

As disciplinas criativas sabem se apoiar naquilo que Etienne Wenger lembra a propósito do conhecimento e do fato de que ele "não pode ser gerado unicamente pelo tratamento da informação, já que o conhecimento de um especialista é o que permanece de suas ações, de suas reflexões, de suas conversas e de suas leituras, [e] corresponde geralmente a

---

[2] *Educação, um tesouro a descobrir*; relatório para a Unesco da Comissão Internacional sobre Educação para o século XXI, presidido por Jacques Delors, Odile Jacob, 1996.

[3] *Big data* é a expressão que designa a explosão quantitativa de dados registrados digitalmente e que apresentam alguns problemas inéditos na história humana, como a memorização, a pesquisa, a análise, o compartilhamento desses dados. O acesso a um número cada vez maior de informações não resolve a questão do conhecimento.

uma sobreposição coerente de todas essas fontes e estímulos".[4] Ele lembra que "o conhecimento não é um objeto que pode ser armazenado, possuído, movido como um equipamento ou um documento, mas que deve se fazer objeto de um certo comércio para estar, o máximo possível, atualizado. Esse comércio, que os professores praticam com seus alunos, também acontece nas disciplinas criativas na prática do projeto, que não cessa de produzir trocas entre os atores mas também entre o laboratório de concepção[5] e o campo prático.

As disciplinas criativas postulam – como a pedagogia, sem dúvida – que o conhecimento não está isolado das situações nas quais ele é produzido, que ele é acessível, que circula entre as pessoas mais ou menos instruídas, que se enriquece dessa circulação. Os "saberes reconhecidos" são hoje em dia cada vez mais compartilhados e complementados por outros tipos de saberes cotidianos, até então menos legítimos na estrutura escolar. Não especialistas podem, a partir de agora, estabelecer relações com especialistas, utilizando interfaces digitais e redes sociais, para que possam entender seu campo de conhecimento ou contribuir parcialmente com um projeto além de suas competências, com muito prazer e interesse.

Fábrica do sensível

A fábrica do sensível é, por assim dizer, o coração das disciplinas criativas. Longe de ser uma atividade fútil, ela contribui para dar forma ao nosso ambiente, ao meio em que vivemos. Como lembra Emanuele Coccia,[6] nossa própria existência não tem outra realidade senão a sensível, e é importante fazer uma pausa para exemplificar essa dimensão frequentemente ausente do longo percurso escolar que nos é ofertado.

A fábrica do sensível é particularmente interessante numa estrutura pedagógica, pois ela sensibiliza, no sentido primeiro do termo. Sensibilizar é despertar num indivíduo aquilo que faz dele um ser dotado de sensibilidade. É, portanto, torná-lo atento e receptivo até levá-lo a se interessar por aquilo que percebeu. O despertar do interesse é o primeiro passo do envolvimento, e este último permite apoiar os esforços demandados no contexto da aprendizagem. Logo, sensibilizar não é outra coisa senão uma das missões fundamentais da escola. Poderíamos continuar indefinidamente: sensibilizar para o outro, sensibilizar para o mundo material em que nos encontramos, sensibilizar para o saber, etc.

Embora a reflexão, o pensamento e o conhecimento sejam frequentemente identificados com o raciocínio lógico, eles podem nascer de uma abordagem sensível, de uma manipulação, de uma transformação ou de uma ordenação do sensível. A sensibilidade mobiliza capacidades reflexivas que a racionalidade não alcança em alguns indivíduos. O sensível pode ser uma porta de entrada, uma alavanca, antes de ser um meio de conhecimento. Não se trata, contudo, de opor o conhecimento racional ao conhecimento sensível, mas, sim, de aproveitar sua complementariedade sob a perspectiva de tornar mais rico o nosso mundo de sentidos.

Os exemplos selecionados mostram que, para ser ativada, a fábrica do sensível deve oferecer diferentes níveis de ação e de percepção: é preciso poder experimentar, portanto provar, por meio de uma experiência pessoal e vivida; é preciso ainda expressar ou dizer aquilo que se experimenta, de uma forma sensível, contribuindo de forma visual, coreográfica, fônica... A fábrica do sensível não busca uma verdade. Ela busca expandir o território das percepções e enriquecer o sentido dos mundos percebidos.

Fábrica de usos

O que chamamos aqui de fábrica de usos é um projeto ou uma situação que permite reunir criadores e usuários de uma infraestrutura, mesmo que ambos se confundam temporariamente ou invertam seus papéis, a fim de pensar, contar, conceber e melhorar a vida no seio dessa infraestrutura.

Falar de fábrica de usos é constatar que nem todos os usos estão escritos no programa que ordena as funções de uma infraestrutura e que, portanto, precede a sua realização, sobre a qual ele procederá em seguida. Quanto mais importantes e institucionais são as infraestruturas, menos as funcionalidades imaginadas e os usos reais coincidem, já que os responsáveis pela concepção e os usuários estão mais distantes. Mas, felizmente, como constatamos na primeira parte deste estudo, o programa – arquitetônico, por exemplo – não é capaz de conter todas as práticas de um lugar e estas podem escapar à programação. Além disso, pode-se imaginar usos abertos, o que permite que os futuros

---

[4] Gilbert Brault, *Cultiver les communautés de pratique : Étienne Wenger, Richard McDermott, William M. Snyder*, HBS Press, 2002, notas de leitura.
[5] Denominação corrente do lugar ao mesmo tempo físico e mental, no qual os criadores elaboram seus projetos.
[6] Emanuele Coccia, *La vie sensible*, "Bibliothèque Rivages", Rivages, 2010.

usuários completem, inventem ou melhorem aquilo que lhes é oferecido.

Há uma dimensão prospectiva na fábrica de usos que convém à escola. De fato, em vez de vê-la como uma atividade que permite somente "atender a necessidades", podemos vê-la – e o design sabe fazê-lo bem – como uma atividade que abre novas práticas, que mexe no *status* dos usuários ou que modifica a percepção das infraestruturas. Os usos não são necessariamente eficazes, ergonômicos e eficientes, eles podem ser poéticos, simbólicos ou estéticos. Todas essas dimensões abrem perspectivas criativas.

Em *Notes sur la maison moirée*, graças à sua análise benevolente, Gean Moreno e Ernesto Oroza apontam para a fábrica de usos gerada pela crise econômica severa que atingiu a cidade de Detroit em 2008 e que eles tratam aqui poeticamente. A crise pressiona os habitantes, por falta de meios, a sobrepor diferentes funções e diferentes usos para um mesmo lugar, o que contribui para modificar o sentido e as representações dos referidos lugares:

> Imagine o esquema das funções residenciais de uma casa. Agora, imagine que se sobreponha a ele um segundo esquema de funções que normalmente não são associadas a uma casa – defumação de presunto, restaurante, salão de beleza, confeitaria, reaproveitamento de sucata, cultivo de maconha. A superposição dessas funções, desses esquemas, produzirá uma malha.[7]

Assim, a fábrica de usos pode produzir o inesperado e a renovação, a solução, a apropriação e a crítica.

---

[7] Gean Moreno, Ernesto Oroza, *Notes sur la maison moirée (ou un urbanisme pour des villes qui se vident)*, © Cité du design © École Nationale Supérieure d'architecture de Saint-Étienne, 2013, p. 14 (traduzido do espanhol cubano por Marie-Haude Caraës e Nicole Marchand-Zanartu).

AS DIFERENTES POSTURAS CRIATIVAS E DE TRABALHO

Nesta seção são listadas cinco a seis posturas criativas que são, antes de mais nada, posturas de trabalho e modos de ação, que considerei como alavancas de inovação, de transformação, de melhorias ou de expansão dos projetos descritos. Essas seis ações não são suficientes para definir a prática criativa como um todo, mas servem apenas para apontar posturas reflexivas que são adotadas nos campos em desenvolvimento do design contemporâneo. Essas posturas criativas e seus desafios são compartilhados com a pedagogia e pareceu oportuno ressaltar práticas que são também muito atuais, sob o prisma do contexto tecnológico e digital contemporâneo.

Peer-to-Peer / Nós trocamos, nós compartilhamos

A ideia de uma ajuda mútua, de uma partilha ou de uma troca horizontal de saberes é, por assim dizer, estranha à escola que herdamos. De fato, desde o momento em que as primeiras pedras da escola para todos foram erigidas no século XIX, é imposto um modelo que promove ao mesmo tempo a verticalidade e o individualismo. Diante do aprendizado que lhe compete e das dificuldades que podem impedir que obtenha os resultados que lhe são exigidos, cada aluno se sente muito sozinho entre os demais. Essa forma escolar, que convida à comparação de resultados e à competição, não favorece nem a ajuda mútua nem as trocas: o imperativo implícito ou explícito de "não falar", "não copiar", "não ajudar" (na ocasião de uma pergunta na lousa, por exemplo, ou de um dever sobre a mesa) exclui de imediato aquilo que chamamos de aprendizagem por pares e fecha os olhos para os benefícios dessas posturas na economia dos saberes. Concentrando-se na ideia de que aquele que ajuda perde tempo e, sobretudo, de que quem é ajudado não trabalha, perdemos de vista o fato, provado há muito tempo por certos pedagogos, de que as trocas horizontais podem ser mais eficazes do que as verticais, que costumam estruturar a escola.

O que nos interessa aqui é o fato de que a ajuda mútua e a troca são, elas próprias, *fábricas de si* e *fábricas de conhecimento*, estando frequentemente ligadas. De fato, pelo engajamento de que necessitam, elas mobilizam recursos individuais que as trocas verticais, unilaterais e passivas nem sempre conseguem mobilizar. Elas permitem valorizar todo mundo, seja qual for seu nível inicial, já que se estabelecem sobre os valores positivos de cada um, e não sobre as faltas. Essa constatação, investigada com base em uma longa experiência, foi teorizada e difundida por dois professores de zonas de ensino problemáticas que se transformaram em pesquisadores da ciência da educação: Marc e Claire Héber-Suffrin. Nos anos 1970, eles inventaram o MRERS, Movimento de redes de troca recíproca de saberes. Como denota também a expressão anglo-saxônica *peer-to-peer*, a relação entre pares pode se enriquecer com a reciprocidade: o ensino pelos pares pode duplicar com uma troca recíproca, ou seja, aquele que recebe também tem seu momento de dar sua contribuição, relacionada ao mesmo assunto ou a outra disciplina. Cada um pode, assim, integrar a economia dos saberes.

Uma anedota relatada por Claire Héber-Suffrin na obra *Le cercle des savoirs reconnus*, e ocorrida quando ela ainda era professora, permite compreender bem a mecânica dessa proposta pedagógica:

> Dung, aluna nova vietnamita recém-chegada à França, praticamente não falava francês em seu primeiro ano no liceu. Aplicando os princípios das redes de troca recíproca de saberes, o professor se dirige à classe: "Dung pode ensinar desenho. Tem alguém que possa lhe ajudar a falar e ler em francês?" Então Émilie se oferece, a última aluna da classe nessa matéria, aquela em quem ninguém teria pensado... E então, assumindo seu novo papel de professora com entusiasmo, ela mesma começa a progredir prodigiosamente em expressão escrita, até ultrapassar com facilidade o nível da classe no ano seguinte. Pela primeira vez, ela tinha tido a oportunidade de mobilizar seu saber. E, motivada pela confiança que depositaram nela, soube construir esse saber, disseminando-o profundamente dentro de si mesma para transmiti-lo.[8]

É preciso voltar à expressão anglo-saxônica *peer-to-peer*, que esclarece bem o propósito, por conta de sua origem no domínio da informática. Ela designa a capacidade de vários computadores conectados em rede atuarem como servidores uns dos outros, ou seja, a capacidade de armazenar os dados (de informação) e torná-los disponíveis para os outros, assim como um servidor central. É fácil estender a metáfora para a situação pedagógica e compreender que, nesse sistema (*peer-to-peer*), os dados (saberes) não transitam somente do professor (servidor central) para os alunos (servidor local/computador), mas também entre os alunos, ou seja, entre pares, que formam uma rede.

A aventura das redes de troca recíproca de saberes conduzida por Claire Héber-Suffrin remete mais uma vez a Jacotot e a seu mestre ignorante, que aposta não na ausência de saberes do ignorante, mas em sua capacidade de se mobilizar para aprender os saberes disponíveis.

> Para emancipar um ignorante, é preciso e suficiente que sejamos, nós mesmos, emancipados; isto é, conscientes do verdadeiro poder do espírito humano. O ignorante aprenderá sozinho o que o mestre ignora, se o mestre acredita que ele o pode, e o obriga a atualizar sua capacidade: círculo de potência homólogo a esse círculo de impotência que ligava o aluno ao explicador do velho método. Mas a relação de forças é bem particular. O círculo da impotência está sempre dado, ele é a própria marcha do mundo social, que se dissimula na evidente diferença entre a ignorância e a ciência [...] O ignorante, por sua vez, não acredita ser capaz de aprender por si só, menos ainda de instruir outro ignorante. Os excluídos do mundo da inteligência subscrevem, eles próprios, o veredicto de sua exclusão. Em suma, o círculo da emancipação deve ser começado.[9]

Nós experimentamos, nós prototipamos

O processo criativo é um vaivém permanente entre reflexão e realização, pensamento e desenho, projeto e protótipo. Não passaremos voluntariamente por todos os termos utilizados para definir esse vaivém entre conceitualização e concretização, imaginação e materialização da ideia. O que convém compreender é que a experimentação está no cerne do processo de criação e de pesquisa, e que ela permite avançar de forma incremental, aprendendo sem ter medo do erro, que é integrado ao *próprio processo de concepção*.

O prazer, a satisfação e o interesse trazidos pela produção de um objeto ou de algo sensível, bem como a análise do que isso produz, são uma alavanca de envolvimento e motivação no processo de concepção, que é também uma fábrica do conhecimento, tal

---

8 Claire Héber-Suffrin, Marc Héber-Suffrin, *Le cercle des savoirs reconnus*, © Desclée de Brouwer, 1993

9 Jacques Rancière, *Le Maître ignorant*, © 10/18, 2004, p. 29 (1ª ed.: 1987, publicado por Fayard sob o título *Le Maître ignorant. Cinq leçons sur l'émancipation intellectuelle*).

como foi apresentada anteriormente. Seja qual for o grau de materialização, não existe processo criativo sem croqui, sem esquemas, sem 3D, sem "imaginação gráfica",[10] sem maquete, sem amostra, sem protótipo funcional ou formal, ou seja, sem materialização sensível que permita avaliar a pertinência da ideia e aumentar o conhecimento. Os *fab labs*[11] iniciados no começo dos anos 2000 pelo MIT, nos Estados Unidos, são um exemplo dessa constatação, oferecendo todas as ferramentas para fabricar e aprender ao mesmo tempo, e promover assim a inovação ascendente.

Longe de uma reflexão "aplicada" ao sensível, trata-se de considerar o processo criativo como uma imbricação íntima e inseparável da reflexão e de sua realização, que dá lugar a uma materialização sensível (visual, sonora, dançada, etc.).

Nós participamos, nós contribuímos
A tecnocracia e a sociedade industrial há muito tempo separaram aqueles que tinham necessidades daqueles que concebiam ou produziam as ferramentas que resolveriam essas necessidades. O próprio design se construiu do choque entre o "trabalho vivo"[12] e a economia de subsistência.[13] Há mais de um século, poucas necessidades se exprimem e se resolvem localmente, diretamente, entre consumidores-usuários e criadores-produtores, e poucos cidadãos participam da reflexão sobre elas, senão da própria resolução dessas necessidades.

No entanto, o que poderíamos chamar de despertar participativo revela, há alguns anos, um retorno a esse desejo de envolvimento e de contribuição que sustenta a inovação social. Entre as expressões mais conhecidas, podemos enumerar aquelas de "financiamento participativo", "design participativo", "creche participativa", etc. Em cada caso, trata-se de contribuir em parte com uma obra coletiva. Seja uma contribuição financeira ou uma oferta de tempo de trabalho (que pode dar na mesma), às vezes elas fornecem também competências (*know-how*, conhecimentos, etc.). A participação costuma ser solicitada onde a falta de recursos impera, mas ela não se limita a isso, bem ao contrário. Uma vez que aquele que participa não compensa apenas a penúria de recursos, mas também traz uma vivência, uma experiência, um olhar, um ponto de vista; e sai de sua participação com algo a mais, e não a menos.

Esta ação de participação leva a uma reflexão sobre a escola, pois não deixamos de desejar que os alunos "participem" das aulas, ou seja, que eles contribuam com suas intervenções, mas também que "tomem parte". Resta, portanto, organizar as condições da participação. Despertar o desejo! Alguns arquitetos, como o casal Kroll, exploraram largamente a concepção participativa na estrutura de vastos programas arquitetônicos:

> A participação, segundo Lucien [Kroll], não demanda nenhum maquinário complicado, com um coordenador, questionários, um diretor, um protocolo, etc.[14]

E ainda observa:

> A confiança faz parte das condições de troca entre os participantes e o arquiteto, em que a palavra de ordem é deixar fazer-se. Toda arquitetura imposta é concentracionária, pelo menos potencialmente, ela desqualifica o habitante para fazê-lo regredir ao *status* de ocupante.[15]

A participação é vista como a garantia da ética do projeto.

No contexto pedagógico, assim como no contexto criativo, a participação não deve ser um álibi, ela deve constituir verdadeiramente uma troca recíproca, ela é uma das modalidades de trabalho *peer-to-peer*. Eu recebo tanto quanto dou. Com esta condição, podemos esperar que se propaguem fábricas de si e as fábricas de conhecimento já citadas.

---

10 "Éloge de l'imagination graphique", posfácio de Jean Lauxerois, in, Marie-Haude Caraës, Nicole Marchand-Zanartu, *Images de pensée*, Réunion des Musées Nationaux, 2011.
11 *Fabrication Laboratory*, em inglês.
12 Segundo Christian Marazzi, o trabalho vivo é um trabalho no qual o produto é inseparável daquele que o produz.
13 Clémence Mergy, *Étude des processus de légitimation du design*, mémoire de fin d'études, Ensci les Ateliers, 2006, p. 21.

14 Patrick Bouchain (dir.), *Simone & Lucien Kroll, une architecture habitée*, Arles, © Actes Sud, 2013, p. 31.
15 Patrick Bouchain, *op. cit.*

Nós concebemos, nós fazemos juntos

A concepção colaborativa é uma das modalidades particulares da participação. Ela pertence ao nascimento do projeto e é de certa forma decisiva, estruturante. Essa postura de trabalho tem a vantagem de permitir um enriquecimento do projeto por meio de visões diferentes e complementares, às vezes antagônicas, e dá à discussão e ao debate a possibilidade de existir. Ela permite com frequência ativar a fábrica de si e criar um sentimento de pertencimento ao grupo, à coletividade, à sociedade em geral, conferindo um lugar e um papel a cada um. Ainda muito rara na estrutura dos grandes projetos, a concepção colaborativa costuma ser reservada às práticas militantes.

Desde 2013, no entanto, existe a conferência mundial *Co-Create*, que aconteceu primeiramente em Helsinki por iniciativa do SimLab, uma unidade de pesquisa em engenharia industrial e administração da Aalto School of Science. Pesquisadores da "colaboração inovadora", "codesign" e "conhecimento da cocriação" se reuniram para discutir de forma interdisciplinar essa prática emergente. A principal questão levantada pela conferência *Co-Create* era a seguinte: o que é o "co" na expressão *codesign*? Quais são os limites razoáveis de engajamento e de abertura para alcançar e realizar inovação? Quais são as condições para não cair numa cocriação de fachada? Mais rara ainda no meio escolar do que nas disciplinas criativas, a cocriação mobiliza inúmeras competências nos participantes, e também um acompanhamento muito especializado e aberto ao mesmo tempo, que as escolas raramente têm à disposição. É por isso que inúmeros projetos se contentam com a "participação". No entanto, alguns exemplos mostram o forte potencial desse processo.

Nós fazemos de verdade, nós fazemos pela verdade

Embora o design realize na maior parte do tempo maquetes e protótipos, há também situações de projetos em que os criadores pulam as etapas de experimentação ou de prototipagem para ir direto à realização da forma, do objeto ou do produto final e fazê-lo existir no mundo real imediatamente. Mas seja como for, em todos os casos, as disciplinas criativas não realizam quase nunca produções como um simples exercício. No mínimo, o exercício tem desde o início um valor real por sua natureza sensível e seu impacto sobre aquele que o percebe. É esse impacto e essa "eficiência" de "fazer para valer" que dão intensidade à experiência criativa e que esperamos aqui oferecer à situação pedagógica. Que esta não esteja separada da vida, mas que se inscreva numa forma de continuidade entre a escola e a vida, como frequentemente defenderam as "pedagogias inovadoras".

Fazemos com toda autonomia

Esta última postura é pouco utilizada nos exemplos que foram escolhidos e descritos, já que é emergente e tende a se desenvolver graças às ferramentas digitais, à margem da instituição escolar, e não em seu seio. Por enquanto, ela depende de condições socioculturais nas quais os protagonistas engajados no processo criativo evoluem, e este é um dos motivos pelo qual ela diz respeito principalmente aos alunos "favorecidos". No entanto, essa postura que favorece a autonomia poderia ser ainda mais apoiada e desenvolvida na instituição escolar, o que alguns professores começam a fazer, praticando sobretudo a "sala de aula invertida".

OS EXEMPLOS DE PROJETOS

Modalidades de denominação dos exemplos

Os projetos são classificados em função:
– da fábrica que apresentam (A);
– da postura criativa que mobilizam (B).
Certos projetos apresentam vários tipos de fábricas e mobilizam posturas variadas, atingindo uma complexidade importante. Esses projetos são particularmente exemplares e, com frequência, mobilizam mais recursos humanos e especialistas em matéria criativa.

Os melhores projetos são realizados por artistas ou designers ao lado dos próprios professores, mas cada um está lá para desempenhar seu próprio papel. Em nenhum dos casos o professor toma o lugar do designer ou vice-versa. É, antes de mais nada, a troca e o acompanhamento dos dois profissionais por um lado e a riqueza do processo proposto por outro que permitem o sucesso dos projetos descritos.

TABELA 1. EXEMPLO DE MODO DE LEITURA

A : FÁBRICA / B : POSTURA CRIATIVA	A1 FÁBRICA DE SI	A2 FÁBRICA DO CONHECIMENTO	A3 FÁBRICA DO SENSÍVEL	A4 FÁBRICA DE USOS
B1 NÓS TROCAMOS/ NÓS COMPARTILHAMOS	Exemplo: A1/B1			
B2 NÓS EXPERIMENTAMOS/ NÓS PROTOTIPAMOS	Exemplo: A1 + A2/B2		Exemplo: A3/B2	
B3 NÓS PARTICIPAMOS/NÓS CONTRIBUÍMOS		Exemplo: A2 + A3 + A4/B3		
B4 NÓS CONCEBEMOS/NÓS FAZEMOS JUNTOS	Exemplo: A1/B4 + B5	Exemplo: A2/B4		
B5 NÓS FAZEMOS DE VERDADE/NÓS FAZEMOS PELA VERDADE				Exemplo: A4/B5

Exemplo 1. Fabricar para fabricar-se e existir na comunidade

Fábricas presentes e posturas mobilizadas:
A1 + A2/B1 + B2

O Barefoot College (literalmente "colégio de pés descalços", nome que exprime a origem ultramodesta de seus membros) foi fundado em 1972 em Tilonia, um vilarejo do Rajastão, na Índia, por um educador e militante social chamado Bunker Roy. Por trás de um objetivo muito concreto de melhoria da qualidade de vida dos moradores, então excluídos de progressos técnicos como o acesso à eletricidade ou à água potável, estão os objetivos de desenvolvimento social e cultural, como a geração de meios de existência estáveis para a comunidade, a preservação do planeta pela utilização de fontes energéticas duráveis e a autonomia das mulheres. Os estudantes vêm todos de comunidades distantes que nunca tiveram acesso à rede elétrica e onde as taxas de analfabetismo são altas, em particular entre as mulheres e meninas. Desde os anos 1990, o programa do Barefoot College pretende formar nada menos do que engenheiros solares capacitados para compartilhar suas competências e conhecimentos quando voltam a seus vilarejos, desenvolvendo soluções tecnológicas aprendidas no programa à serviço da comunidade.

Nessa rede de aprendizagem que funciona plenamente de acordo com os princípios do *peer-to-peer*, os membros são escolhidos por um consenso nas próprias comunidades e, quando retornam, são remunerados por ela para instalar, manter e reparar os painéis solares necessários ao bom funcionamento da vida cotidiana, tudo por um custo econômico muito inferior ao das antigas soluções, às vezes poluentes e pouco seguras (fogo de lenha, carburantes, velas, baterias, querosene). Além disso, as pessoas formadas, quando voltam a seus vilarejos, transmitem seu saber a outras pessoas para propagar o conhecimento e as inovações que aprenderam. O programa do Barefoot College recebe ajuda financeira de outras ONGs, principalmente para o financiamento do material e dos painéis solares utilizados. Os membros em aprendizagem e suas comunidades são tratados como parceiros que administram seus recursos e tecnologias de forma autônoma, a fim de se apropriarem deles. Desde 2005, 250 moradores de 29 países levaram a energia solar a cerca de 10 mil casas, em regiões tão diversas quanto as planícies desérticas do Rajastão e as aldeias dos altos platôs gelados de Ladakh, na Índia, ou Tombuctu, em Mali, e Soloja, nos Andes bolivianos. Além da melhoria das condições de vida dessas comunidades, o programa do Barefoot College possibilitou uma melhoria também das condições de educação das mulheres, a quem ele proporciona novas fontes de renda.

Exemplo 2. O lugar do corpo na relação entre meninos e meninas

Fábrica presente e postura mobilizada: A1/B1
A questão do corpo está no centro daquela da autoestima, da confiança em si e da construção de uma identidade que possibilite investir em um aprendizado, coletivo ou individual. Quando Pina Bausch, em 2010, propôs renovar sua experiência de recriação de uma peça de dança lendária, *Kontakthof*, com adolescentes de escolas da cidade de Wuppertal, sede de sua companhia, ela se engajou ao mesmo tempo num trabalho de releitura de sua própria obra e numa rica experiência humana, com resultados reais, uma vez que o trabalho daria lugar a duas apresentações públicas da peça no teatro da cidade. A peça, que questiona o lugar dos corpos e a difícil relação entre homens e mulheres, misturando poesia, desejo, emoção e às vezes violência, já tinha sido transposta com dançarinos amadores: pessoas mais velhas, com corpos menos ágeis e movimentos menos dominados do que dançarinos profissionais, permitiam apresentar de outra forma o questionamento inicial da peça. O filme documentário *Les rêves dansants* traça a aventura dessa segunda reedição com os adolescentes. Desde as primeiras sessões de trabalho com os participantes voluntários escolhidos pela equipe final que produziria o espetáculo, alternando repetições e o "off", o filme mostra os questionamentos dos adolescentes e os perfis destes últimos, que não são necessariamente "bons alunos" nem praticavam dança antes. Compreendemos como o engajamento desses jovens numa forma artística narrativa, como o teatro dançado de Pina Bausch, é uma ferramenta poderosa para revelar as potencialidades de cada um, seus medos e suas autocensuras, e como eles são levados a superar o medo do corpo do outro, a tocá-lo, a revelar violências não ditas que não podiam se exprimir por palavras ou a ultrapassar os próprios limites para se moverem ou se expressarem. O treinamento generoso da trupe, que tinha um "domínio" muito bom da peça por tê-la dançado inúmeras vezes, permitiu a possibilidade de "aproveitar" as descobertas dos adolescentes e valorizar suas qualidades expressivas.

Exemplo 3. O lugar do corpo na escola

Fábrica presente e postura mobilizada: A1/B2
O projeto criado em 2010 pelos professores e alunos de artes aplicadas do liceu Adolphe-Chérioux na região de Paris, junto a Mac Val (museu de Arte Contemporânea do Val-de-Marne) e o artista Julien Prévieux, permitiu oferecer uma estrutura criativa e reflexiva para o lugar do corpo na escola. Este projeto, que surgiu concomitantemente a uma onda de violência sofrida pelos alunos do liceu, permitiu questionar o lugar do corpo dentro do estabelecimento e a imagem que ele gera. O projeto, originalmente intitulado "construções temporárias", estabeleceu-se rapidamente no contexto local como uma oportunidade de conceber estruturas temporárias para os jovens, que tinham costume de perambular pelos corredores do liceu por falta de uma sala de permanência ou de recreação para descansar entre as aulas. O tema desse trabalho remete, portanto, à problemática ensejada pelas áreas abertas e tratada previamente pelo investimento em lugares de circulação e a necessidade de identificar ou de construir "espaços sociais", para permitir ao mesmo tempo a convivência e o aprendizado informal. A proposta é, antes de mais nada, plástica e questionadora. Ela não pretende trazer uma solução prática, mas prototipa e experimenta de forma sensível, com as ferramentas do design, maneiras de "estar de pé" ou, ao contrário, de "deixar-se cair", criando formas que não são nem verdadeiras mobílias nem simples esculturas, mas, sim, "complementos do corpo", que o estabilizam numa postura ativa ou inativa, apoiando-o numa escada, contra um radiador, e cuja maior performance é questionar visualmente o espectador.

Exemplo 4. O eu e os outros: o corpo de cada um forma uma identidade de grupo

Fábrica presente e postura mobilizada: A1/B2
"Um artista, uma classe. A foto de classe de outra forma"[16] é uma ação artística e pedagógica realizada pelo Frac (Fundo Regional de Arte Contemporânea) e

---

16 Sobre este assunto, ler o artigo do sociólogo Sylvain Maresca no site do liceu Jacques-Prévert, em Pont-Audemer. Caminho: Página inicial/Vie de l'établissement – Associations et projets/Un artiste – Une classe/Portraits de classes avec individus).

o Polo Imagem Alta Normandia, que, de setembro a novembro de 2006, permitiu aos alunos de vinte e seis classes do liceu Jacques-Prévert, de Pont-Audemer, encontrarem um artista para elaborarem juntos uma releitura singular e contemporânea de um objeto arquetípico da fábrica de si, a saber, a foto de classe. As trinta obras produzidas pelos oito artistas convidados foram objeto de uma exposição no liceu, na primavera de 2007.

As diferentes propostas dos artistas foram desenvolvidas com os alunos de cada classe. As imagens funcionam a grosso modo de acordo com a variação de três critérios principais:
– a relação dos corpos de cada aluno com o grupo: como eles "formam um corpo" ou não;
– a relação dos corpos com o ambiente escolar: arquitetura, mobiliário;
– a relação com a objetiva da máquina fotográfica, que proporciona jogos de olhar, de proximidade e de coesão mais ou menos fortes.

Cada classe foi estruturada e preparada para esse encontro artístico por um ou mais de seus professores. A história da foto de classe, os desafios da relação do indivíduo com o grupo constituído, a representação da escola e também uma abordagem da fotografia contemporânea foram abordados ao longo dessas trocas.

O trabalho da artista Janina Wick, por exemplo, rompe a unidade da foto de classe tradicional, privilegiando o que parecem ser pequenos grupos de afinidade, enquanto reconstitui a linearidade das fileiras da classe, utilizando como recursos a impressão na página e o próprio formato das fotos. É uma visão íntima e descontraída da classe que transparece nas fotos.

A artista Sabine Meier, por sua vez, pouco habituada a trabalhar em grupo, embarcou os alunos na construção do próprio dispositivo fotográfico: jogos de pontos de vista e espelhos recompõem uma classe e não sabemos mais quem olha para quem.

A artista Véronique Ellena privilegiou um trabalho de composição dos corpos entre si e em relação com o ambiente arquitetônico, fazendo deste último um verdadeiro cenário.

Exemplo 5. Participar para tomar parte e fazer parte (da escola)

Fábrica presente e postura mobilizada: A1/B3
O lugar da escola nem sempre é evidente. De acordo com o contexto, o território, o bairro e os membros de uma comunidade podem se sentir próximos ou distantes da instituição escolar. Os modos de transmissão da educação não são os mesmos de uma sociedade a outra, e mesmo de uma família a outra. Poderíamos dizer que a cultura educativa varia, bem como as formas que ela carrega. A infraestrutura escolar costuma representar a instituição, e ela pode ser impressionante, assustadora ou até repulsiva, dependendo do contexto e das referências às quais remete. É notadamente o caso de certos países africanos, ex-colônias de países ocidentais que marcaram amplamente os territórios ocupados com sua presença, implantando escolas. Construir uma escola que emane da comunidade onde é implantada e que participe da fábrica de si é um desafio ético importante para um arquiteto.

E este foi o desafio assumido pelo arquiteto Sénamé Koffi Agbodjinou, ao construir, a pedido da fundação Barbier-Mueller, em 2006, um complexo de escola primária para o vilarejo de Koulangou, em Tamberma, Togo. Pensado para um efetivo de cerca de duzentas crianças, era necessário conceber e construir quatro salas de aula, uma administração, um pátio e todas as comodidades relativas à higiene, com uma grande economia de recursos e respeitando o território considerado patrimônio mundial pela Unesco desde 2003. Tratava-se, portanto, de realizar o projeto respeitando as características locais a fim de integrá-lo perfeitamente à paisagem já construída. Sénamé Koffi Agbodjinou escolheu fazer um trabalho de atualização e preservação ao mesmo tempo, com o uso contemporâneo de uma linguagem tradicional. Não se tratava de fazer da escola um "monumento" à arquitetura Tammari, impraticável e impressionante, mas, sim, de valorizar um patrimônio cultural, demonstrando sua adaptabilidade à sociedade moderna e contemporânea, única garantia da fábrica de si. A fim de permitir a apropriação plena do prédio pela comunidade, uma parte deste, a administração, foi construída pelos próprios habitantes do lugar. O arquiteto diz a respeito dessa escola que ela não deve ser percebida como "algo externo à comunidade, estrangeira, até mesmo ocidental, à qual confia seus filhos", mas que "ela deve vir do seu interior. Ela deve ser transparente... Algo que já está lá, em suma. Trata-se de ser humilde. De guardar o silêncio".[17]

Compreendemos que a postura do arquiteto não visa aqui impor uma infraestrutura, mas fazê-la nascer do território e da comunidade cultural local, tornando esta última consciente de seu próprio patrimônio. A participação dos habitantes no processo de construção procede, por sua vez, de uma contribuição econômica, ao fornecerem a mão de obra para a realização do projeto, e de uma participação no primeiro sentido do termo: o de tomar parte.

Ela mostra um processo de integração que permite ao mesmo tempo a valorização daquele que participa e daquilo que é fabricado. A fábrica de si existe aqui em vários níveis: individual, porque cada colaborador se sente valorizado, e coletivo, porque o edifício construído remete a uma imagem coerente e singular da comunidade. O encontro de materiais permite um diálogo entre a tradição e a modernidade: a terra, a palha e o concreto, assim como o concreto ecológico, cada um encontra seu lugar nesse conjunto arquitetônico pelo qual cada indivíduo se sente responsável e orgulhoso no fim do projeto.

Exemplo 6. A atividade esportiva como alavanca da fábrica de si

Fábrica presente e postura mobilizada: A1/B5
A ONG Skateistan propõe a meninas iranianas e cambojanas, normalmente excluídas da escola e até mesmo persuadidas de que não têm capacidade de aprender, que pratiquem o skate para superar suas angústias e mobilizar suas qualidades a serviço da aprendizagem. A associação inesperada entre o skate e a escola é importante, segundo a ONG, para desenvolver a confiança, a criatividade e a liderança dessas meninas: três competências que as sociedades tradicionais nas quais elas vivem raramente as concede. A prática do skate libera o corpo, exige que ele se mova de modo flexível e preciso, e convida a superar desafios. Toda essa superação de si é em seguida reinvestida na aprendizagem escolar, que se beneficia da autoconfiança e do orgulho adquiridos durante o exercício esportivo.

Embora o projeto dessa ONG não se baseie numa disciplina criativa (artes plásticas, design, música ou mesmo dança), ele se mostra criativo na associação inesperada do skate com a escola. O que permite ativar a fábrica de si neste caso é a distância, até mesmo a tensão, que existe entre essa atividade nascida nos Estados Unidos num contexto de liberdade de expressão reivindicada em alto e bom som que é o skate e o cotidiano real dessas meninas, que está na completa antípoda aparente de todas as características dessa atividade ocidental. A prática do skate inventa literalmente um mundo novo para essas meninas: um espaço novo a percorrer, a pista de skate; uma temporalidade privilegiada reservada a essa prática, que pode se tornar terreno de novas discussões e descobertas; uma nova gestualidade e experiência do corpo, experimentadas com suas próprias roupas, ainda que elas não facilitem *a priori* a prática do skate; novas ocasiões para se superar, enfrentando desafios esportivos até então inimagináveis.

Exemplo 7. Em direção a comunidades de práticas pedagógicas virtuais de acesso aberto

Fábrica presente e postura mobilizada: A2/B1
O *peer-to-peer*, cada vez mais aclamado hoje em dia na escola, não é exclusividade dos alunos. Ele pode ser igualmente utilizado pelos professores, que se encontram frequente e paradoxalmente isolados depois de sua formação, diante de seus alunos e sem trocas verdadeiras com seus colegas. A questão da colaboração dos professores, da interdisciplinaridade, até da coordenação conjunta, não é o tema aqui, embora seja um assunto muito interessante e atual, que os professores de design há muito tempo praticam. Trata-se, antes, de compartilhar práticas e ferramentas que estão à disposição de professores para tanto.

Existem estruturas físicas que permitem essas trocas de práticas. Usar material em comum, trocar experiências, encontrar-se, foi isso que imaginou a cidade de Cascais em Portugal em 2007, ao erguer um laboratório de aprendizagem. Essa iniciativa surgiu da necessidade de criar na cidade um espaço especificamente destinado aos técnicos envolvidos com a educação (professores, monitores-coordenadores, auxiliares de ação educativa, psicólogos, etc.). Iniciativas desse tipo existiram no passado na França, sob a forma de associações de professores que tinham necessidade de compartilhar suas práticas. A AGIEM, por exemplo, visava exatamente o mesmo objetivo que o laboratório de aprendizagem de Cascais.

Hoje em dia, por falta de tempo disponível e graças às tecnologias digitais, essas estruturas físicas foram substituídas por plataformas virtuais de

---
[17] Comentários de Sénamé Koffi Agbodjinou sobre sua escola em Koulangou na revista web © L'Africaine d'Architecture.

troca. Algumas são apenas "repositórios", como uma biblioteca de projetos *on-line*: relatamos uma experiência, com mais ou menos elementos para transmitir o conteúdo. Outras são mais interativas, com ajuda do vídeo e do som, até de trocas diretas em *chat*. A "experiteca" é uma estrutura institucional para o depósito de projetos inovadores de educação criado na esteira da votação do artigo 34 do Código da Educação, que versa sobre a experimentação. Bastante conhecida no meio e contendo inúmeros projetos, ela deixa a desejar, no entanto, por causa de sua extrema austeridade e por uma navegação ultrapassada sob o ponto de vista das práticas digitais atuais. Realizar uma busca precisa demanda sacerdócio, e é quase impossível encontrar detalhes sobre os meios implementados ou sobre o desenvolvimento do projeto relatado (eu sei porque já realizei essa pesquisa). Ao final, os projetos depositados ficam como mortos, já que ninguém vai lê-los.

Uma nova ferramenta de colaboração implementada pelo Ministério da Educação para favorecer o desenvolvimento das TICEs na escola é a *Pairform@nce*: como o nome indica, trata-se de uma plataforma destinada a desenvolver as comunidades de aprendizagem *on-line*. Mas o acesso é restrito e ocorre por meio de uma "plataforma acadêmica", sendo preciso se identificar com senha. Podemos nos perguntar sobre uma escolha como esta num contexto de compartilhamento generalizado da informação e da colaboração à moda da Wikipédia. Sem querer defender o design, podemos salientar que, no site, a interface gráfica não está no mesmo nível da maioria dos sites consultados pelas pessoas na vida cotidiana. O acesso, a navegação e, imaginamos, a contribuição com essa plataforma são muito pouco fluidos.

Outras ferramentas, não institucionais, livres de direitos e acesso, quer dizer, plenamente abertas à comunidade mundial, propõem hoje em dia esse tipo de compartilhamento de práticas com um design muito mais atrativo e funcional. Citaríamos o *Skillshare*, um site generalista que apresenta todo tipo de competências em inglês, mas também o *Teaching Channel*, que envia para o e-mail dos professores "reportagens" produzidas pelos próprios alunos, sobre uma tarefa, uma dificuldade encontrada, etc. O painel de contribuições, bem grande, ilustrado tanto por imagens quanto por vídeos ou áudios, permite navegar com a ajuda de palavras-chave.

O que faz a diferença entre todas essas plataformas é certamente o design ou a ergonomia, que influenciam a legibilidade e a facilidade com a qual podemos buscar e encontrar um conteúdo adaptado às nossas necessidades, mas também o número de pessoas que contribuem. Quer se trate de plataformas disciplinares, como a arretetonchar.fr, por exemplo, dedicado na França às línguas e culturas da Antiguidade e bastante abastecido, quer se trate de plataformas generalistas, que às vezes sofrem por terem pouquíssimas contribuições, como é o caso do edulibre.org. O que faz a força dessas plataformas são de fato as fábricas reais do conhecimento, sua posição de quase monopólio, da qual às vezes acusamos a Wikipédia ou o Pinterest. Os anglo-saxões encontraram hoje seu modelo, mas os franceses ainda não.

Exemplo 8. Serviço de ajuda à pesquisa bibliográfica on-line

Fábrica presente e postura mobilizada: A2/B1
O Eurêkoi é um serviço público gratuito, financiado pelo Ministério da Cultura e Comunicação e pelo serviço de bibliotecas da Federação Wallonie-Bruxelles, que permite aos internautas francófonos pesquisarem sobre qualquer assunto: buscas de informações, documentos, endereços ou orientações, informações pontuais, etc. A plataforma afirma que nenhuma pergunta ficará sem resposta, mas que o serviço não atenderá às demandas de consulta nas áreas médica ou jurídica. A resposta chega com um prazo máximo de três dias, formulada por um dos 180 bibliotecários, que trabalham nas 47 bibliotecas que compõem a rede (26 na França e 21 na Bélgica). A BPI, Biblioteca Pública de Informação, desempenha um papel predominante na facilitação da rede e no funcionamento da plataforma digital.

O site Eurêkoi é simples, atraente e não é preciso se inscrever para utilizar seus serviços: basta simplesmente clicar na aba "fazer uma pergunta" e depois preencher um formulário. Essa interface também é acessível pelos sites de bibliotecas da rede. Um aplicativo para *smartphone* está disponível desde novembro de 2015. Além da redação e envio de perguntas, o site e o aplicativo permitem acessar uma seleção de 5 mil perguntas e respostas. Para divulgar o serviço, e mais especificamente o novo aplicativo, foi elaborada uma campanha de comunicação no Facebook com a ajuda de uma agência de marketing digital (Mediaventilo). Essa rede social foi escolhida porque nela a Eurêkoi tem uma página, na qual as perguntas também podem ser postadas. Em 2015, pouco mais de 4 mil perguntas foram respondidas.

Exemplo 9. Desafio, solução e estímulo pelo fazer

Fábricas presentes e posturas mobilizadas:
A1 + A2/B1 + B2 + B5 + B6

O site diy.org é um *blog* organizado visualmente à maneira do Pinterest, ou seja, com uma grade de imagens na tela, em geral fotos, legendadas e carimbadas com pequenos logos verdes e brancos que marcam a categoria à qual pertence o *post* e sobre os quais podemos clicar para saber mais. Esse site consagrado ao *Do It Yourself* (DIY), literalmente "faça você mesmo", é uma prática de fabricação própria inspirada por inventores-artesãos, como Steve Jobs e outros nos Estados Unidos, e popularizada pela revista *Make:*. Apoia-se na ideia de inovação ascendente e de colaboração, cara aos *fab labs*, os *Fabrication Laboratory*, inventados também nos Estados Unidos, em 2001.

O site propõe ideias para as pessoas realizarem elas mesmas, sob a forma de "desafios", acompanhados de modalidades, conselhos e exemplos classificados por competência e em função de áreas identificadas, como o *design gráfico, inovação, fabric hacker, cartografia,* etc. Cada categoria é clicável e permite descobrir diferentes tipos de desafios propostos pelos internautas e documentados com o auxílio de fotos ou vídeos. Um verdadeiro baú de tesouros digitais do DIY, o site diy.org simplesmente desperta a vontade de fazer as coisas, mostrando as ideias iniciais e como as pessoas fizeram para conseguir realizá-las. Ele se descreve como "um lugar para que as crianças compartilhem aquilo que fazem, encontrem outras crianças que gostam de fazer as mesmas atividades e se tornem geniais".

Esse site, que se apoia na capacidade de *empoderamento*[18] do design, das comunidades de prática e da internet, visa desenvolver as capacidades criativas das crianças, defendendo, na linha de *sir* Ken Robinson, que toda criança é criativa e que o percurso escolar mata essa criatividade, em vez de estimulá-la. É também uma visão bastante anglo-saxônica da aprendizagem, muito popularizada sobretudo pelos *geeks* do Vale do Silício, que valorizam a noção de *desafio* e a possibilidade de trabalhar enquanto se divertem como fonte provável da inovação do futuro.

Orientados para atividades numerosas e variadas – artísticas, científicas, tecnológicas, literárias –, os desafios do diy.org são abertos para o conjunto dos campos disciplinares cobertos pela educação, sem hierarquia entre eles, o que contribui sem dúvida para seu apelo ao público jovem. É uma fonte de atividade que as crianças podem ativar sozinhas, com toda autonomia.

---

18 O termo *empowerment*, traduzido como empoderamento, designa a capacidade dos indivíduos de se outorgarem mais poder e capacidade de ação em um contexto econômico, social ou político dominante e a desenvolverem a autonomia e se emanciparem desse contexto. O termo tem conotações neoliberais que podem ser discutíveis num contexto educativo.

Exemplo 10. Contribuir com o conhecimento científico por meio da participação

Fábrica presente e postura mobilizada: A2/B3
Les nichoirs dans la plaine (literalmente, *Os ninhos na planície*) é um programa de pesquisa iniciado pelo CNRS (Centro Nacional de Pesquisa Científica) de Chizé (ao sul de Niort, em Deux-Sèvres) em 2012, que, com o apoio do Ifrée[19] e do Zoodyssée,[20] envolve os moradores de pouco mais de vinte comunidades, agrupadas num território de quase 400 km², numa missão de preservar a biodiversidade. A aposta desse projeto é dupla: ajudar a comunidade científica a coletar informações sobre um vasto território e sensibilizar a população local para os desafios da biodiversidade, numa planície de cultivo intensivo de cereais. Assim, a rede de escolas rurais que pertence ao território estudado, chamada na estrutura do projeto de "área oficina", permite, por meio da sensibilização das crianças, tocar e envolver as famílias e, portanto, uma parte maior da população. O programa científico visa estudar três espécies de pássaros (poupa-eurasiática, mocho-galego e mocho-de-orelhas), cujas populações estão diminuindo. Trata-se de testar a hipótese segundo a qual sua população é limitada pelo número de cavidades naturais que podem servir à reprodução. Assim, o aumento do número de cavidades artificiais (ninhos) deveria aumentar sua reprodução.

Este projeto é uma verdadeira fábrica de conhecimento científico, que funciona em três tempos, de acordo com um princípio de trocas e de vaivém de contribuições: num primeiro momento, os cientistas intervêm nas aulas da rede para explicar os princípios da biodiversidade e os desafios de sua pesquisa, sobretudo o de coletar informações em campo sobre as populações de pássaros estudados. Num segundo momento, e graças à excelente influência das crianças sobre seus pais, o programa coloca à disposição de todos os habitantes ninhos para serem implantados nos jardins e na vizinhança (cerca de 3 mil ninhos serão implantados). As famílias se tornam, assim, observadoras próximas privilegiadas das populações de pássaros e podem coletar informações precisas para os cientistas, informações que são retransmitidas, num terceiro momento, à comunidade científica.

Um projeto como esse se apoia num movimento duplo: de um lado, os cientistas delegam uma tarefa (simples) aos habitantes; do outro, os moradores aceitam contribuir (com a transmissão de suas informações) com a fábrica de conhecimento geral. Essa contribuição, mesmo simples ou parcial, é a ação que permite desencadear um envolvimento com o tema (a biodiversidade). Embora possam se contentar em transmitir as informações, a maioria dos colaboradores se interessa em conhecer o resultado da pesquisa. Assim, eles aumentam pouco a pouco seu nível de envolvimento e o círculo é virtuoso. O projeto apoia-se também na força do número de participantes e faz pensar no *crowdsourcing*:[21] quanto maior for o número de participantes, melhor a qualidade da informação, e o resultado do estudo promete ser sério. Isso permite mobilizar cada indivíduo num projeto coletivo que vai além dele mesmo e que promove, além do interesse científico, uma tomada de consciência cidadã.

Les nichoirs dans la plaine é um projeto notável sob vários aspectos, primeiro porque mobiliza uma forte postura cidadã e ética em todos os níveis de trocas, e segundo porque os ninhos distribuídos aos habitantes colaboradores são fabricados localmente na estrutura de um programa de reinserção. Podemos observar, no entanto, que a plataforma de contribuição constitui um ponto mais fraco. De fato, se a transmissão dos dados não pode ser feita facilmente por meio de uma interface eficaz e se o vínculo tende a se distender entre a escola e os cientistas, a intensidade das contribuições diminui. A ligação entre instigadores e colaboradores deve, portanto, ser mantida. Esse ponto é ainda mais importante do que o interesse sobre o projeto, que reside no fato de que a participação não demanda conhecimentos especializados sobre o assunto e permite justamente que uma pessoa neófita contribua, aumentando seu capital de conhecimento.

---

19   Instituto de Formação e Pesquisa em Educação para o Meio Ambiente.

20   1973: inauguração do Zoorama. 1998: fusão do Centro de Descoberta da Floresta de Chizé e da Associação dos Amigos do Zoorama para criar a Associação para o Desenvolvimento da Pedagogia, do Turismo Científico e Ecológico (ADPTSE) na floresta de Chizé. 2004: mudança de nome para Zoodyssée.

21   O *crowdsourcing* é uma produção participativa que mobiliza a inteligência, a disponibilidade e as habilidades de um grande número de pessoas a fim de delegar ou de terceirizar uma tarefa. São na maioria das vezes as empresas que utilizam esse modo de produção largamente solicitado no campo da gestão do conhecimento, mas as instituições também o utilizam.

Exemplo 11. Tocar para conhecer

Fábrica presente e postura mobilizada: A3/B2
A fábrica do sensível pode se abrir para a constituição de um repertório de sensações e a aprendizagem da leitura sensível do mundo, como propôs o designer italiano Bruno Munari nos anos 1970, em suas oficinas táteis. Muito interessado pela compreensão do desenvolvimento das crianças e depois de muito trabalho em torno da literatura infantil, ele reatualiza o tatilismo do futurista italiano Filippo Tommaso Marinetti que, em 1921, desenvolveu uma estética com base no toque como meio de transmitir sensações. Em 1977, é inaugurada em Milão a primeira Oficina Tátil, ligada à exposição itinerante do Centro Pompidou "As mãos enxergam". No espaço do ateliê, ao lado da exposição, os visitantes encontram muitas coisas para tocar: materiais e modelos, maquetes de cidades em relevo, caixas pretas nas quais pode-se pôr a mão e tocar, sem ver, diferentes materiais e formas; algumas escalas de valores táteis comunicam toda uma série de gradações de sensações táteis variadas, como a maciez, a rugosidade, a dureza e assim por diante. Amostras de materiais eram oferecidas para as crianças manipularem a fim de constituir composições táteis, colando-as sobre pranchas de madeira.

Exemplo 12. Percepção e apropriação pelo sensível

Fábrica presente e posturas mobilizadas:
A3/B2 + B5
Sempre com a perspectiva de uma apropriação do mundo sensível no qual vivemos, e mesmo que nossos sentidos sejam apenas um meio de percepção dessa dimensão do mundo, é possível continuar a colher os exemplos de projetos que se concentram sobre um ou outro sentido. É o caso do projeto L'école en "sons" chantier, que transforma o incômodo sonoro de um canteiro de obras na escola num verdadeiro projeto pedagógico de iniciação à escuta e à criação sonora, com a ajuda do coletivo Le Bruit qu'ça coûte. Em 2011-2013, os alunos das aulas de música do CE1 da escola elementar Saint-Jean, em Estrasburgo, foram convidados a aproveitar os ruídos que os incomodavam para desenvolver uma atitude crítica do ambiente sonoro e também melhorar a escuta, indispensável a toda a aprendizagem.

Por causa desse projeto de longa duração, os alunos exploraram todas as características do som: escala, intensidade, extensão, altura, espaço e harmonia, utilizando instrumentos ou objetos sonoros, ferramentas eletroacústicas, a voz e textos lidos em voz alta. O canteiro, "muito barulhento", serviu ao mesmo tempo como recurso, quase como uma audioteca – permitindo o registro de sons que foram depois utilizados para fabricar uma ficção sonora que deu lugar a um concerto --, mas também para testemunhar a transformação da escola – dando lugar a um arquivo sonoro dessas transformações e sua representação num percurso sonoro. Um projeto como esse, ao ativar a fábrica do sensível por meio do processo criativo e das ocasiões que ele oferece de experimentar e prototipar, permite apropriar-se de um ambiente hostil, aproveitar a oportunidade e sublimá-lo ou "contê-lo" numa nova forma.

Exemplo 13. A prevenção de riscos como matéria de obra artística

Fábrica presente e postura mobilizada: A3/B2
O processo criativo, que é fábrica do sensível mas também ferramenta de sensibilização, é a aposta do Polau (Polo de Artes Urbanas). No contexto de suas pesquisas e da revisão do plano de previsão de riscos em Touraine, em 2012, o Polau convidou o coletivo de artistas marselheses La Folie Kilomètre a participar de uma experiência de sensibilização para os riscos de inundação do vale de Tours. Esse projeto, chamado de Dia Inundável, não se desenvolveu dentro de uma estrutura escolar, mas mesmo assim comporta uma dimensão educativa e pedagógica muito forte e constitui uma proposta ambiciosa bastante atípica por sua dimensão poética diante da seriedade de seu tema.

A partir de um território existente (a região de Tours) e da probabilidade de que um evento perturbador aconteça (a enchente do rio Loire, temida pelas autoridades), o coletivo propôs que os habitantes da cidade os acompanhassem durante uma performance, ou melhor, num percurso urbano com duração de vinte e quatro horas, estruturado em seis capítulos e dezoito ações, encenadas numa dramaturgia global. As diferentes ações propostas, que misturavam a materialização de uma realidade objetiva – traçar a linha do avanço das águas no espaço urbano –, a encenação de uma ficção – dormir num ginásio como se tivessem sido evacuados de suas casas inundadas ou ainda visitar o museu de objetos recuperados –, e ações metafóricas – andar sobre a linha do limite inundável com um pé calçando uma sandália e o outro, uma galocha, constituíram um conjunto de experiências sensíveis que permitiram construir uma reflexão e uma conscientização do risco.

Em nenhum momento o objetivo era fazer de conta, nem treinar, nem mesmo provocar a angústia, mas, sim, dar a oportunidade de construir representações sensíveis desse acontecimento sob a forma de encenações, imaginar poeticamente as potencialidades de transformação do cotidiano que resultariam dele, ou ainda participar coletivamente da fabricação de um imaginário comum, reativável em caso de acontecimento real da inundação. Espécie de catarse da enchente tanto temida, o Dia Inundável permitiu uma variedade de pontos de vista e percepções sobre o acontecimento. A dimensão participativa da experiência, mais ou menos envolvente de acordo com as ações, permitiu também uma conscientização em diferentes níveis. Tratava-se ao mesmo tempo de tornar o risco um material de obra artística, apreender de forma sensível as consequências da inundação, mas também de recuar e explorar com humor o potencial poético de uma situação normalmente apresentada como trágica.

Exemplo 14. "À moda de…"/Aprender ou imitar a realidade a partir do conhecimento do passado

Fábrica presente e postura mobilizada: A3/B5
Fazer de conta mas também fazer de verdade: aí está uma dupla possibilidade oferecida pelo processo criativo. Como no Dia Inundável, ainda que os recursos plásticos mobilizados não sejam os mesmos, o projeto *NA! Nouvelle archéologie* ativa ao mesmo tempo a fábrica do sensível e a fábrica do conhecimento junto a crianças pequenas, para o prazer dos mais velhos. Realizado com base em uma proposta original do artista Grégory Waggenheim durante sua residência no Kiosque,[22] em Mayenne, no escopo da operação nacional "As portas do tempo", que visava promover o patrimônio junto ao público jovem, esse projeto permitiu que crianças de idade escolar descobrissem a arqueologia, enquanto lhes proporcionava uma primeira experiência de criação. A atividade do projeto era apoiada pelo objetivo final das produções: uma exposição de verdade nas vitrines do museu da cidade, tendo um impacto muito além dos limites da escola e da residência dos artistas.

Como atua a *NA! Nouvelle archéologie*? Um museu verdadeiro de história e arqueologia – o de Mayenne – viu sua coleção aumentar em um número significativo de objetos, que "novos arqueólogos teriam descoberto" nos arredores do castelo. Entre os objetos habituais das vitrines, os visitantes encontram um "pente de osso do século X", uma "adaga ornamental do século XXVIII, em material desconhecido", ou ainda uma "dentadura de lobo do século XXXVI"… Tudo isso é exposto de modo "sério", segundo os códigos e o dispositivo habitual de apresentação dos objetos científicos. Após um instante, identificamos as incoerências: datas futuristas (século XXXVI) e funções absurdas (dentadura de lobo) entregam a origem duvidosa dos objetos. Perguntamo-nos onde está a verdade e a mentira, já que os objetos não se distinguem facilmente à primeira vista. A falta de habilidade das crianças na fabricação fez com que o pente perdesse alguns dentes? Não importa, ele terá um ar mais envelhecido. Essa lâmina de flecha não é um pouco grossa e amassada? Ela não deixa nada a desejar em relação a suas vizinhas verdadeiras: uma pintura dourada aplicada com *spray* faz o truque e, sob as luzes do museu, vemos apenas o fogo. Esse projeto aborda, indiretamente e com humor, a questão da verdade científica, mobilizando a imaginação e a curiosidade das crianças. Além da produção de falsos objetos arqueológicos, os alunos foram convidados a fazer desenhos que representassem os personagens fictícios – príncipes e princesas de Mayenne – que supostamente possuíam e utilizavam os objetos que fabricaram.

Um projeto como esse é rico e inesgotável, uma vez que permite várias entradas no mundo do conhecimento: pela porta tradicional, em que os professores e os cientistas do museu dão chaves para abordar a arqueologia, mas também por uma porta mais inesperada sobre o assunto, que, por meio da visão sensível do artista e de sua capacidade de questionar a matéria, as formas e seus discursos, possibilita, ativando a fábrica do sensível, mobilizar as crianças sobre um tema árduo. Nesse projeto criativo, misturam-se totalmente a dimensão didática e a dimensão poética, o conhecimento científico e o conhecimento sensível, um funcionando como alavanca para se chegar ao outro e vice-versa. O valor da sensibilização desse projeto é grande, tanto para os atores (as crianças) como para os espectadores (no museu).

---

22 O Kiosque é o Centro de Ação Cultural de Mayenne encarregado de residências de artistas e do centro de arte contemporânea La Chapelle des Calvairiennes.

Exemplo 15. Representar o território de forma subjetiva para *afirmá-lo* e apropriar-se dele

Fabriques abondées et postures mobilisées:
A1 + A2 + A3/B2 + B5

A geografia subjetiva é uma abordagem semiartística e semigeográfica desenvolvida por Catherine Jourdan e o coletivo La Glacière desde 2009 junto aos habitantes ou grupos de habitantes de um território. Trata-se de, por meio do objeto "mapa", ao qual geralmente atribuímos qualidades de descrição objetiva, "popularizar uma geografia sensível, perfeitamente inexata, emaranhada, pessoal e/ou coletiva e de torná-la pública por meio de um mapa". Como o nome indica, o mapa subjetivo não oferece uma representação exata e mensurada da realidade, mas, sim, uma representação das impressões e da vivência dos habitantes sobre seu território. Existem, ao mesmo tempo, áreas desconhecidas, áreas de interesse e qualidades de experiência no território bastante variadas. Simultaneamente uma ferramenta de mediação e partilha dessas impressões sensíveis, o mapa subjetivo permite construir uma história do território compartilhado. Os códigos de representação inventados na ocasião ignoram distâncias, superfícies ocupadas por este ou aquele equipamento, mas testemunham antes de mais nada sua importância no jogo de inter-relações sociais.

Assim, quando o coletivo realizou em 2011 uma residência junto às escolas primárias de Saint-Avé,[23] perto de Vannes, apareceram áreas inéditas sobre os mapas cadastrados da prefeitura, como a zona "meio-Saint-Avé-meio-nada" ou as zonas "onde é preciso um GPS para não se perder", ou ainda aquela das "casas-piscinas". Encontramos ainda o parque de skate e a feira de terça à noite, maior do que a prefeitura, mas também o estádio de futebol, que ocupa praticamente o centro do mapa. Por fim, a seguinte anotação colocada no meio de um espaço pouco definido do mapa: "Não sei muito bem onde eu moro". Da mesma forma, quando o coletivo realiza em 2016 a residência "cartografia para muitos" em Angers, encontramos, entre "o campo" e "o domingo", "o centro-centro" e "as compras". As muitas denominações espaciais cuja terminologia não é habitual e que alinham num mesmo plano aquilo que remete a marcadores de tempo, de espaço e de atividades, são tão numerosas quanto temas que devem tocar o cotidiano dos jovens geógrafos.

Para realizar esse trabalho de cartografia é preciso acompanhar as crianças ou os habitantes num trabalho de apropriação do território enquanto eles o percorrem, portanto, fora da escola, repartindo as zonas a serem estudadas, investigando por meio da coleta de pistas precisas, sob a forma de palavras e imagens, mas também, depois que retorna-se à sala de aula e em conjunto, partilhando as impressões com os outros e tentando, senão entrar em acordo sobre uma visão comum do território, pelo menos organizar os pontos de vista.

A *geografia subjetiva* do coletivo La Glacière é uma fábrica do sensível: ela permite tomar consciência do território que é nosso e de partilhá-la com todos aqueles que também o percorrem. É um objeto de conhecimento e de apropriação que tem a ver com a imaginação gráfica tal como é definida no livro epônimo de Marie-Haude Caraës e Nicole Marchand-Zanartu:[24] é um pensamento que se manifesta sob uma forma sensível. Nisso, ela é uma fábrica do sensível. É também um poderoso objeto de construção e de reflexão sobre a política.

Exemplo 16. Participar de um projeto real na cidade

Fábricas presentes e postura mobilizada:
A1 + A3 + A4/B3

O projeto de sinalização *100 flèches pour aller au théâtre* (100 setas para ir ao teatro), realizado em Gennevilliers em 2006 por Daniel Buren e os alunos do curso de técnico em plásticos do liceu Galilée, inscreve-se ao mesmo tempo na fábrica de si, ao proporcionar confiança e orgulho por sua contribuição com o espaço coletivo; na fábrica do sensível, pela dimensão plástica da realização; e na fábrica de usos, pela eficácia do dispositivo, que permite chegar ao teatro sem se perder a partir de todo o território de Gennevilliers. A atração e o interesse de um projeto como esse reside na colaboração de vários parceiros, que normalmente têm pouca chance de se cruzarem, e na complementaridade de suas contribuições. De fato, aqui se encontram o mundo artístico de Daniel Buren e do teatro com o mundo do ensino profissionalizante, que costuma sofrer de um déficit de imagem por ainda excluir seus protagonistas de um sentimento de utilidade social. Este projeto, realizado "de verdade", é ao mesmo tempo uma valorização de saberes e de habilidades dos alunos do setor de plásticos e uma contribuição à construção do território urbano do qual fazem parte.

---

23 Geografia subjetiva Saint-Avé.

24 Marie-Haude Caraës, Nicole Marchand-Zanartu, *op. cit.*

No total, cem placas foram instaladas no território de Gennevilliers, ao longo de vários "caminhos" que servem os eixos estratégicos da cidade: a partir da estação do metrô Gabriel Péri, do liceu Galilée, do bairro de Luth, do Village, em Chanteraines e Barbanniers. O último caminho (boulevard intercomunitário, boulevard Pierre-de-Coubertin e Rue des Bas) foi implantado no fim de 2008, uma vez finalizada a extensão da linha 13 do metrô. Pintadas de vermelho e branco, as flechas são compostas de diferentes elementos associados entre si. Cada elemento de cor vermelha ou branca é obtido de um molde para fundir e emulsificar o poliuretano. Com 60,9 cm de comprimento, cada flecha pesa 2,25 kg e tem uma espessura de 8,7 cm. A flecha é fixada a 2,50 m do chão. Além de mobilizar suas próprias competências, esse trabalho de produção da sinalização permitiu uma abertura cultural aos alunos do liceu Galilée, dando-lhes a oportunidade de conhecer o processo e o universo plástico de Daniel Buren.

Exemplo 17. Enfrentar a complexidade dos usos e atualizar motivações ocultas

Fábrica presente e postura mobilizada: A4/B2
O ambiente escolar fornece inúmeras ocasiões para questionar situações complexas, dadas as inúmeras e ricas interações entre os múltiplos atores e uma variedade de fatores, materiais, intelectuais e cognitivos. Parece até difícil intervir nesse contexto sem uma abordagem atenta e profunda dos usos, o que fez o Greater Good Studio, um escritório de design que tenta fazer projetos "com" as pessoas, apoiando-se sobre os usos.

Articulado em torno da questão da saúde, o projeto intitulado *Everything but the Food*, que o escritório realizou para a cantina de uma escola primária perto de Chicago em 2003, visava promover uma alimentação saudável. Mas, em matéria de nutrição e alimentação, sobretudo entre as crianças, muita subjetividade entra em jogo. Explicando que não eram nem nutricionistas, nem médicos, nem agricultores, nem integrantes da rede de fornecimento, os designers do Great Good Studio propuseram trabalhar sobre os parâmetros que se enquadram no seu escopo de ação específico, a saber, as interações humanas e os usos. O primeiro momento do projeto foi, portanto, utilizado para observar o que se passava nos locais dessa cantina que funcionava no esquema *self-service*, para compreender o que estava em jogo por trás da questão do "comer bem". Os designers foram designados para cada uma das funções adultas, da preparação à limpeza, e foram até mesmo comer entre as crianças. Essas últimas foram equipadas com câmeras GoPro para registrar suas conversas e suas interações durante as refeições.

Diante da quantidade de informações qualitativas recolhidas, os designers utilizaram um modelo de análise chamado "método dos 5E"[25] para organizar suas observações e levantar grandes tendências. O método dos 5E propõe cinco etapas para compreender toda experiência: *Entice* (seduzir), *Enter* (entrar), *Engage* (engajar), *Exit* (sair) e *Extend* (estender). O objetivo dessa abordagem é colocar o projeto num contexto maior, tomar distância de cada situação identificada. É por isso que o momento em que as crianças estão à mesa correspondeu à etapa "engajar" do método, enquanto "entrar" e "sair" englobam todos os outros momentos que se desenrolam na cantina, como fazer fila ou jogar o lixo do prato. Quanto às etapas "seduzir" e "estender", elas permitiram definir todos os momentos que aconteciam na parte externa da cantina, mas que afetavam o que se passava lá dentro, como observar o cardápio do dia ou falar do almoço após a refeição.

Sem entrar em detalhe sobre as propostas e análises da equipe de design, o que tomaria muito tempo aqui, podemos dizer que sua proposta para diminuir o desperdício na cantina não consistiu em mudar o cardápio e fazer pratos "melhores", mas, sim em modificar as condições nas quais a refeição era feita e agir sobre tudo o que a condicionava, antes, durante e principalmente depois, ou seja: a preparação antes de sentar à mesa pela leitura do cardápio ou de um menu que apresenta a origem geográfica dos alimentos, o aumento do tempo para escolher os pratos ou a supressão do próprio serviço de *self-service*, a diminuição das porções em favor de uma variedade maior de pratos, etc. É todo um punhado de pequenas respostas que foram colocadas em prática sob a forma de experimentações, antes mesmo de serem revistas, como quando a proposta de aumentar consideravelmente o número de pratos se tornou complexa de administrar, por causa da lavagem, por exemplo. É esse vaivém entre a análise e a experiência prática (a prototipagem de soluções) que permitiu começar a oferecer uma resposta ao problema. A fábrica de usos é aqui uma reapropriação da complexidade.

---

25 © *Conifer Research*.

Exemplo 18. Aproveitar uma ocasião instável para instilar a mudança

Fábricas presentes e postura mobilizada:
A1 + A3 + A4/B4
Eu participo da reforma da minha escola! é um projeto iniciado pela Cité du Design em Saint-Étienne, em 2009. Já foi objeto de quatro edições e alcançou seis escolas da cidade. Recentemente, foi até mesmo exportado para Bonson, com um projeto (que acaba de ser concluído) na escola maternal Jules-Vernes. Normalmente, a infraestrutura escolar primária – "os muros da escola" – pertence ao município, que deve mantê-la, enquanto a pedagogia faz parte do Ministério da Educação nacional, que não interfere na infraestrutura. Mas, como mostra este estudo, evocando o "terceiro professor", o ambiente pedagógico não existe sem relação com a aprendizagem e às vezes é lamentável que os dois não se encontrem mais.

A Cité du Design e o espaço cultural Boris-Vian propõem, desde 2009, aproveitar a oportunidade do trabalho de reforma, votado e previsto no calendário municipal, para buscar a intervenção de designers com o objetivo, por um lado, de aproveitar a mudança para pensar nas necessidades específicas da escola (fábrica de usos) e, por outro, iniciar as crianças na criatividade e fazê-las descobrir a profissão de arquiteto (fábrica do sensível). A Cité propõe uma "residência artística" para designers, durante seis meses a um ano na escola, para que o designer tenha tempo de realizar diversas oficinas de sensibilização adaptadas à idade dos alunos, e também para que ele possa promover reflexão junto aos usuários da escola (professores, assistentes, alunos e familiares) sobre as necessidades e os usos, o que leva a uma concepção melhor do espaço a ser reformado. No final da residência, o designer desenvolve o projeto iniciado em campo e monitora o canteiro de obras. A inauguração que se segue é uma alegria para todos e cada um se sente ator do projeto.

Em Bonson, os designers da Escale Design et Territoire, Laure Bertoni e Sébastien Philibert, chegaram para reformar uma sala na qual as funcionalidades eram múltiplas e o espaço tinha se tornado caótico por causa do acúmulo de diferentes materiais necessários a esses diferentes usos. A sala, que servia ao mesmo tempo de recepção para pais e filhos, espaço de trabalho para os assistentes, lugar de estocagem, garagem de bicicleta, mas também pontualmente como sala de motricidade, e além disso era frequentemente atravessada por circulações inesperadas, tinha se tornado pouco acolhedora e até impraticável. Ao longo de sua intervenção com seis classes da escola, os designers permitiram que se estabelecessem as necessidades de cada um segundo a hora do dia e possibilitaram encontrar soluções para estruturar o conjunto desses usos aparentemente contraditórios. A equipe preocupou-se em sensibilizar os alunos e os professores para as noções de bem-estar e conforto, que passam tanto pela qualidade acústica do espaço quanto por escolhas de itens duráveis no que diz respeito aos materiais. Assim, várias intervenções modificaram completamente o espaço: uma grande cortina que se estende para isolar o espaço de trabalho do espaço de circulação; um grande tapete enrolado que permite transformar a sala em academia de ginástica num piscar de olhos; um espaço de armazenamento ao longo da parede para que cada coisa tenha seu lugar e que comporta, além disso, uma tela de projeção e, por fim, um teto acústico, que permite pendurar muitas coisas.

A colaboração dos designers com os professores e com os serviços da prefeitura ou as empresas selecionadas encarregadas de realizar os trabalhos é uma relação de ganha-ganha para todos. O pessoal envolvido na educação encontra nisso um contexto favorável à exploração de novas práticas e novos conhecimentos, mas além disso se beneficia de uma reconfiguração do espaço adaptado às suas necessidades. O município descobre na maior parte das vezes que pode realizar um belo projeto de reforma que convém a todos os seus usuários, permanecendo dentro dos recursos previstos. Os designers veem nisso oportunidades de projeto interessantes, em sua escala e contexto, pelos valores humanos que estão envolvidos e pela riqueza das trocas que também os beneficiam. Esses projetos, evidentemente, não poderiam acontecer sem o apoio financeiro de parceiros – como a Drac (Direção Regional de Assuntos Culturais), Rede Canopé ou até mesmo o Ministério da Educação – que assumem o custo das residências, portanto o da concepção e do acompanhamento do projeto pelos designers. A Cité du Design se encarrega de conduzir o projeto, sobretudo recrutando a equipe de design por meio de concurso e tornando o projeto pedagógico mais sólido, ao levar em consideração a demanda.

Exemplo 19. Participar para se apropriar e pacificar

Fábricas presentes e postura mobilizada: A1 + A4/B4
O papel prescritor da infraestrutura foi largamente demonstrado na primeira parte desta pesquisa e ele não termina na sala de aula. A construção do ambiente

Figura 1. Kinnear Landscape Architects, Escola primária Daubeney, Londres, 2002-2003, "Playground experimental", oficina com a artista Hattie Coppard, 1999.
© Kinnear Landscape Architects Ltd © Photo Michael Franke.

em geral, compreendendo os espaços externos, participa da qualidade das interações entre membros da comunidade escolar. Na Haggerston School, no bairro de Hackney, em Londres, as tensões entre alunos aconteciam também no pátio da escola, que forma uma espécie de microcosmo onde as condições de confinamento às vezes acentuam interações sociais difíceis. Convidado para uma residência nessa escola em 2003, o coletivo de artistas Snug & Outdoor trabalhou no sentido de revalorizar o ambiente escolar, remodelando-o e modificando-o temporariamente a fim de transformar a percepção dos alunos. Realizada em estreita colaboração com a professora de artes plásticas, uma primeira fase de familiarização com o processo criativo foi proposta sob a forma de "oficinas" para redescobrir a arquitetura do lugar. Depois, num segundo momento, um projeto concreto foi realizado para rearranjar temporariamente o pátio. Tratava-se de propor algo que modificasse o ambiente geral do lugar e que transformasse as interações sociais, pacificando-as. O projeto resultou na inundação controlada de uma parte do pátio com o uso de grandes lonas e com a criação de um "lago artificial", em torno do qual as pessoas podiam se sentar e desfrutar da paisagem. Inicialmente chamado de *Inundando o playground*, os alunos rebatizaram o projeto de *Haggerston no mar*. Os benefícios que a comunidade escolar teve com o projeto foram muitos: o lago mudou completamente o uso e a característica dessa parte da escola, que tornou-se calma e simpática. Os funcionários e também os estudantes vindos do exterior puderam aproveitar o lugar em seus momentos de pausa, à hora do almoço.

No caso de Haggerston, o que permite o desenvolvimento e a pertinência da fábrica de usos é, por um lado, o longo tempo oferecido ao coletivo de artistas que faziam residência, o que os permitiu viver no lugar, conhecê-lo, ver os alunos se movimentarem no local e iniciá-los em seu próprio processo e despertar seu olhar artístico e, por outro lado, a dimensão participativa no sentido pleno do termo: ao mesmo tempo, concepção e coprodução do dispositivo com os alunos. A proposta pode ser vista de uma forma poética: criar uma nova paisagem visual no pátio. No entanto, os meios são muito *low tech/low cost*, e não se pode dizer que o uso da lona preta que segura a água passe despercebido e seja muito "natural". Apesar disso, o efeito que provoca na percepção global da instalação é o espelhamento do sol na água. Também podemos ver a proposta com um olhar mais "funcional" e observar que imediatamente os alunos e professores se sentam "à beira da água", como para se refrescar, num local onde antes ninguém imaginaria sentar. É a presença do lago artificial que gera imediatamente novos usos e que modifica discretamente a natureza das interações sociais.

Exemplo 20. Experimentar, testar, brincar antes de realizar de forma perene

Fábrica presente e posturas mobilizadas: A4/B2 + B3 + B4

Em dezembro de 1999, o Programa Hackney Wick Public Art propôs à artista Hattie Coppard trabalhar com a escola primária Daubeney, em Londres, para elaborar um programa criativo, consultivo e participativo, visando reunir ideias para melhorar o pátio da escola. Os artistas realizaram uma semana de *workshop* chamado Semana do Pátio Experimental: cada aluno tinha a possibilidade de imaginar e experimentar no local, por meio de jogos e experiências criativas, o que poderia ser o novo terreno. No final desse trabalho, um projeto real e perene foi finalizado por Hattie Coppard e o escritório Kinnear Landscape Architects, com base nas propostas mais interessantes. Isso resultou num espaço de jogo atípico, cuja identidade oscilou entre campo para atividades esportivas e evocação de uma paisagem: o pátio foi preenchido principalmente de grafismos em preto e branco muito fortes, lembrando pistas de corrida, mas que, ao mesmo tempo, como não eram todos retilíneos e às vezes se desviavam, formaram leves vales, deixando os usos "abertos". Elementos móveis e leves em espuma permitiram construir diferentes jogos e fabricar diferentes espaços, e espelhos vieram alterar a percepção dos limites do espaço.

A participação dos alunos da escola na definição do novo rearranjo permitiu sua adoção imediata e um grande respeito desses últimos pelo espaço transformado.

Exemplo 21. Pegar o aluno a qualquer momento

Fábrica presente e postura mobilizada: A1/B2

A fábrica de usos significa, às vezes, procurar se adaptar ao máximo aos usuários, mesmo que isso perturbe o modo de funcionamento habitual de uma infraestrutura ou de uma instituição. É também aceitar que aquilo que oferecemos ao aluno nem sempre é valorizado por ele, sem no entanto se desencorajar. Com a perspectiva de permitir o acolhimento e a escolarização de crianças de rua,[26] a Unesco vislumbrou, num caderno de orientações, dispositivos temporais particularmente surpreendentes do ponto de vista da ortodoxia escolar.

Diante da constatação de que é extremamente difícil escolarizar essas crianças, que na maior parte são muito desestruturadas, a escolha de oferecer estruturas abertas permanentes, inclusive à noite, permitiu aumentar as chances de a instituição atraí-las. À noite, essas crianças ficam em situação de insegurança ainda maior do que durante o dia e a escola pode oferecer um refúgio junto a outras crianças. A aposta que é feita é a de "capturar" essas crianças por motivos que beiram a sobrevivência (oferecer-lhes um abrigo noturno, uma oportunidade de tomar banho, etc.) e, na mesma ocasião, tentar ensiná-las, mas não o inverso.

A flexibilidade está no cerne do projeto, sem a qual ele não funcionaria. Trata-se, na verdade, de propor uma educação informal, apoiando-se sobre todas as qualidades de cada situação informal. Horários e agendas fazem parte dessa dimensão informal da estrutura. A Unesco propõe um centro aberto 24 horas que acolhe as crianças a qualquer hora do dia ou da noite. Cada criança pode escolher livremente as atividades ou os serviços que melhor correspondem às suas necessidades. Não é somente a organização temporal das atividades propostas que deve ser flexível, as próprias atividades devem sê-lo.

Exemplo 22. Aprendizes de designer e neófitos trabalham juntos

Fábricas presentes e posturas mobilizadas: A1 + A4/B2 + B4 + B5

A convocação "Mude sua classe!" é um convite à participação lançado em 2011 pela Cité de l'Architecture et du Patrimoine, em Paris, por iniciativa da arquiteta Fiona Meadows. De início, trata-se de um concurso no qual o interesse pedagógico é múltiplo: oferecer ao mesmo tempo uma situação real de exercício da profissão para estudantes de design ou arquitetura, a fim de permitir a transformação do espaço escolar, e associar os alunos dessas salas ao processo de transformação, demonstrando que a homogeneização do espaço escolar não é obrigatória. Nove salas foram realizadas em vários países – Benim, Marrocos, Tunísia –, com a participação de estudantes de várias escolas de design. Em cada ocasião, a equipe multidisciplinar deveria propor um espaço inovador que destacasse as práticas de leitura, as práticas plásticas ou culturais e criativas em geral que ainda não são valorizadas no currículo educacional desses países. O orçamento é muito restrito (entre 200 e 2500 €) e a realização deve levar em conta a identidade local e os recursos disponíveis (artesanato, materiais), tudo

---

26 Barbara Brink, *Création de centres d'accueil pour les enfants des rues: principes directeurs*, in *Bâtiments et équipements éducatifs* 25, Unesco, 1997, p. 11.

isso numa atualização da tradição popular. Em 2013, na Cité de l'Architecture et du Patrimoine, a exposição "Mude sua classe!" apresentou a história dessas salas de aula.

Uma delas, realizada no Benim em 2012 pelos alunos de mobiliário do curso de design do DSAA da escola Boulle, possibilitou conceber e implementar uma sala de biblioteca com estudantes do Benim do complexo escolar La Rosette. O conjunto foi produzido apenas com os recursos locais e com a ajuda de ferramentas importadas pelos estudantes em sua bagagem. A sala da intervenção, muito austera inicialmente, foi incrementada e equipada com prateleiras construídas com troncos de árvores locais rústicos, que serviram como postes, associados a pranchas de madeira retilíneas, pintadas de branco, que fizeram as vezes de prateleiras. O mobiliário de leitura, assim como a iluminação, também foi desenhado e realizado no local.

O formato muito curto e denso desse trabalho – cinco dias no total entre a concepção e a inauguração – possibilitou uma imersão extremamente rápida no contexto local, social e cultural da escola, e um encontro muito intenso entre os diferentes protagonistas, favorecendo a colaboração e a participação-realização. Essas duas etapas são, por assim dizer, fundidas numa só e são aqui garantias de uma proposta espacial original, não padronizada, que leva em conta os usos e as limitações locais. Um projeto como esse é uma aventura tanto para os estudantes do Benim quanto para os alunos franceses enviados ao local. O projeto teve o apoio, além da Cité de l'Architecture, do Via (Valorisation innovation ameublement) e de um parceiro local, o Centro Cultural Ouadada. Mais uma vez, a *participação é o que torna o projeto apropriado para seus futuros usuários, uma vez que eles ajudaram a construí-lo inteiramente.*

Exemplo 23. Verificar o espaço com o corpo antes de desenhá-lo na planta

Fábricas presentes e posturas mobilizadas: A2 + A4/B4

A fábrica de usos é fortemente questionada pela abordagem criativa de Patrick Bouchain quando ele convida a "construir ao mesmo tempo que se habita."[27] Se a maior parte dos projetos de design ou de arquitetura passa por uma fase de análise e de planejamento para compreender as necessidades antes da concepção e propor ideias para a resolução destas últimas, raros são aqueles que, como a Academia Fratellini, em Saint-Denis, misturam nesse ponto as etapas e também os papéis de cada uma. De fato, quando em 2002 Laurent Gachet, então responsável pela Escola Nacional do Circo criada por Annie Fratellini, convidou Patrick Bouchain e Loïc Julienne para estabelecer o projeto da escola num terreno vago próximo do Estádio da França, ele sabia que os arquitetos iriam envolver fortemente o conjunto dos protagonistas da escola na concepção.

Para tomar todas as medidas necessárias, no sentido literal e figurado, Patrick Bouchain e Laurent Gachet decidiram que não era preciso esperar que o projeto ficasse pronto para se instalarem no local. Antes de mais nada, o tempo entre a concepção e a realização de um prédio pode ser longo. E, além disso, que outra maneira mais eficaz de avaliar as necessidades, de ativar a fábrica de usos, senão testando-as no local, prototipando no aqui e agora as ideias, em tamanho real? Assim, professores, arquitetos e estudantes foram se instalar em *trailers* e caminhões no terreno do projeto, que não passava de um estacionamento, para morar, estudar e projetar sua futura escola, tudo ao mesmo tempo. As fotografias de 2002-2003 mostram os alunos da escola no estacionamento, validando juntos as proporções do futuro picadeiro da tenda principal com a ajuda de fardos de palha: fáceis de mover, estes tornaram muito mais concreta aos olhos deles a pesquisa de propostas para o local. Um simples desenho e uma planta, embora constituam ferramentas ideais da arquitetura, não servem para medir o corpo circense.

Todas as decisões relativas ao projeto foram tomadas no momento, "habitando" e testando, multiplicando as idas e vindas entre a teoria e a prática, colocando as propostas ideais e sonhadas à prova do local e integrando as oportunidades materiais que se ofereciam aos responsáveis pela obra e seus realizadores ali confundidos. Como Patrick Bouchain demonstra de novo, mais recentemente, à propósito da Universidade de Rennes, "ocupar um espaço enquanto se espera transformá-lo é que é transformador". Assim, o arquiteto estende a lógica da participação ao ponto que ela funde praticamente todos os tempos do projeto em um só, permitindo assumir que não é tanto o resultado material que conta, mas, sim, a construção do projeto.

---

27 Desse aforismo, Patrick Bouchain faz não somente um processo mas também um livro-manifesto de mesmo nome, que relata uma grande parte de seu trabalho.

Exemplo 24. Gerar confiança ao fazer de verdade?

Fábrica presente e postura mobilizada: A4/B5
A fábrica de usos das disciplinas criativas costuma propor com frequência a releitura de uma situação de forma mais ampla do que a prevista inicialmente e valer-se desse novo olhar para "mudar" mais do que aquilo que resiste ou para mudar a formulação da questão. Geralmente, isso significa mudar o ponto de vista. E também compreender os usos como fatos sociais, e não unicamente funcionais. É isso que propõe o projeto *Vélo'bus*.

Quando o laboratório La 27ᵉ Région, em residência artística no liceu Croix-Cordier, em Tinqueux, identificou que os alunos internos percorriam um trajeto longo e cansativo de ônibus, de manhã e à noite, porque o liceu e o internato ficavam em pontos opostos da cidade, decidiu criar uma solução alternativa. Alunos do internato normalmente ganham tempo em relação àqueles que voltam para casa, pois já estão no local, mesmo que isso aconteça em detrimento de uma forma de liberdade, oferecida pela saída da instituição escolar até o dia seguinte. Mas, nesta escola, os alunos eram obrigados a suportar o tempo "morto" e entediante – ônibus com inúmeras paradas – e a estrutura fechada do internato que, por questões de responsabilidade, vigia os horários e as idas e vindas de todos.

A ideia era fazer desse trajeto não só um percurso que levasse de um ponto a outro (resolução da necessidade primária da situação), mas sobretudo um parêntese que trouxesse inúmeros benefícios secundários aos alunos internos. Os designers da 27ᵉ Région propuseram experimentar um trajeto de bicicleta para mensurar sua duração, avaliar sua dificuldade, sua periculosidade e também sua viabilidade material (quem fornece as bicicletas? Quem faz a manutenção?, etc.). A experiência se mostrou imediatamente popular entre os alunos e revelou, além de sua característica prática, um potencial de emancipação importante. Esse trajeto, que logo foi chamado de *Vélo'bus* (bicicleta-ônibus), oferece na prática aos internos um momento de fuga e liberdade fora da instituição escolar, sensação mais forte do que quando eles pegavam o ônibus da cidade. Essa sensação é aumentada pela rapidez do trajeto, vinte e cinco minutos em vez de quarenta e cinco, pela possibilidade de mudar de itinerário, mesmo que esta não seja adotada, e pela característica esportiva disso: o trajeto de bicicleta fornece um bom "alívio" depois da escola e muitos não precisam fazer esforço físico, ao contrário. O percurso contrasta totalmente com o dia estático da sala de aula e acaba sendo um benefício. Além de transformar por completo o trajeto em um parêntese de respiração, o uso das bicicletas gera questões logísticas em relação à sua manutenção, custo, etc., que os alunos e seus professores propõem solucionar pela criação de uma oficina chamada "vélo'kitchen" (cozinha da bicicleta), onde os internos podem encontrar material para reparar e fazer a manutenção de suas bicicletas nas pausas do dia, mas também aprender a fazê-lo e compartilhar esse conhecimento com outros alunos. Aí está a fábrica do conhecimento que se ativa sozinha.

Com esse exemplo, vemos que a fábrica de usos é, antes de mais nada, pensar nos usos conectando-os a outros pontos, e não separando os momentos, os problemas e as ações, pois, quando são separados, eles perdem todo o sentido e todo o interesse. No caso do *Vélo'bus*, o esforço suplementar para ir do internato ao liceu de bicicleta é compensado pela aquisição de mais liberdade e autonomia em cada trajeto, e por uma valorização dessa independência e responsabilização para além do tempo do trajeto, pela aquisição de novos conhecimentos e de novas competências. Além disso, é a possibilidade de escolha (entre ônibus e bicicleta) que torna a proposta sedutora, e não obrigatória.

Exemplo 25. Criar uma mídia para crianças

Fábricas presentes e posturas mobilizadas: A1 + A2 + A3/B3 + B4 + B5
A Radio-Cartable, rádio das crianças das escolas de Ivry, é uma fábrica de si, uma fábrica do conhecimento, uma fábrica do sensível e um catalisador de energia escolar nascida no início dos anos 1980, simultaneamente à construção de uma nova escola em Ivry. Surgida da colaboração do arquiteto encarregado do projeto com os professores da futura escola, e contando desde o início com a atenção da instituição e o apoio do mundo educativo, a Radio-Cartable funciona ainda hoje, desde 6 de fevereiro de 1984, a cada quinta-feira, das 14h às 15h, na frequência 89,4 FM. Seu logo foi redesenhado por um designer com base nas propostas das crianças e "em Ivry, onde a grande maioria das escolas estão hoje situadas na rede de educação prioritária, a rádio vai rapidamente se impor como um meio privilegiado para aprender: melhorar o domínio da língua escrita e oral, abrir a escola para o ambiente, dar sentido às atividades escolares, adquirir métodos de trabalho, tornar-se

um usuário esclarecido das mídias, valorizar a autoimagem e a autoestima...".[28]

O programa da Radio-Cartable é rico em formas, formatos, tons e expressões diferentes, do populariíssimo "personagem misterioso" que deve ser adivinhado com ajuda de pistas veiculadas no ar durante as "atualidades" – que informam tanto sobre a meteorologia e os engarrafamentos quanto sobre as notícias do bairro e das escolas da circunscrição –, passando pelo "contato com as aulas em viagem", que permite às famílias terem notícias ao vivo de seus querubins que partiram em viagens escolares ou ainda as sequências "Radio-Trouille" ("Rádio-Susto", em tradução livre), que são assustadoras...

A eficácia – se podemos falar assim desse dispositivo pedagógico – da Radio-Cartable, além das competências que ela mobiliza nos alunos e da autoconfiança que ela constrói, vem de seu caráter "real", ou seja, de uma existência e de uma difusão que tocam "a vida verdadeira", tanto pelos assuntos dos quais ela trata, pelos protagonistas que ela convida e destaca, mas também pelo público que ela atinge, que não se resume a um público exclusivamente escolar, mas que abrange todo o conjunto da sociedade civil. A Radio-Cartable não é um exercício escolar, é uma rádio de verdade que transmite nas mesmas ondas que as rádios "adultas" e pode ser acompanhada por todos. Isso confere a todos os seus colaboradores, tanto alunos como professores, um verdadeiro papel social, uma identidade e um sentimento cidadão de pertencimento à comunidade, que às vezes é inexistente nos bairros em torno das escolas de educação prioritária.

Exemplo 26. O processo do design, uma força de mobilização em todos os níveis

Fábricas presentes e posturas mobilizadas:
A1 + A2 + A3 + A4/B1 + B2 + B3 + B4 + B5
A jovem designer americana Emily Pilloton ficou conhecida no mundo graças a seu projeto *Teaching Design For Change*, uma residência artística de longa duração que se transformou em instalação, no condado rural e muito pobre de Bertie, na Carolina do Norte, Estados Unidos, e à conferência TED Talk na qual relata a história.[29] Naquilo que é mais um projeto de experimentação social do que um projeto de design – mesmo que as metodologias implementadas sejam, essencialmente, aquelas do designer –, ela aborda a concepção e a educação segundo três grandes eixos: *design FOR education, RE-designing education* e *design AS education* ("design PARA a educação", "REdesenhando a educação" e "design COMO educação", em tradução livre).

Em outubro de 2009, o Dr. Chip Zullinger, um homem à frente das primeiras Charter Schools na Carolina do Sul e Colorado no final dos anos 1980, convidou o Project H Design, uma associação de design sem fins lucrativos criada por Emily Pilloton, a ir ao condado para participar da reforma da escola primária do distrito e trazer a visão e a perspectiva do design. O Project H Design de Emily Pilloton utiliza as seis diretrizes de concepção a seguir:
1. Criar design pela ação.
2. Criar design *com*, e não *para*.
3. Criar design de sistemas, e não de bens.
4. Questionar, medir, compartilhar.
5. Começar localmente e depois mudar de escala.
6. Construir.

A primeira ação realizada pelo Project H Design no local foi a concepção-construção física de espaços e de materiais adequados, eficientes e criativos para os professores e alunos. A escola, subequipada e em mal estado de conservação quando chegaram, não podia ser fonte de motivação para aprender. Espaços de convivência lúdicos e conectados foram construídos e espaços educativos foram igualmente concebidos com os professores. Emily Pilloton cita o exemplo daquilo que chama de "a paisagem que ensina", uma espécie de área de recreação feita de pneus de trator, pensada para aprender matemática enquanto se joga o "Match Me", uma atividade que mistura atividade física e reflexão matemática.

Exemplo 27. *Girl power* por meio do design e do *stem field*

Fábricas presentes e posturas mobilizadas:
A1 + A2/B1 + B2 + B3 + B4 + B5 + B6
A Girls Garage é um dos programas de educação pelo design criados pelo Project H Design, de Emily Pilloton, desenvolvido com base em sua experiência no condado de Bertie e que encoraja as meninas de 9 a 13 anos a se tornarem Fearless Builder Girls, quer dizer, "meninas que não têm medo de construir". Em outras palavras, o objetivo desse programa sem fins lucrativos é desenvolver as competências das meninas nos campos técnicos e tecnológicos, científicos, matemáticos e naqueles ligados à engenharia,

---

28 Cf. Radio-Cartable.
29 Emily Pilloton, "Teaching Design for Change", TED Global 2010, julho de 2010.

o que os anglo-saxões chamam de *stem field*. Tudo isso para aumentar sua autoconfiança em meio à comunidade e promover suas capacidades criativas e construtivas, bem como seu interesse pelos campos de estudo do *stem field*, até então pouco popular entre as meninas. Esse programa se anuncia, portanto, como uma fábrica de si e uma fábrica de conhecimento científico que adota a abordagem do design e, principalmente, sua dimensão experimental e prototipista.

Em 2015, um grupo de seis das participantes mais antigas das atividades da Girls Garage fabricaram, cada uma, em cinco semanas, um skate, o que exigiu aprender a utilizar uma série de ferramentas técnicas avançadas. O programa Adobe Illustrator permitiu desenhar os temas concebidos por cada uma das meninas para sua prancha de rodinhas. A serra fita foi utilizada para cortar as sete camadas de madeira, que em seguida foram levadas a uma prensa para dar à prancha sua forma e rigidez. Por fim, foi preciso aplainar, lixar, envernizar tudo e montar os rodízios na parte inferior.

Esse programa funciona sob diferentes formatos a fim de atingir diferentes públicos em diferentes momentos: encontramos os Afterschool Programs, que propõem oito semanas de atividades extracurriculares, os Summer Camps, ou acampamentos de férias, e as oficinas que acontecem durante um dia, normalmente aos fins de semana, na companhia dos pais. A participação nessas diferentes iniciações permite, segundo a organização, desenvolver a liderança das meninas e encorajá-las a participar de igual para igual com os meninos na construção do mundo técnico do futuro. As participantes podem receber cerca de dez distintivos ao final de suas iniciações para validar suas novas competências. Estas, inspiradas pelo funcionamento dos *fab labs*, cobrem as diferentes áreas abordadas pelo Girls Garage, a saber: liderança, serviço, design digital, engenharia, design gráfico, eletrônica, alvenaria, carpintaria, solda e trabalho em metal, arquitetura.

Exemplo 28. Estudantes e colecionadores de arte

Fábricas presentes e posturas mobilizadas:
A1 + A2 + A3 + A4/B1 + B2 + B3 + B4 + B5
Na programação do evento "Marselha, capital europeia da cultura 2013", a Drac Paca, o Ministério da Educação e a região de Bouches-du-Rhône iniciaram um projeto cultural e pedagógico em grande escala chamado *Les nouveaux collectionneurs au collège* (Os novos colecionadores do colégio). Tratava-se de destinar uma parte do orçamento de aquisição de obras do Frac a alunos de colégio que foram, na ocasião e para realizar bem esse trabalho com responsabilidade, consciência e confiança, acompanhados numa descoberta e numa iniciação ao mundo da arte contemporânea.

A força desse projeto está na continuidade entre a escola e a vida, no sentido que entendiam os pedagogos da nova educação, de Dewey a Decroly. Essa continuidade é ainda mais notável do que a amplitude e o interesse geral do projeto (ele não é nem anódino, nem fútil, nem marginal, nem secundário). Ele coloca os alunos numa situação real em que suas conversas e suas decisões são acompanhadas de ações que têm consequências no mundo extraescolar, em vez de se restringir, como é frequente, a um exercício. Assim, aos jovens iniciantes em matéria de arte contemporânea, transferimos uma parte da responsabilidade que normalmente recai aos adultos especialistas na matéria. Um acompanhamento sob medida permite que os alunos descubram um mundo e obras aos quais talvez nunca tivessem acesso sem esse projeto, tomem contato com questionamentos que perpassam o trabalho dos artistas e avaliem o contexto socioeconômico no qual a obra do artista está inscrita.

Os objetivos desse projeto são múltiplos: sensibilizar para a arte contemporânea realizando visitas a locais de arte (galerias, museus, Frac, ateliês artísticos), afirmar as sensibilidades e os gostos por meio de conversas com seus pares e com profissionais de arte (professores, galeristas, historiadores, jornalistas), discutir seus gostos coletivamente para construir um consenso e fazer escolhas de obras, defender suas escolhas diante da comissão de aquisição de obras, que oferece apoio financeiro para finalizar as aquisições.

Esse projeto é, portanto, ao mesmo tempo uma fábrica de si, uma fábrica de conhecimento – do mundo artístico atual –, e certamente uma fábrica do sensível. Sobretudo, à medida que novas ocorrem novas sessões do projeto, e como cada uma se articula em torno de uma temática elaborada pelos estudantes, ele permite construir um novo acervo de obras para o Frac, testemunhando a sensibilidade da geração jovem.

Exemplo 29. Tornar-se patrocinador, uma alavanca de mobilização social e política

Fábricas presentes e posturas mobilizadas:
A1 + A2 + A3 + A4/B1 + B2 + B3 + B4 + B5

A escola Blé em Herbe, situada em Trébédan, na região francesa da Bretanha, um pequeno vilarejo de 400 habitantes onde 64 crianças de escola primária (3 aos 11 anos) são escolarizadas, foi laboratório de uma experiência inédita para os habitantes locais, ao mesmo tempo fábrica de si, fábrica do conhecimento, fábrica do sensível e fábrica de usos. Em 2007, o contexto era aquele clássico, em que a falta de recursos típicos de uma comunidade rural, diante da obsolescência da infraestrutura escolar em termos de normas, energia e usos, resultou no fechamento desta em favor de um reagrupamento pedagógico em outra comunidade. Mas lá, um grupo de cidadãos reuniu os anciãos da comunidade, o prefeito e os pais de alunos, todos guiados pela dinâmica equipe pedagógica da escola ameaçada, e conseguiu transformar a solução fatal num projeto social e pedagógico notável. Conscientes de que a escola tem um papel a desempenhar na coesão social da comunidade, as professoras de Trébédan realizavam havia muitos anos ações de abertura e de ligação entre as diferentes gerações, entre todos os habitantes, alunos ou não. Decididas a não aceitar a fatalidade do fechamento da escola, e com uma visão oposta ao que lhes prometiam, elas se lançaram num projeto "louco" de solicitar uma escola nova, mais adaptada às suas necessidades e às condições ambientais atuais, que se tornaria o núcleo de uma dinâmica local renovada.

A originalidade desse projeto está no fato de que um grupo de cidadãos heterogêneo passe da situação de governados esperando soluções à de patrocinadores capazes de gerar um projeto de envergadura e até mesmo se tornarem proprietários do prédio. Essa inversão do destino da escola não seria possível, sem dúvida, sem a convicção e a energia empregada por sua diretora, Nolwenn Guillou, e sem a intervenção da associação Les Nouveaux Commanditaires que, sob a proteção da Fundação da França, acompanha cidadãos inexperientes até se tornarem patrocinadores e proprietários de projetos artísticos.

Incentivado pelo CAUE[30] de Côtes d'Armor e pelo Nouveaux Commanditaires, o grupo entrou em contato com a Eternal Network,[31] que garantiu todo o acompanhamento.

As necessidades iniciais, que consistiam em uma simples reabilitação do existente, foram transformadas num verdadeiro programa arquitetônico que compreende, além disso, novos aspectos, entre os quais a ampliação da escola com a construção de uma nova sala para o maternal bem como uma nova cantina, tudo isso respondendo a uma preocupação ecológica, a criação de uma ligação física com a praça do vilarejo, sob a forma de "extensões de generosidades" e a criação de um mobiliário específico adaptado às necessidades e flexível em seus usos. Esses elementos do programa foram concebidos pelo grupo patrocinador em colaboração com a Eternal Network, mediadora aprovada pela associação dos Novos Patrocinadores, e realizados por Matali Crasset, cujas orientações de trabalho correspondiam perfeitamente às necessidades exprimidas.

A associação dos Nouveaux Commanditaires permite que as pessoas cuja opinião quase nunca é ouvida, normalmente os usuários do lugar, sejam cocriadoras de um projeto, numa relação estreita com os designers ou artistas encarregados de responder às especificações. Além do resultado desse projeto, ao mesmo tempo estético, ecológico e funcional, é o conjunto do processo, a própria aventura, que prevalece em Trébédan. É uma experiência participativa forte, fundadora de uma renovação das relações sociais no vilarejo, que, como expressou Nolwenn Guillou em maio de 2016 nas Jornadas Nacionais da Inovação, continua inervando a vida do vilarejo. Os habitantes-cidadãos que foram treinados, às vezes contra sua vontade, nessa aventura criativa, são hoje os incentivadores autônomos de novos projetos cuja coesão encontra suas raízes na escola do Blé em Herbe.

---

30 Esta estrutura pública existe em todos os departamentos e pode ser solicitada por qualquer cidadão que deseje ser acompanhado no contexto de um projeto arquitetônico. Inúmeras ações pedagógicas de sensibilização para a arquitetura são realizadas pelos CAUE a pedido das escolas.

31 A Eternal Network se define assim: "A associação Eternal Network instrui e acompanha projetos de produção e de difusão em matéria de arte contemporânea. Sua atividade se desenvolve no Grande-Oeste." (Caminho: Página inicial/Apresentação)

Exemplo 30. Rumo a novas imagens de alunos

Fábrica presente e postura mobilizada: A1/B6
Para Logan LaPlante, um jovem adolescente americano de 13 anos cuja conferência TEDx[32] em fevereiro de 2013 teve grande repercussão, "tudo deve ser pirateado, não só a informática mas também a educação". É por isso que ele pratica o que chama de *hackschooling* (a pirataria educativa), que repousa sobre três bases que ele mesmo definiu: a saúde, a felicidade e a criatividade (*healthy, happy, creativity*). Os pais desse jovem, que tinham visto a célebre conferência TEDx de *sir* Ken Robinson em 2006 intitulada "A escola mata a criatividade", perguntaram-se como fazer seu filho escapar disso e decidiram desescolarizá-lo do sistema clássico. A partir desse momento, ele passou a adaptar sua educação, aproveitando oportunidades oferecidas pela comunidade, real e virtual. Ele não tem medo de criar atalhos, dar saltos, pular conteúdos, para ir mais rápido e mais longe em direção àquilo de que gosta e, segundo sua expressão, "ter resultados". Trata-se de um sistema flexível e oportunista. Além disso, é um estado de espírito, não um sistema, ele define.

Mas então, com que se parece a escola de Logan LaPlante? "Com um Starbucks, na maior parte do tempo", explica, sorrindo, na frente de seu computador, com o qual faz boa parte de seus *hackings*. É claro, como muitas crianças, Logan estuda matemática, geografia e a escrita, mas sempre dentro de situações reais. Se "os professores querem normalmente que se escreva sobre as flores e as borboletas", ele diz que prefere escrever sobre esqui. Ele é fã de esqui e da natureza, como seus pais, que também desescolarizaram seu segundo filho.

As "comunidades" desempenham um papel importante na educação de Logan. Por exemplo, o High Fives Foundation Program, com o qual ele aprendeu a "manter a cabeça fria", por assim dizer, mesmo nas situações críticas. Juntos, eles passaram um dia com um grupo de esqui para saber mais sobre a segurança na montanha, depois estudaram a neve, as avalanches, a meteorologia. Lá, Logan aprendeu que tomar a decisão errada significa colocar todos em perigo. O jovem também adora a Moment Factory, que distribui roupas e equipamentos de esqui, e cujos funcionários lhe mostraram porque era necessário ser bom em matemática tanto quanto em costura – o que o levou a fazer um estágio na Big Court, uma marca de material e de equipamentos, onde ele pôde aprender muitas outras coisas. Mas o que Logan prefere, acima de tudo, é estar na natureza: ele passa pelo menos um dia inteiro fora de casa por semana, normalmente com um grupo de Fox Walkers, um equivalente dos escoteiros. Eles podem "se virar sozinhos no deserto com uma faca por uma semana", diz ele. Eles fabricam flechas, arcos e também abrigos para os dias frios e de neve.

Esse garoto empresta bastante do processo criativo para garantir sua educação: o *peer-to-peer* está na base de quase todas as suas experiências e trocas, mas a experimentação, a prototipagem e a participação também. Acima de tudo, o que motiva esse adolescente na sua sede de aprendizagem é o fato de que tudo o que ele realiza está relacionado à vida real e a seus centros de interesse, e não a exercícios escolares impostos. Enfim, ele representa uma nova figura de aprendiz – inédita até então e muito auxiliada pelo desenvolvimento das comunidades digitais e das redes sociais, frequentemente superpostas a comunidades de práticas – que é inteiramente autônoma. Com certeza esse jovem se beneficia de um contexto sociocultural apoiador e alternativo que o encoraja em suas empreitadas e o felicita por suas conquistas, mas ele testemunha sobretudo uma integração total da ferramenta digital e de sua capacidade de acesso à informação no processo de aprendizagem. Ainda nesse caso individual bastante específico, encontramos inúmeros pontos em comum com as condições enunciadas em *O mestre ignorante* por Jacques Rancière e essa ideia de continuidade – simplificada, poderíamos dizer – entre a escola e a vida, cara às novas pedagogias. A *hackschooling* de Logan LaPlante é uma fábrica de si e uma fábrica do conhecimento extremamente autônoma.

CONCLUSÃO: NEM MILAGRES NEM ABANDONO

Inovar as formas escolares é um desafio que interessa a um designer, é claro, mais ainda se ele também é professor. Mas a exposição dos inúmeros projetos coletados aqui, por mais interessantes que seja, deve nos fazer pensar sobre os objetivos, a necessidade e a oportunidade de convidar designers para identificar e propor estratégias inovadoras para a escola. Por que esse passo para o lado? Como não parecer alguém que "dá lições"? Como não edulcorar os resultados, frequentemente pontuais, de um processo de design na escola, com poucas chances de ser utilizado durante todo um ano escolar e/ou em todas as disciplinas? Como evitar transformar

---

32 *YouTube*: Logan Laplante TEDx.

todo professor em designer e todo designer em professor? Pois isso seria equivocado quanto às intenções dessas linhas que propõem mais colaboração, trocas entre essas duas posturas e essas duas profissões, e não uma troca de papéis prejudicial tanto para uns quanto para outros.

Evitar os métodos prontos
É certo que o processo criativo do designer, que é ferramenta reflexiva e performativa ao mesmo tempo, pode se tornar fértil no contexto pedagógico. Esperamos ter mostrado isso em parte. Mas ele não será jamais uma solução miraculosa que permite resolver todos os problemas da escola. A generalização do termo *design thinking*[33] estabeleceu há alguns anos o processo criativo como método pronto para ser empregado, dividindo-o em um número preciso de etapas, que vão da identificação de um problema à sua resolução, passando por um certo número de idas e vindas entre a reflexão e a materialização dessa reflexão, ou seja, passando por fases de análise do contexto, de criação, de prototipagem e de teste. Essa divisão conduz a uma forma de padronização do processo criativo, expulsando as dimensões flutuantes, informais e sensíveis, que podem ser um pouco inquietantes num contexto econômico e profissional restrito como o de uma empresa, mas que são essenciais num contexto verdadeiramente criativo e naquele, em particular, da pedagogia.

A incerteza como terreno fértil
Aqui o processo criativo é posto à prova da escola e das aprendizagens e se aventura sobre um terreno de ação que inúmeros pesquisadores (sociólogos de organizações ou pesquisadores das ciências da educação) qualificaram como incerto. Como observa Christian Maroy num artigo sobre o trabalho do professor,[34] a própria natureza desse trabalho, ao mesmo tempo *relacional e humano*, caminha de braços dados com a incerteza. De fato, o próprio material – os alunos, o contexto da relação, as técnicas pedagógicas – está sujeito a variáveis que dão lugar à imprecisão e à incerteza, que um método muito rígido não pode enfrentar de forma fértil do meu ponto de vista, mas que um processo flexível, sensível, reflexivo e – por que não? – criativo pode acompanhar positivamente. O processo criativo é um processo incerto por si, que transforma essa incerteza em seu terreno criativo e sua alavanca de inovação, em vez de se deixar desestabilizar. A escola não pode esperar restringir tudo dentro de saberes disciplinares e deve permitir a cada um se mover sem vacilar no oceano de incertezas.

O trabalho por projeto
O trabalho por projeto não é exclusividade do design e das disciplinas criativas, embora deles tenha se originado. Como mostraram enfaticamente Luc Boltanski e Eve Chiapello,[35] esse modo de organização do trabalho infiltrou-se amplamente no mundo corporativo após a crítica artística dos anos 1970. Não surpreende, quando se trata da generalização do termo, que cobremos das escolas também trabalharem "em modo de projeto"[36] e que as incentivemos a olhar pelo lado das disciplinas criativas.

De certa forma, o círculo está fechado. Não me passa pela cabeça a ideia de refutar a eficácia e o prazer de conduzir uma pedagogia por projeto, pois como designer e professora de artes aplicadas, não sei fazer de outra forma. Constato, além disso, que os estudantes encontram grande satisfação e desenvolvem inúmeras competências e qualidades que lhes serão úteis para além de suas futuras profissões. Mas convém, entretanto, pensar sobre a necessidade de adotar o modelo do trabalho artístico para todas as etapas de aprendizagem e todas as disciplinas, sem distinção de tempo, formatos, meios e abordagens. O trabalho por projeto não é inato e a formação dos professores não rompeu essa barreira! A divisão disciplinar que ainda organiza o recrutamento para o ensino público está em total contradição com o desejo interdisciplinar que anima a instituição e que hoje está enraizada em inúmeros domínios de práticas.

Exemplaridade e *makers*
Enfim, esperamos que cada projeto descrito nessas linhas seja percebido como exemplar em sua riqueza e funcionalidade, mas não como modelo a ser seguido a qualquer preço. Pois cada um deles está ligado a um contexto particular, a atores conectados a uma

---

33 Primeiro pelo MIT a partir dos anos 1980, e depois pela administração de empresas, que divulga esse termo e o método que o acompanha.

34 Cf. o artigo muito interessante de Christian Maroy, que descreve muito bem a questão sobre esse aspecto do trabalho do professor: "Les évolutions du travail enseignant en France et en Europe: facteurs de changement, incidences et résistances dans l'enseignement secondaire", in Revue française de pédagogie, La motivation scolaire : approches récentes et perspectives pratiques, n° 155, ENS EDITIONS, 2006, p. 111-142. (cf. site ENS EDITIONS. Caminho: Página inicial/Revues/ENS éditions/Revue française de pédagogie/La revue/2006-155/ note de synthèse).

35 Luc Boltanski, Eve Chiapello, *Le nouvel esprit du capitalisme*, "NRF Essais", Gallimard, 1999.

36 O trabalho por projeto: cf. a nova reforma do colégio.

situação específica, a temporalidades e a necessidades diferentes. Os projetos descritos não seriam portanto transponíveis sem adaptações e sua generalização implica o risco de perderem o interesse. Eles são oferecidos como matéria para pensar, e não como receitas a serem aplicadas, e baseiam-se na abordagem de toda uma nova geração de professores que estão no caminho de se tornarem eles mesmos *makers*:[37] com a ajuda das tecnologias digitais, eles se tornam produtores por direito próprio que não se contentam mais somente em produzir conteúdos, mas que também produzem os suportes e as infraestruturas pedagógicas de seus cursos. Da mesma forma que faz nascer novas figuras de aprendizes em nossas vidas, a ruptura provocada pelo digital favorece a aparição de novas figuras de professores. Essa coleção de projetos e reflexões espera despertar o desejo – e dar algumas indicações – dos atores em campo para começarem a trabalhar, sem esperar serem obrigados por mais uma reforma, persuadidos talvez como eu de que é sempre melhor ser ativo do que passivo na mudança.

---

37 Cf. *blog* de Jean-Paul Moiraud.

EXPERIMENTAÇÃO EM DESIGN

"Criativo e minucioso, o designer reúne e centraliza para se tornar o chefe de orquestra de um projeto complexo a ser realizado."

Caroline d'Auria

VOCÊS FALARAM EM "EXPERIMENTAÇÃO EM DESIGN"?

Caroline d'Auria, designer,
encarregada de experimentação e pesquisa na Cité du Design

Tudo será antes de mais nada uma questão de design.[1]

Vocês acabam de ler a análise que Clémence Mergy fez, baseando-se, entre outros fatores, no estado da arte intitulado *Inovar as formas escolares pelas disciplinas criativas*, documento de oitocentas páginas elaborado após a experimentação Inovar na escola pelo design, que aconteceu num colégio e em escolas da região de Loire, na França.

No polo de pesquisa da Cité du design, esse estado da arte é a primeira fase da metodologia de certas pesquisas ou de certas experimentações em design. Esse documento de aculturação, rico de exemplos, de classificações e de eixos de pesquisa, cuja concepção foi confiada à designer Clémence Mergy, alimenta e nutre a equipe de campo, os parceiros e os diferentes atores, a fim de ajudá-los quando tiverem que trabalhar em temas precisos, determinados de antemão e frequentemente complexos (aqui, a inovação da escola). Esse documento foi portanto a primeira etapa do protocolo de experimentação que vocês descobrirão nesta Parte 2.

O DESIGN, UMA DISCIPLINA CRIATIVA

O design é um pensamento singular que organiza a complexidade, a fim de implementar um projeto.

Além de melhorar os usos e os modos de vida, otimizar a utilização da energia, acompanhar as mutações do *habitat* ou facilitar o desenvolvimento da saúde e da mobilidade, o design coloca o humano no centro de sua reflexão. A palavra "design" – do latim, *designare*, "marcar com um sinal distintivo" – articula um duplo significado: desígnio e desenho. É um projeto para o mundo e a forma dos artefatos.

A revolução industrial, transformação sem precedentes, foi o acontecimento fundador de uma nova disciplina: o design. A produção mecanizada abre um capítulo da história da humanidade e de seu ambiente, escrito por industriais, engenheiros, técnicos, operários e designers. Uma das principais figuras dessa disciplina, William Morris, defende a pesquisa de uma estética original, de um processo criativo acompanhado de uma transformação social e de uma melhoria da qualidade de vida. Essa intenção inaugural está na base do design, como confirma a definição da instituição internacional ICSID.

> [O design é] uma atividade criativa cujo objetivo é apresentar as múltiplas facetas da qualidade dos objetos, dos procedimentos, dos serviços e dos sistemas nos quais estes estão integrados ao longo de seu ciclo de vida. É por isso que ele constitui o principal fator de humanização inovadora das tecnologias e um motor essencial nas trocas econômicas e culturais.

O design se encarrega do mundo material cotidiano dos indivíduos e das sociedades com a finalidade, segundo as recomendações do designer americano Victor Papanek, "... de uma pesquisa coletiva para melhor vivermos juntos e de forma durável"[2] e de uma preocupação com uma economia de meios. O design não se contenta, portanto, em observar os comportamentos, as práticas e os usos para desenhar objetos, mas sempre se confronta com ideias e representações. É preciso entender bem que ele não está circunscrito a um fazer único – "fazer design" –, mas que entra numa relação entre o discurso e a técnica. O mundo material que ele fabrica cria um ambiente cultural, social, estético e político que vai além da produção de uma cadeira, de um serviço de reciclagem de lixo, do grafismo de um site de internet,

---

1   Vilém Flusser, *Petite philosophie du design*, Circé, 2009.

2   Victor Papanek, *Design pour un monde réel. Écologie humaine et changement social*, Mercure de France, 1974.

para alcançar a concepção dos processos, dos modos de organização, de maneiras de viver ou trabalhar em coletivo, passando pelo estudo dos potenciais de uma nova técnica. É um modo de reflexão e um processo de inovação estratégica que ultrapassa largamente o fazer. O design se constrói na combinação de um lugar social, uma produção industrial e um estado das técnicas, de uma projeção estética e de uma escrita que utiliza as restrições do contexto que constitui as realidades.

> O design não pode, portanto, fazer sem pensar nem sem dar o que pensar. Ele oferece propostas, roteiros de vida. Ao público cabe não considerá-lo como algo mastigado, mas desenvolver, ele também, um espírito crítico e construtivo.[3]

Nesse ecossistema, o designer tem sua própria cultura, não trabalha nunca sozinho e convoca outras disciplinas. Em função da problemática, ele convida e implica múltiplos atores: sociólogos, engenheiros, arquitetos, médicos, artistas, escritores, artesãos, especialistas, patrocinadores e parceiros. No cerne de suas preocupações, seu olhar e sua atenção estão permanentemente centrados no usuário, ou seja, sobre aquele que utiliza as técnicas, os objetos, os ambientes, os espaços e os serviços, que vive e pratica as coisas e que é, com frequência, sem o saber, o especialista. Criativo e minucioso, o designer reúne e centraliza para se tornar o chefe da orquestra de um projeto complexo a ser realizado.

SAINT-ÉTIENNE, UMA CIDADE LABORATÓRIO

Primeira cidade francesa a integrar a rede de cidades do design,[4] da Unesco, em 2010, Saint-Étienne fez a escolha de um desenvolvimento territorial que associa a arte e a indústria e valoriza sua história pioneira no domínio industrial, suas empresas criativas contemporâneas e sua política de desenvolvimento pelo design. O posicionamento da cidade tem como objetivo colocar a criatividade a serviço do homem e no cerne do desenvolvimento da sociedade. Participar dessa rede permite partilhar práticas a fim de enfrentar as mudanças atuais da sociedade e as questões centrais das cidades hoje.

A CITÉ DU DESIGN: PAPÉIS E MISSÕES

Criada em junho de 2005, desde janeiro de 2010 a Cité du Design faz parte do Estabelecimento Público de Cooperação Cultural (EPCC) Cité du Design/Escola Superior de Arte e Design, reagrupadas num mesmo local (a antiga fábrica de armas de Saint-Étienne), projeto realizado pela cidade de Saint-Étienne, Saint-Étienne Métropole, a região Rhône-Alpes[5] e o Ministério da Cultura. Ela tem como missão assegurar o desenvolvimento das formações de ensino superior e da pesquisa, bem como o desenvolvimento econômico e a ação cultural no domínio do design. Nesse contexto, ela sensibiliza todos os públicos para o design e suas aplicações, contribuindo para gerar maior atratividade ao território. Ela funciona com múltiplos parceiros, profissionais que vêm de todos os setores. Suas atividades são estruturadas em torno de sete serviços – empresas e inovação, pesquisa, experimentação e edição, relações internacionais, produção de exposições; comunicação, e serviços administrativos – que trabalham a partir de temáticas fortes e transversais para uma democratização do design. Essa posição privilegiada, a presença do polo de pesquisa e de seu trabalho de decifrar tendências por meio da Bienal Internacional de Design Saint-Étienne permitem que ele funcione naturalmente como detector de práticas inovadoras.

O POLO DE PESQUISA: UMA PESQUISA PARA INOVAR

O polo de pesquisa é uma plataforma de reflexão sobre as práticas, as necessidades e os usos. Ele mostra como o design contribui para a emergência de novas dinâmicas no seio dos territórios contemporâneos – sociais, econômicos, políticas ou culturais. Assim, não há pesquisa na Cité du Design sem produção teórica de saberes ou sem produção de formas.

---

3 Pierre Damien Huyghe, in *Poïétiques du design, conception et politique* (dir.: Gwenaëlle Bertrand, Maxime Favard), L'Harmattan, 2015.

4 A rede das Cidades Criativas foi lançada pela Unesco em outubro de 2004. Ela encoraja o desenvolvimento cultural, social e econômico das cidades, a valorização dos polos de criação e o compartilhamento de conhecimentos, experiências e competências específicas das coletividades territoriais. Buenos Aires, Berlim, Montreal, Nagoya, Kobe, Shenzhen, Shangai, Seul, Graz, Pequim, Bilbao, Curitiba, Dundee, Helsinki, Turin, Puebla, Budapeste, Bandung, Kaunas, Cingapura, Detroit e Saint-Étienne fazem parte dessa rede.

5 A região Rhône-Alpes se tornou a região Auvergne-Rhône-Alpes, desde 1 de janeiro de 2016.

O polo de pesquisa organiza e estrutura uma pesquisa em design e pelo design. Ele desenvolve um processo prospectivo e, com o estudo dos usos, procura antecipar as necessidades e inovar, seja para melhorar o já existente de forma significativa, seja para fazer propostas correspondentes a novas expectativas. A pesquisa em design produz conhecimentos graças a métodos criativos que articulam teoria e concepção. Ela trabalha sobre questões emergentes e prospectivas, estruturando-se com base em dois eixos: os modos de vida e as vidas digitais.

A EXPERIMENTAÇÃO EM DESIGN

Em termos de experimentação científica, o polo de pesquisa da Cité du Design desenvolve uma experimentação criativa, complementar à pesquisa. No design, o método experimental é um modo singular de construção de conhecimentos que se apoia sobre o real: é um dispositivo controlado que permite enfrentar a incerteza, preferindo a formulação de hipóteses e a realização de testes sobre um terreno determinado. No design, a experimentação é criativa, concentrando-se assim no fazer, ainda que ela se observe durante esse processo. Ela não pode se conceber a não ser naquilo que é único, sem repetição, e se constrói fora de qualquer postulado prévio. Esse método de trabalho flerta constantemente com a assunção de riscos. Experimentar é, portanto, um processo de invenção completo, em que a concepção permite resolver uma questão e melhorar a vida cotidiana de uns e outros.

Nessa vontade de "domesticação do real",[6] segundo a expressão de Armand Hatchuel, o experimentador – profissional ou usuário – é um "sujeito ativo, questionador e administrador".[7] Experimentar significa testar ou tentar investir num território novo, abrir caminhos desconhecidos. Mas experimentar designa também uma ação e um envolvimento, no sentido de que o pensamento não é simplesmente espectador ou contemplativo, mas participa de maneira ativa na empreitada de transformar o real confrontando-se com o material, tendo a audácia de se engajar num processo do qual ignora os resultados. A experimentação, como lembra Étienne Souriau, é, portanto, "uma arte de pesquisa e tentativa, em que o artista que teve uma nova ideia passa à realização para ver o que resulta. A experimentação serve para mostrar que a ideia é praticável, que há um caminho que se abre."[8]

O desafio da experimentação é, portanto, colocar à prova as capacidades criativas do designer. Ela é pertinente no contexto escolar para a aquisição de saberes e de conhecimentos sob modalidades diferentes daquelas promovidas pelo academicismo: é um modo pedagógico com base na vontade de resolver um problema localmente. O processo que leva à resolução do problema conduz ao desenvolvimento da autonomia dos atores, tanto para as aprendizagens a efetuar (o conteúdo) como para a condução da experimentação (o método). Ele convoca as múltiplas competências de cada um e as valoriza (capacitados a mobilizar seus próprios conhecimentos a serviço de uma questão a resolver, competências criativas, trabalho em equipe, etc.) e constrói assim um contexto de cooperação em forma de aprendizagem. O polo de pesquisa adapta um protocolo de base a cada uma das situações que lhe são apresentadas. Esse protocolo é constituído de três momentos: a elaboração, a experimentação e a disseminação.

É no contexto dessa metodologia que a Cité du Design realiza experimentações em design que envolvem os usuários em diferentes temáticas (acessibilidade, tecnologia digital, instabilidade, etc.). Podemos citar como exemplo o programa "Eu participo da renovação da minha escola!", que liga a renovação de uma escola a um projeto pedagógico cujo objetivo é sensibilizar os jovens alunos para o design, envolvendo-os no processo criativo, desde o conceito até a realização (biblioteca, espaços de circulação, cantina, pátio, recepção, etc.). Essa experimentação reúne múltiplos atores – a equipe pedagógica, os alunos e funcionários da escola, a cidade, os designers, as empresas, os artesãos, a Cité du Design, o centro sociocultural, a direção de serviços do Ministério da Educação, a Drac –, que trabalham em conjunto para o bom desenvolvimento do projeto, desde a elaboração do protocolo até a entrega do local. O desafio desse processo cooperativo é permitir aos alunos entrarem nos saberes por outras modalidades além dos temas da academia e oferecer aos professores a possibilidade de trabalhar sob outras condições, a fim de melhorar a situação de vida de cada um.

---

6 Armand Hatchuel, "Pour une épistémologie de l'action: l'expérience des sciences de gestion", in Philippe Lorino (dir.), Régine Teulier (dir.), Entre connaissance et organisation. L'activité collective, La Découverte, 2005.

7 Armand Hatchuel, op. cit.

8 Cf. Étienne Souriau, "L'Art expérimental" in Vocabulaire d'esthétique, PUF, 1990.

INOVAR NA ESCOLA PELO DESIGN

É nesse espírito que uma experimentação no meio escolar foi realizada em Saint-Chamond, na região de Loire, no contexto de um projeto intitulado "Inovar na escola pelo design".[9] Essa experimentação visou imaginar, definir e conceber com os funcionários da educação, os alunos, os pais e o setor extracurricular novas formas escolares que permitissem um percurso escolar mais eficiente, mais harmonioso e propício ao sucesso dos alunos. A ideia era inventar uma condição escolar sem ruptura para o aluno, da escola ao colégio, agindo sobre as condições físicas do ensino. A experimentação pretendia iniciar mudanças nas práticas, nos espaços, nas modalidades de organização escolar (lugares e tempos de aprendizagem) e nas relações. Convocar uma equipe multidisciplinar e um processo de design foram, na ocasião, uma abordagem radicalmente nova na educação nacional. O objetivo do trabalho permitiu produzir e realizar cenários de ação e de organização para contribuir com a renovação da oferta pedagógica, a fim de adaptá-la aos novos desafios da educação e, assim, formalizar um processo replicável e transferível.

A experimentação se desenvolveu durante dois anos na rede Eclair Jean-Rostand, constituída por um colégio (com cerca de 215 alunos) e dez escolas maternais e elementares (cerca de 300 alunos das classes de CM1 e CM2 envolvidas) situadas principalmente no bairro de Fonsala, em Saint-Charmond e em Horme, em Loire.

A multidisciplinaridade da equipe, composta por designers, um arquiteto, sociólogos e pedagogos,[10] permitiu dar um passo para o lado e trazer uma outra visão. Levando em conta o ponto de vista de cada um, as reflexões e ideias foram complexificadas para se tornarem mais impactantes e inovadoras. A riqueza das profissões associada à complementariedade das identidades de cada um abriram espaço à criatividade e, portanto, à formalização de novas respostas, mais ricas e mais inovadoras.

A metodologia da experimentação realizada exigiu as quatro fases descritas a seguir.

A *primeira* supõe investir o sujeito com o objetivo de propor uma aculturação que sirva de base de apoio ao conjunto do trabalho. Assim, dois elementos determinam a composição, o estado da arte e o estudo dos usos:
– o estado da arte[11] é um documento que permitiu levantar, classificar e questionar, em escala nacional e internacional, as práticas mais marcantes no campo do design e da arquitetura em matéria de inovação na escola (produtos, objetos, serviços, métodos, etc.), e as oitocentas páginas que o compõem serviram de guia tanto à reflexão quanto à concepção;
– o estudo dos usos, segundo componente dessa fase de aculturação, permitiu uma imersão total na escola, e portanto na sala de aula propriamente dita, mobilizando alunos, professores e funcionários; o papel da equipe foi observar, encontrar e trocar, sobretudo por meio de *workshops*, com o conjunto de atores identificados para compreender as lógicas e práticas do espaço escolar; o estudo dos usos foi como uma caixa de ferramentas viva e evolutiva, que permite melhor apreender os elementos contextuais e pôr em evidência as primeiras direções a serem tomadas na reflexão.

A *segunda* foi o tempo da concepção, em que foram elaborados e selecionados os melhores cenários de uso. A reflexão da equipe foi feita por um constante vaivém entre observações, leituras, desenhos, discussões e debates, que permitiu identificar os melhores caminhos de inovação. As múltiplas interações com os alunos e o corpo docente possibilitaram então selecionar os cenários mais pertinentes.

A *terceira* foi a ocasião de testar os cenários selecionados *in situ*. Esta aplicação prática dos cenários imaginados na fase de concepção permitiu testar sua coerência num contexto real. Novamente, foram utilizadas as ferramentas de observação e de entrevista entre a equipe de concepção e os usuários, para afinar e melhorar as propostas.

---

9 Realizada em conjunto pela Cardie, Canopé Auvergne-Rhône-Alpes (ex-CRDP) e Cité du Design, em parceria com a rede Rep, a cidade de Saint-Chamond, Saint-Étienne Métropole, o conselho geral da Loire, a região Rhône-Alpes (cf. nota 5, p. 68), a Drac Rhône-Alpes, a MAIF e o STAS.

10 A equipe foi constituída da seguinte maneira: um chefe de equipe designer, Jean-Pierre Tixier; um designer, Paul Buros; um arquiteto, Yan Olivares; um pedagogo/sociólogo, Gilles Grosson; uma etnóloga, Élodie Jouve, que sucedeu a socióloga Bérangère Ginoux; uma pedagoga interna no colégio, garantindo a ligação entre a equipe e o campo de pesquisa, Johanna Barthas.

11 Supervisionada pela Cité du Design, sua redação foi confiada à designer e pedagoga Clémence Mergy (cf. Parte 1, p. 13).

A *quarta* e última fase propôs tomar um pouco de distância do campo de experimentação propriamente dito para proceder à avaliação e à análise dos cenários com o objetivo de visualizar suas potenciais aplicações e reprodutibilidade.

INOVAR NA ESCOLA PELO DESIGN, VOCÊS ACHAM QUE CONSEGUIRAM?

Com o objetivo de medir a amplitude e a envergadura dessa experimentação – a partir do que Clémence Mergy analisa na Parte 1 até as balizas e cenários propostos por Gilles Grosson e Jean-Pierre Tixier no Capítulo 4 da Parte 2 – e tentando manter um olhar crítico, é essencial para nós, equipe de pesquisa, poder compartilhar nossos resultados. Esperamos que o fruto desse trabalho colaborativo os alimente e nutra, e que as balizas percebidas e as constelações constituídas possam guiá-los, como uma bússola, e abrir novas possibilidades para um "big-bang" educativo.

Tenhamos em mente o que diz o designer e arquiteto americano Peter Engel.

> A criatividade, longe de ser um dom conferido a alguns, é um processo aprendido, uma maneira de cultivar uma boa ideia e de fazer com que ela dê frutos.

Esperamos que aquilo que Pierre Damien Huyghe escreve se revele verdadeiro.

> Como o design não se limita mais à formatação da matéria, mas se liga também à inteligência, ele é capaz de transformar os processos de decisão para adaptá-los a esse sistema contemporâneo de redes. Ele pode, assim, tornar-se um modo de administração leve, aberto e humanista.[12]

---

12 Pierre Damien Huyghe, *op. cit.*

MÉTODOS CRIATIVOS DO DESIGN NA REDE DE EDUCAÇÃO PRIORITÁRIA: UMA OPORTUNIDADE A ABRAÇAR?

Marie-Claire Thomas, encarregada de estudos na Ifé

A ideia de lançar uma experimentação que utilize a metodologia do design nasceu num contexto global em que a escola se confrontava com dificuldades cada vez maiores para cumprir sua missão mais fundamental: fazer com que todos os alunos se formassem, quaisquer que fossem suas origens socioculturais. Eis o que escreve, por exemplo, Jean-Michel Fourgous a propósito da escola:

> ... [ela] não soube se adaptar à diversificação dos alunos: a aula expositiva, ainda muito persistente no nosso sistema educacional, sobretudo no segundo grau e no ensino superior, só se endereça a uma minoria de alunos e provoca o fracasso de outros [...] Sua motivação e sucesso escolar só acontecerão com uma multiplicidade e uma diferenciação das pedagogias empregadas. A igualdade de oportunidades não é e nunca será uniforme, menos ainda nos meios frágeis sob os aspectos afetivos, culturais e econômicos.[1]

Em paralelo a isso, falamos cada vez mais em cooperação, pedagogia de projetos, experimentação, inovação, criatividade, trabalho colaborativo, partilha, comunidade de práticas... Este vocabulário, que irriga progressivamente o mundo da educação, representa um convite a olhar além... O design e seus métodos criativos se impõem, portanto, como uma evidência...

UMA POLÍTICA DE "TERRITÓRIOS" PRIORITÁRIOS

A escola republicana obrigatória e gratuita foi concebida como uma ferramenta pertinente para assegurar a igualdade entre os cidadãos, e o serviço público deveria tratar todas as crianças de forma que fosse garantida a igualdade de oportunidades para cada uma delas.

Infelizmente, o objetivo visado se mostrou difícil de alcançar. E foi no momento da extensão da escolaridade obrigatória até os 16 anos (1959) e, sobretudo, da criação do colégio único (1977) instituindo uma "democratização" do ensino secundário – encontrando-se então aberto para todos os alunos da escola primária – que a noção de fracasso escolar se reforçou. Essa "massificação" do acesso à educação engendrou um conjunto de dificuldades ligadas à aplicação de um modelo educativo pouco adaptado à diversidade dos alunos. É a partir dessa época que inúmeros trabalhos sobre o fracasso escolar lançaram luz sobre o papel determinante da origem social, do nível de instrução dos pais e do "ambiente familiar e social". Eles mostraram especialmente como as desigualdades sociais e disparidades geográficas se conjugam e se reforçam mutuamente, o que conduz de fato à concentração de um grande número de crianças em dificuldade escolar em certas áreas específicas. Paralelamente, desde os anos 1960, os pesquisadores começaram a denunciar as desigualdades escolares.

Essas constatações estão na origem da criação, em 1981, das "zonas prioritárias", que foram em seguida chamadas de "zonas de educação prioritária" (Zep), antes de serem transformadas em "redes de educação prioritária", levando em conta todo o ambiente escolar, com uma pesquisa de continuidade e, portanto, de coerência na ação educativa.

---

1 Jean-Michel Fourgous (deputado des Yvelines), *"Apprendre autrement"* à l'ère numérique. Se former, collaborer, innover: un nouveau modèle éducatif pour une égalité des chances, relatório da missão parlamentar sobre a inovação de práticas pedagógicas pelas tecnologias digitais e a formação dos professores, © Ministère de l'enseignement supérieur et de la recherche, 24 de fevereiro de 2016.

Assistimos então a um "territorialismo" das políticas públicas a serviço da educação, acompanhado de uma concentração de meios, visando corrigir o impacto das desigualdades sociais e econômicas sobre o sucesso escolar graças a um reforço conjunto das ações pedagógicas e educativas.

Posteriormente, em 2010, foi com uma vontade explícita de promover e impulsionar práticas inovadoras nas escolas e estabelecimentos escolares que o Ministério da Educação da França inaugurou o programa Clair (Collèges et lycées pour l'ambition, l'innovation et la réussite – Colégios e liceus pela ambição, inovação e sucesso escolar) que, em 2011 se expandiu para se tornar o Eclair (Écoles, collèges, lycées pour l'ambition, l'innovation et la réussite – Escolas, colégios e liceus pela ambição, inovação e sucesso escolar).

Em paralelo, em virtude da presença e do alcance da Cité du Design, o território de Saint-Etienne desenvolveu uma forte cultura em torno do pensamento do design. Uma parceria histórica se desenvolveu então entre o Ministério da Educação, o polo de pesquisa da Cité du Design e a rede Canopé em torno do Préac[2] design. Essa colaboração permitiu desenvolver uma cultura comum, mas também fazer emergir um conjunto de projetos nas escolas da região.

É neste contexto singular que o projeto "Inovar as formas escolares pelo design" se inscreve no seio da rede Eclair Jean-Rostand.

UM "TERRITÓRIO" COMO LABORATÓRIO DE CONCEPÇÃO

O programa Eclair transformou-se em Rep+ em 2015, para afirmar uma organização em rede em torno de um colégio e de escolas da região. Ele visa conectar e mobilizar todos os atores desse ecossistema educativo (professores de primeiro e segundo graus, funcionários que trabalham próximos aos alunos, às famílias e às associações de bairro) em torno do mesmo objetivo – o sucesso dos alunos –, garantindo igualdade de tratamento e estabilidade das equipes educativas, tudo isso num ambiente escolar apaziguado. O programa tem como fim permitir às diferentes pessoas envolvidas conceber coletivamente as respostas aos problemas que se apresentam, a fim de melhor responder às necessidades dos alunos. Ele cria condições para que inovações apareçam simultaneamente nos campos da pedagogia, por um lado, e do gerenciamento dos espaços e dos tempos para aprendizado, por outro. Isso encoraja as mudanças das práticas no cotidiano e a cooperação entre entidades justapostas, tudo isso numa perspectiva de acompanhamento compartilhado e contínuo dos alunos ao longo de seu percurso escolar.

Constituída por um colégio da região e por dez escolas maternais e elementares, a rede Jean-Rostand se situa no departamento de Loire e reagrupa duas comunidades vizinhas: a cidade de Horme, com suas três escolas, e a cidade de Saint-Chamond, com seis de suas escolas, as seis escolas do bairro de Fonsala e a escola única do bairro de Saint-Julien. Ela faz parte do programa específico Eclair, que envolvia na época 303 colégios e 2.189 escolas.

Como tantas outras, a rede Rep+ Jean-Rostand tem uma imagem muito degradada e se insere num contexto econômico desfavorável.

O bairro de Fonsala, e seu grupo escolar, é descrito pelos habitantes como um bairro difícil, no qual "um colégio difícil abriga crianças difíceis". O quadro é sombrio... Jean-Pierre Tixier[3] nos diz, no entanto, outra coisa.

> A realidade é completamente outra, mais agradável. Esse bairro onde a maioria dos imóveis passou recentemente por uma renovação das fachadas é cheio de espaços verdes, em virtude de um trabalho de paisagismo bem-sucedido. A localização numa colina oferece ao bairro uma vista deslumbrante do maciço de Pilat, que dá a impressão agradável de se estar cercado pela natureza. Os estabelecimentos da rede (as dez escolas e o colégio) sofrem com uma arquitetura em geral desatualizada, mas desfrutam de um ambiente favorável de espaços verdes e parques completos com infraestruturas culturais e esportivas de qualidade.

Essa situação pode constituir a base para uma requalificação propícia a uma melhor qualidade de vida e

---

2   O objetivo de um Préac (Polo de Recursos para a Educação Artística e Cultural) é produzir recursos e implementar formações para os professores e atores culturais.

3   Jean-Pierre Tixier é designer e professor, e um dos coautores desta obra (cf. Parte 2, Capítulos 3, 4, 5).

de aprendizagem. Além disso, o fenômeno de despovoamento da região, embora cause o fechamento de certas classes, levando ao excesso de alunos naquelas que restam, pode se transformar num benefício em termos de espaços, se houver uma intervenção na arquitetura. De fato, observamos com frequência que uma transformação criteriosa dos espaços vagos, pela supressão de divisórias, permite aumentar as superfícies de ensino.

O projeto "Inovar as formas escolares pelo design" nasceu nesse contexto de educação prioritária. Os problemas encontrados aqui são oportunidades reais de concepção de novas ideias e soluções para responder às questões que se colocam.

Embora a Rep+ Jean-Rostand represente um excelente laboratório propício à realização e à experimentação de novos métodos de ensino – ele se caracteriza pela proliferação de iniciativas, umas mais inovadoras e criativas que as outras –, verifica-se que ele sofre da falta de coordenação e de orientações comuns claramente explícitas a todos os estabelecimentos.

Um dos desafios essenciais do projeto, que envolveu 300 alunos de CM1 e CM2, 215 de colégio e um bom número de professores, era, portanto, não só passar dessa efervescência de ações não reguladas a um programa construído, estruturante e que provocasse de fato uma transformação profunda, coordenada e duradoura, mas também modificar de maneira radical a relação dos alunos, das famílias e dos professores com a escola, permitindo-lhes viver uma experiência criativa que apelasse à sua imaginação e à sua sensibilidade para repensar de maneira colaborativa e concreta uma escola à sua imagem.

ESTUDO DOS USOS
CONSTRUÇÃO DE UMA HISTÓRIA RENOVADA NA ESCOLA

Gilles Grosson, formador, doutorando em sociologia
Jean-Pierre Tixier, designer e professor

O estudo dos usos retraça o percurso das pessoas que fazem viver e existir os lugares e os espaços por meio dos quais se constroem relações. Não somente as ações mas também os discursos de justificativa que os atores veiculam que constituem a trama da história da escola. Os discursos institucionais e os discursos de usuários da escola se cruzam e tecem a história da escola em sua atualidade. O estudo dos usos nos leva a reunir todos os atores da escola lá onde ela se fabrica no cotidiano.

A ESCOLA MODERNA DA ERA INDUSTRIAL

De "fábrica", guardamos a analogia com o mundo da usina, suas práticas de gestão de massa, de circulações de fluxo de matéria e de estoque, de obrigação de resultado, de organização interna centrada sobre a produção. Nesses modos de funcionamento tanto quanto nos usos, esse modelo ressoa na escola nacional. A usina é a figura emblemática de uma organização de produção com a fragmentação e a divisão de tarefas promovidas por Taylor. Percebemos uma analogia na forma arquitetônica: longos corredores conduzem a salas de aula que se sucedem.

A escola que conhecemos hoje foi construída paralelamente ao desenvolvimento desse modelo industrial idealizado no final do século XIX e início do XX. Esse modelo se impôs como um paradigma eficaz para o progresso. Ele influenciou largamente o campo da vida social, defendendo a produção em série, despida de artifícios, para uma eficácia imediata. Inúmeras arquiteturas escolares foram construídas ao estilo da "máquina de habitar", concebida pelo arquiteto Le Corbusier. No prolongamento da máquina de habitar, o mundo escolar instaurou um módulo da "máquina de educar". O modelo industrial racional, portanto, formou um modo de pensar que se destilou na educação, e as controvérsias nascidas em torno disso repercutiram naturalmente sobre o mundo escolar, provocando de fato uma necessidade de mudança.

PARTICIPAR DA HISTÓRIA COMUM

É nos longos corredores e nos espaços fechados da sala de aula que as relações interpessoais são vividas. É, portanto, nesses microespaços que podemos abordar e compreender os usos e os sentidos que os atores dão à escola. Envolver os atores nos usos é uma forma de detectar as lacunas entre as intenções e as expectativas em relação à realidade. Este caldeirão é terreno fértil para o que ainda não veio, e as observações que podemos efetuar são o material que permite a elaboração de cenários. A observação de projetos existentes, de iniciativas e de experiências que funcionam fornecem também bons apoios para desenvolver os eixos das pesquisas. Durante nosso experimento, as observações conduzidas a partir do campo foram passadas pela peneira de diferentes atores da equipe multidisciplinar que coordenou o processo de design.

Observamos diferenças de abordagem importantes de projeto pedagógico e de sua aplicação entre as escolas elementares e o colégio. Elas não estão relacionadas apenas ao tamanho do estabelecimento ou à faixa etária. São também ligadas à formação e àquilo que é prometido a cada uma das categorias de professores. De forma esquemática, poderíamos resumir o que é implícito e explícito nessas "promessas" profissionais da formação:
– escola elementar: horários fixos; responsabilidade particular sobre uma classe em um ou dois níveis; professores que, integrados a uma equipe, gerenciam coletivamente o projeto da escola bem como as atividades da vida escolar;
– colégio: 18 horas semanais; aulas para vários níveis; transmissão de um saber específico; autonomia no espaço da classe; iniciativa e participação nos projetos coletivos na base do voluntariado; pouco envolvimento na gestão; regulação da vida coletiva delegada à vida escolar.

A lista dessas observações não é exaustiva, mas já é suficientemente significativa para que canteiros sejam abertos e cenários, enunciados. As observações buscam identificar as disfunções e aquilo que gera debate, pois é aqui que podemos encontrar as alavancas de melhorias e de mudança. Elas devem ser compartilhadas com os atores de cada estabelecimento para testar sua validade e pertinência. Os cenários são elaborados por meio do diálogo e de trocas entre os atores locais e a equipe multidisciplinar.

RESTAURAR PARA INOVAR

A raiz etimológica da noção de inovação indica que se trata de fazer o novo a partir do interior. A inovação passa pela proposta do novo e pela capacidade de encontrar a inspiração no passado. Nós acrescentamos a noção de restauração à ideia de inovação. As observações produzidas mostram que a sedimentação de hábitos, as calcificações diversas, e depois as correções em função das circunstâncias, às vezes dificultam a leitura do projeto educativo e dos objetivos. A escola é responsável por um patrimônio adquirido há muito tempo em suas intenções, seus muros e suas práticas. Abalado por mudanças sociais e econômicas, mas também pela "máquina a administrar", esse patrimônio parece se perder num labirinto de questionamentos internos sobre seus próprios fundamentos educativos.

O princípio da educabilidade parece arrastado pela onda da necessidade de rentabilidade dos estudos e dos diplomas como capital hipotético de uma melhor inserção profissional no futuro. A escola responde às demandas de forma implícita ou explícita. Durante um programa de rádio,[1] falando de Célestin Freinet, Philippe Meirieu aborda a questão desse posicionamento:

> A escola não obriga seguir a sociedade em tudo e para tudo, ele [Célestin Freinet] diz que é necessário que a escola corrija um certo número de falhas da sociedade e ele antecipa certas reflexões que os pesquisadores desenvolvem hoje em dia sobre aquilo que chamaríamos de fundação termostática da instituição escolar.

Nesse movimento as máquinas não param. Não temos mais tempo a perder. É preciso inventar também "máquinas de reparar" para aqueles com dificuldades cognitivas, os abandonados, os hiperativos, os disléxicos e muitos outros que não entram no formato da caixa escolar. "Restaurar" no mundo escolar é liberar novamente os espaços e as temporalidades disfuncionais que se libertam das urgências de desempenho a fim de que os alunos se construam como sujeitos autônomos. A escola é também um parêntese a restaurar, uma bolha de ar, um banho de oxigênio, um meio termo, um privilégio da infância que vem contrabalancear as restrições temporais e econômicas da sociedade. A restauração de um prédio histórico exige reencontrar a composição dos materiais e cimentos antigos que o sustentaram até os dias de hoje. A argamassa da educação tem mais a ver com a cal que se trabalha úmida para realizar um afresco[2] do que com um concreto de cimento armado de certezas. Mas restaurar é também fazer de forma que os novos cimentos permaneçam provisórios e remoduláveis para as gerações futuras. "Fazer bem" é fazer com o existente e preservar um futuro modificável e evolutivo. Também essa noção de restauração traz consigo a ideia de "fazer junto", de tomar o tempo, de refletir sobre as próprias práticas, de tomar consciência do existente. "Fazer com o existente" não é uma fatalidade. É uma bela ideia intimamente ligada àquela de restaurar, de reproduzir e de redescobrir toda a potencialidade do existente. Trata-se, portanto, de fazer um inventário aberto e observar o existente sem preconceitos. Existem inúmeras iniciativas e muitos conteúdos pedagógicos que permanecem pouco visíveis, pouco acessíveis e pouco valorizados, embora mereçam ser divulgados.

No meio do conjunto dessas máquinas funcionais – "máquina de habitar a escola", "máquina de educar", "máquina de administrar", "máquina de diplomar" –, que imaginário coletivo baliza a história da escola hoje?

A NOÇÃO DE BALIZA

Após o estudo dos usos, experimentamos a necessidade de definir pontos de referência, pontos fortes para esclarecer nosso propósito a fim de estruturar as propostas. Palavras-chave retornavam regularmente no grupo de trabalho, por exemplo: legibilidade,

---

1 Philippe Meirieu, in: *L'école moderne de Célestin Freinet en 1958*, La Fabrique de l'Histoire, © France Inter, 8 jan. 2013.

2 A palavra afresco (século XVIII) vem da locução italiana *dipingere a fresco*, que significa "pintar (sobre o gesso) fresco" (cf. Jacqueline Picoche, *Dictionnaire étymologique du français*, Le Robert).

diversidade, etc. Isso nos levou a escolher a noção de "baliza" como sistema de referência.

> No domínio marítimo, uma baliza é um elemento da sinalização que permite facilitar a navegação.[3]

As balizas caracterizam as boias usadas pelos pescadores para indicar a localização das redes. Também encontramos balizas que indicam a rota nos percursos de orientação. As balizas são elementos de referência e de sinalização de perigo: podemos navegar, passear e às vezes até se perder, que elas nos levam a um porto seguro. As balizas têm, portanto, a vocação de definir marcos num espaço geográfico. Essa metáfora nos ajuda a desenvolver reagrupamentos de cenários e de ferramentas de restauração com a vontade de abrir espaços de autonomia, a fim de inovar a escola. É assim que destacamos seis balizas, independentes umas das outras: hospitalidade, diversidade, legibilidade, autoridade-autonomia, porosidade e alcance.

As balizas, cada qual cobrindo vários cenários (conforme próximo capítulo), permitem cartografar os percursos possíveis. Elas descrevem a paisagem escolar por meio da qual os atores seguem seu caminho. Como um todo, elas limitam as trajetórias, permitindo a flexibilidade necessária para os percursos individuais no interior de um espaço social coletivo. Elas devem permitir a cada um construir um percurso que lhe é próprio, segundo suas afinidades cognitivas. O princípio de baliza tal como utilizamos aqui constitui um conjunto de noções que indicam direções de inovação na escola, devolvendo o espaço e a liberdade de iniciativa às crianças e aos adultos.

---

3 Cf. © Wikipédia.

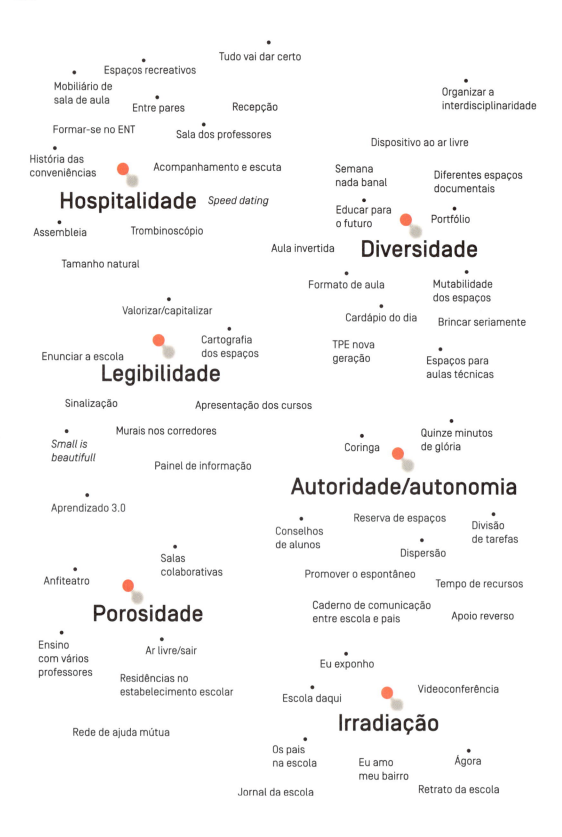

Figura 1. **Cartografia das balizas e cenários de uso pedagógico.** Os cenários precedidos por um marcador podem ser encontrados neste livro. Os outros cenários são apresentados em www.reseau-canope.fr/innover-dans-lecole-par-le-design.

Gilles Grosson, *formador, doutorando em sociologia*
Jean-Pierre Tixier, *designer e professor*
Ilustrações de Cyril Afsa e Gaëtan Robillard, Studio Tabouret

DEFINIÇÃO DE UMA BALIZA

Nosso estudo dos usos evidenciou recorrentemente em nossas observações certas palavras, como legibilidade, diversidade, enunciação, etc., que representavam noções para além das ações. Para esclarecer e estruturar nosso assunto, imaginamos utilizá-las e identificá-las como referências, pontos fortes para formular propostas diversas, heterogêneas, livres. Essas propostas, baseadas no nosso trabalho de observação e de análise, devem ser inteligíveis e coerentes.

Imaginamos então a noção de "baliza" como sistema estruturante de nossas propostas. Segundo a definição do dicionário Larousse, uma baliza é um "... dispositivo destinado a sinalizar um perigo ou delimitar uma rota, uma via de navegação marítima ou terrestre, ou de circulação aérea".

"No domínio marítimo, uma baliza é um elemento de sinalização que permite facilitar a navegação."[1] É um "dispositivo destinado a sinalizar um perigo ou delimitar uma rota, uma via de navegação marítima ou terrestre".[2] "Em informática, a baliza é um caractere, ou uma série de caracteres, utilizado para a estruturação de um documento e que será invisível para o leitor final."[3]

As balizas são elementos de referência. Podemos navegar, passear, às vezes até nos perder. A baliza sinaliza um perigo e permite voltar ao porto. Essa metáfora nos ajudou a desenvolver famílias de cenários que serão ferramentas para restaurar, inovar, abrir espaços de liberdade a todos: professores, crianças, pais, funcionários.

As balizas são independentes umas das outras e complementares. Uma baliza pode cobrir vários cenários, mas um único cenário não é por si só suficiente para constituir uma baliza. As balizas constituem uma malha que permite manter a flexibilidade necessária para a organização da escola.

A escola, por sua vez, desempenha plenamente seu papel de instituição, permitindo o acesso de um maior número possível de alunos ao conhecimento e à coerência de um desenvolvimento do aprendiz que ela supervisiona. Enquanto isso, ela deve permitir a cada um que construa seu percurso próprio, segundo suas afinidades cognitivas, com um acompanhamento suave.

O princípio de baliza tal como utilizamos aqui constitui um conjunto de noções que dão direções para restaurar e inovar na escola, devolvendo espaço, lugar e liberdade de iniciativa às crianças e aos adultos que são encarregados dessa tarefa. Não é um dogma, mas uma abertura, um caminho possível, uma referência.

> Como qualquer boa estrutura óssea, uma estrutura [como essa] dá ao indivíduo uma possibilidade de escolha e um ponto de partida para a aquisição de mais informações. Uma imagem clara do ambiente serve assim de base para o desenvolvimento individual.[4]

Para cada cenário, vamos propor cinco critérios de avaliação:

- ⧖ tempo;
- € custo;
- ✝ técnica;
- ☥ recursos humanos;
- ◉ escopo (interno/externo).

---

1 Cf. Wikipédia.
2 *Id.*
3 *Id.*

---

4 Kevin Lynch, *L'image de la cité,* © Dunod, 1969, p. 5 (1ª edição: Estados Unidos, 1960).

CENÁRIO PRELIMINAR 1. MEDIAÇÃO

O "cenário mediação" permite explicar o método e o curso de ação. Esse trabalho de restauração e de inovação foi concebido para ser implementado no território da zona Eclair de Saint-Chamond, mas também para ser utilizado como ferramenta em outros lugares, em outros territórios e, nesse caso, o "cenário mediação" deve ser preliminar.

Enunciado

A mediação permite partir do existente – do que se vive e se faz na escala do estabelecimento – e de reverter os hábitos de reformas que chegam "do alto". Com base num estudo de usos e por meio de observações, ela fornece chaves para restaurar, coelaborar ou melhorar as práticas de ensino e de educação que permanecem indissociáveis. Ela tem por objetivo propor ferramentas que favoreçam as experimentações em campo.

Observação e desafios

Uma grande efervescência de reflexões, de experiências inovadoras, quase sempre interessantes, é todos os dias destacada em jornais, em revistas, na internet. Portanto, pouco numerosas são aquelas que fazem escola. Quando nos encontramos diante de tamanho fluxo de informações e de exemplos, como fazer a escolha, como iniciar inovações, como convencer os parceiros?

A experiência que fizemos na zona Eclair revelou várias coisas:
– como em todos os projetos de design, a observação e o estudo dos usos é um pilar indispensável que permite compartilhar constatações (positivas ou negativas); eles permitem também que os usuários vejam seu universo e suas práticas em retrospecto e com um olhar distanciado: ver aquilo que não víamos; se admitirmos que é necessário partir de onde estamos, é necessário um inventário;
– as observações e as trocas fazem emergir soluções singulares;
– o tempo reservado a essa mediação permite deslocar os pontos de vista, identificar e escolher hipóteses, aquelas que pareçam mais justas, mais necessárias e que sejam aplicáveis no contexto do estabelecimento;
– confiar esse estudo a profissionais pouco familiarizados com o mundo da educação permite evitar "mais uma reforma!".

Objetivos

A mediação tem como objetivo trazer pontos de partida, mas sobretudo soluções que possam ser construídas, adaptadas aos lugares, aos meios e, enfim, adotadas por todos os atores presentes. A inovação deve envolver; ela não pode ser decretada. A mediação deve permitir que a restauração necessária das práticas, dos métodos, dos lugares e, mais globalmente do modelo, não seja mais uma nebulosa, mas corresponda a ações concretas, iniciadas, envolventes, que solicitem e valorizem as competências que trazem mudança.

Pontos de atenção

– Os atores das escolas devem estar associados à coelaboração dos cenários.
– As propostas que emergem do campo prático e que se apoiam em experiências já iniciadas são mais fáceis de realizar.
– Os pais e os alunos devem no mínimo ser informados – e envolvidos, se isso for possível.
– Cada escola, cada bairro, cada território é singular. O que é útil aqui não será necessariamente em outro lugar ou da mesma maneira.

EXPERIMENTAÇÃO 83

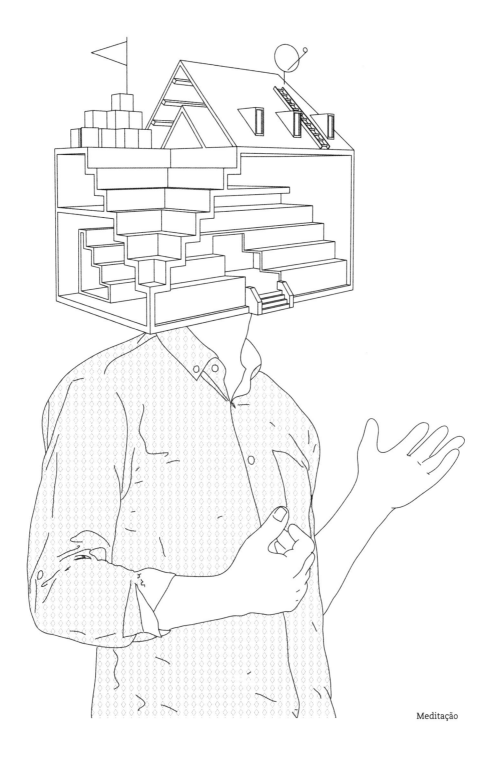

Meditação

CENÁRIO PRELIMINAR 2. ANTIRRISCO ZERO

Enunciado
O "risco zero" esteriliza as iniciativas fora do tempo em sala de aula. Ele constitui uma barreira que reprime qualquer intenção de agir com base na confiança recíproca nos outros e em si mesmo.

Constatação e desafios
O "risco zero" leva ao empobrecimento e à subutilização de certos espaços, sobretudo dos espaços recreativos. Essa visão cautelosa, legítima em termos de proteção das pessoas, conduz infelizmente a toda uma superioridade das regras de vida escolar que prescrevem interdições. A preocupação do "risco zero" coloca em primeiro plano as dimensões de controle e de disciplina, em detrimento das relações educativas que favorecem a autonomia.

As regras de vida no meio escolar não podem ser circunscritas somente por regras de direitos e deveres, elas devem também autorizar as iniciativas. Os espaços de iniciativa são o terreno fértil da relação educativa.

Objetivos
Naturalmente, os adultos responsáveis pelo ambiente interno da escola não podem agir sozinhos. É possível, por meio de pequenas ações negociadas, caminhar em direção a um melhor equilíbrio entre as regras que restringem e as regras positivas que autorizam. Trata-se, portanto, de repensar, junto aos alunos e às famílias, todos os espaços-tempos que se intercalam entre o tempo de aula: entrar no estabelecimento, circulação nos corredores, comodidades, espaços recreativos. É um caminho importante capaz de eliminar certas dificuldades que pesam na vida escolar. Esse caminho deve ser progressivo, os resultados obtidos convidam a ir mais longe e eliminar os medos de cada um. A abertura para mais espaço de autonomia, contrabalanceada pela consideração da gestão de riscos, envolve os parceiros da escola, os pais e as hierarquias responsáveis.

Pontos de atenção
– O risco calculado é formativo e contribui para a construção dos alunos. A gestão de risco torna-os capaz a controlarem seus medos.
– Renunciar ao "risco zero" não quer dizer suprimir as regras, mas, sim, geri-las melhor, torná-las flexíveis e explicá-las.

BALIZA 1. HOSPITALIDADE

Todas as balizas convergem para essa noção que associamos ao bem-estar e ao acolhimento: recuperar o prazer de ir à escola, de encontrar condições interessantes de aprendizagem e de vida coletiva. A hospitalidade é um convite. Os hábitos perenizaram situações cuja observação com um olhar externo surpreende.

A hospitalidade demanda que abramos espaço para o outro. É o que podemos entender pela expressão "exigência de hospitalidade", evocada por Eirick Prairat. Eis o que ele lembra.

> A escola deve saber criar um lugar a cada um para que ninguém se sinta estrangeiro em seu seio. A hospitalidade é uma característica do lugar escolar, ou melhor, um elemento de definição.[5]

Então como apreciar a hospitalidade de um lugar, ainda mais daquela oferecida por uma instituição? Atender, acolher, significa para aquele que chega (por exemplo, o aluno) que ele é esperado, esse é o primeiro momento da hospitalidade. Mas Anne Gotman nos lembra que o acolhimento, embora seja um dos elementos da hospitalidade, não pode conter sozinho todo o potencial e todas as necessidades de um lugar hospitaleiro.[6] Não se deve, portanto, reduzir a hospitalidade ao acolhimento, uma vez que ela é, mais amplamente, no sentido forte do termo, o espaço para o outro. A hospitalidade exige que criemos um lugar, pessoal e institucional, para cada um, tendo em mente que, fundamentalmente, a relação de hospitalidade não é igualitária. Na verdade, uma assimetria de posições entre aqueles que acolhem e os que são acolhidos cria essa relação que deve mesclar intimidade e sociabilidade.

---

[5] Eirick Prairat, *La morale du professeur*, © PUF, 2013. Cf. também a entrevista de Eirick Prairat *Justice, efficacité, hospitalité, trois défis pour l'École*, no site Café Pédagogique, sob o título "Expresso".

[6] Anne Gotman, La question de l'hospitalité aujourd'hui, in *Communications*, vol. 65, n. 1, *L'hospitalité*, 1997, p. 5-19.

Os lugares e os sinais

A hospitalidade necessita da delimitação de uma área que seja acessível a alguns mais do que a outros, uma distância entre os residentes permanentes e ocasionais, uma diferenciação dos espaços. Aquele que acolhe deve conforto e reconforto, atenção e atenções a seu visitante. Este último deve respeitar e aceitar as regras de uso do lugar. Voltamos ao lugar. Embora ele não faça tudo, participa da implementação de um conjunto de práticas que podemos qualificar como hospitaleiras, uma vez que a hospitalidade é, ao mesmo tempo, relação social e dispositivo material.

No que concerne à escola, a dimensão espacial é muito importante. É absolutamente necessário facilitar o uso, intuitivo e compreensível, imediatamente: isso constitui uma primeira atenção. Também é preciso dar indicações sobre o bom uso, o uso justo e confortável. O designer é particularmente atento a essas questões, é uma das ferramentas que fundam seu trabalho. Os objetos dão essas indicações, eles mantém uma certa linguagem sobre o uso, a atenção. Um mancebo convida a se preparar para passar o dia confortavelmente durante um longo tempo, um banco indica a possibilidade de uma pausa, a sinalização precisa dá as indicações úteis para a movimentação.

Os reconhecimentos

A hospitalidade de um lugar, de uma instituição, tem a ver com o reconhecimento. Axel Honneth[7] retoma três formas fundamentais de reconhecimento:
- primeira forma: trata-se de relações interpessoais no seio da família; o reconhecimento interpessoal é aquele que produz a confiança em si e se demonstra em grande parte na relação que o indivíduo tem com seu entorno (familiar, amical, profissional e social);
- segunda forma, dita "social": confere aos indivíduos um valor para o resto da sociedade, autoriza-os a serem úteis à organização social e participar dela; ela se elabora pela atividade profissional;
- terceira forma: ela se situa na possibilidade para o indivíduo de ser um sujeito de direito.

Uma escola confortável

Uma escola que promove o reconhecimento de seus atores pode ser considerada confortável, acolhedora e benevolente:
– benevolência aos olhos das crianças:
  - acolhimento, diversidade de espaços onde se colocar, discutir, brincar, sentar-se, etc.:
  - disponibilidade de lugares dignos para ir ao banheiro, beber água, dirigir-se a um adulto, etc.:
– benevolência aos olhos dos professores: acolhimento, lugar para colocar os documentos, lugar para trabalhar com calma, receber um aluno, receber uma família;
– benevolência aos olhos das famílias: a presença dos pais na escola não é óbvia hoje, daí a importância de refletir sobre a maneira de acolhê-los como a todos os outros atores da comunidade educativa.

> Como a autoridade sempre requer obediência, tomamo-la frequentemente por uma forma de poder ou de violência. Contudo, a autoridade exclui o uso de meios externos de coerção; onde a força é empregada, a autoridade propriamente dita falhou.
> A autoridade, por outro lado, é incompatível com a persuasão que pressupõe a igualdade e opera por um processo de argumentação. Onde recorremos a argumentos, a autoridade é deixada de lado. Diante da ordem igualitária da persuasão, tem-se a ordem autoritária, que é sempre hierárquica. Se é preciso verdadeiramente definir a autoridade, isso deve ser opondo ao mesmo tempo a restrição pela força e a persuasão por argumentos. A relação autoritária entre aquele que comanda e aquele que obedece não repousa nem sobre uma razão comum nem sobre o poder daquele que comanda; o que eles têm em comum é a própria hierarquia, na qual cada um reconhece a justiça e a legitimidade, e os dois têm, de início, seu lugar fixo.[8]

---

7   Axel Honneth, *La lutte pour la reconnaissance*, éd. Du Cerf, 2000.

8   Hannah Arendt, *La crise de la culture*, © Gallimard, 1972, p. 123.

CENÁRIO 1. MOBILIÁRIO DE SALA DE AULA

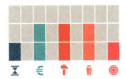

Enunciado
Trata-se tanto do mobiliário da sala de aula como da arquitetura. Por um lado, ele não promove o ensino, mas o condiciona; por outro lado, ele autoriza ou não certas iniciativas, certas liberdades. Se quisermos renovar a forma escolar, é preciso questionar de novo suas ferramentas e suas instalações.

Constatação e desafios

Em sua tipologia, o mobiliário de sala de aula data de menos de um século. Quanto à sua formulação, ele data frequentemente da construção da escola até a reciclagem de mobiliário em estoque. De maneira que o equipamento é padronizado em sua forma e em seus arranjos. No estado da arte[9] já mencionado, inúmeros são os exemplos de mobiliários inovadores seja porque eles utilizam materiais contemporâneos, seja porque eles inauguram posturas diferentes, seja porque eles se adaptam a formas e a momentos de ensino diferentes.

Objetivos
Trata-se de:
– convidar grupos de alunos para trabalhar sob a forma de *workshops* sobre o mobiliário das salas de aula (nos cenários "formatos de cursos" e "salas técnicas", abrimos a dimensão de diversidade dos espaços): quais são os serviços que esperamos encontrar numa classe (guardar um casaco, guardar uma mochila, ter documentos usados com frequência à disposição ou utilizar um *tablet*)? Quais usos, para quais atividades, em quais momentos do dia? Parece interessante convidar os alunos a conceber esse mobiliário e organização no espaço;
– iniciar-se na prática do design:
  - estudo de usos, olhar crítico sobre o existente;
  - cenários de usos, novas práticas;
  - desenho, caderno de ideias, maquetes;
  - esboço de um projeto.

Esse trabalho de reflexão pode levar à encomenda de mobiliário, arranjos criativos e – por que não? – à fabricação.

Exemplos
Inúmeros exemplos são apresentados no estado da arte[10] redigido por Clémence Mergy.

Além disso, a Cité du Design monta há muitos anos projetos, por exemplo o "Eu participo da renovação da minha escola!.[11]

Meios
A concepção de mobiliários deve passar por várias etapas:
– qual é o estado dos lugares?
– em que consiste o projeto, do que gostaríamos idealmente?
– existem móveis que, arranjados de forma diferente, podem fornecer o serviço desejado?
– existem móveis que podemos adquirir?
– podemos visualizar uma concepção particular e buscar uma empresa para fabricá-los?

Assim, vários níveis de dificuldade são vislumbrados, segundo as competências presentes.

Recorrer a um designer pode ser mais do que oportuno.

Pontos de atenção
– O hábito nos faz perder de vista os usos elementares. Não há soluções genéricas.
– Soluções simples podem trazer muito conforto.
– Os alunos e os professores estão bem colocados para observar as lacunas, já que eles as experimentam no cotidiano.

---

9 Clémence Mergy, *Innover dans les formes scolaires par les disciplines créatives*, Cité du Design, 2015.

10 *Op. cit.*

11 Programa de pesquisa e experimentação, Cité du Design.

CENÁRIO 2. ESPAÇOS RECREATIVOS

Enunciado
Repensar os espaços recreativos e seus usos de uma forma renovada, mais diversa e mais adaptada é indispensável. Produzir uma reflexão/ação com os alunos é sem dúvida a melhor solução para fazer emergir novas expectativas e produzir arranjos interessantes.

Constatação e desafios
É fácil notar que os espaços recreativos costumam ser medíocres, concebidos antes de mais nada para facilitar a supervisão do que para oferecer soluções interessantes para as crianças. Percebemos até que eles se tornam mais pobres com o tempo, até parecerem simples estacionamentos. Esses espaços são tratados como lugares desligados da pedagogia, considerados um tempo à parte, pouco importante, como se bastasse dar espaços para brincar. Jogar jogos que necessitam de espaço, descansar, relaxar, nem sempre é contemplado. Portanto, ao longo de nossa experimentação, é um dos poucos temas que as crianças se sentiram autorizadas a se dirigir diretamente a nós: "Vocês podem pedir para fazerem linhas de uma quadra esportiva no pátio?".

Com frequência não há bancos, não são recolocados quando se trata de um equipamento original sem possibilidade de reforma.

Enfim, observe que também é importante repensar a diferença que concebemos entre os tempos ditos recreativos e os tempos de trabalho: não há tempos intermediários?

Objetivos
As empresas estão pensando no conforto de seus funcionários – tempo de repouso, tempo de trocas, tempo de relação – já que isso contribui para o bem-estar, a criatividade e a produtividade. A escola deve fazer suas próprias reflexões para colocar à disposição espaços dignos, diversos, confortáveis, renovados. Podemos razoavelmente esperar que espaços recreativos variados e de qualidade atuem positivamente para o bem-estar e a concentração dos alunos.

Nesse território da escola, é fácil convidar grupos de alunos para trabalhar sob a forma de *workshops* para formular propostas criativas e inovadoras.

Repensar os espaços criativos é também repensar os espaços acessíveis para os alunos durante os tempos ditos "recreativos".

Exemplos
No contexto desse estudo, experimentamos sob a forma de *workshops* a renovação desses espaços. Em pouco tempo os resultados produzidos se revelaram muito interessantes, ao passo que não fizeram nenhuma demanda de orçamento e foram concebidos no modo do "fazer com pouco".

Meios
Um trabalho coletivo de reflexões e de testes permite encontrar os bons meios para realizar os projetos.

Pontos de atenção
– O hábito nos faz perder de vista os usos elementares e, com frequência, o empobrecimento de nosso ambiente.
– Não existem soluções genéricas, e soluções simples podem trazer muita satisfação.
– Todos os alunos não esperam a mesma coisa do tempo de recreação.
– Os alunos e os atores da vida escolar (conselheiro de educação, assistente de ensino) estão bem colocados para observar as lacunas porque as experimentam no cotidiano. De fato, sua participação é essencial na realização de oficinas de reflexão e de concepção.

EXPERIMENTAÇÃO 89

Espaços recreativos

CENÁRIO 3. ENTRE PARES

Enunciado

Organizar tempos curtos em que os alunos explicam noções das matérias uns para os outros.

Oferecer suporte à aprendizagem entre pares antes de abordar um capítulo.

Constatação e desafios

> Uma instrução que recebemos e não transmitimos forma mentes sem dinamismo, sem autocrítica.[12]

Cada um, cada uma pode contribuir com os outros e receber. Nessa lógica de rede de trocas recíprocas de saberes,[13] os alunos podem se ajudar em pares. Se A ajuda B, B não precisa ajudar A. Mas B pode pedir ajuda de C. Organizando essa rede, entendemos a ajuda entre alunos além dos grupos de afinidade de amigos e amigas que se telefonam à noite para dar "dicas" sobre as lições de casa. Transmitir saberes ou conhecimentos práticos exige ter consciência dos próprios conhecimentos e, por reciprocidade, fazer um trabalho reflexivo sobre seu próprio percurso: "Por onde foi que eu passei para compreender?". De fato, o aprendiz reforça seus conhecimentos ao transmiti-los.

Os cursos de suporte geralmente acontecem no fim da sequência. Esse processo se insere numa lógica reparadora. Com frequência são os alunos em dificuldades que são convocados. Numa lógica proativa, convém levar ajuda aos alunos com dificuldades antes de abordar um novo capítulo, para que eles não comecem com atraso em termos de conhecimento. Isso remete a trabalhar os prerrequisitos necessários antes do curso e superar assim eventuais déficits de conhecimento que deixam esses alunos em dificuldades antes mesmo de começar.

Objetivos

Trata-se de:
– implementar uma bolsa de trocas de saberes por nível;
– prever tempos de preparação antes das sequências de aprendizagem.

Meios

Esse cenário demanda:
– a implementação de bolsas de trocas de saberes sob a forma de fichas de cores diferentes para as ofertas e as demandas; essas fichas devem especificar: quem? quando? qual assunto?
– a enunciação pelos alunos das pré-noções necessárias para se engajar numa nova sequência;
– a liberação de um intervalo de tempo por nível para isso.

Ponto de atenção

As trajetórias de aprendizagem são múltiplas e variadas. Ouvir a mesma coisa por outro aluno pode desbloquear interpretações falsas. "Passe lá em casa hoje à noite, vou te explicar" é algo que já existe. Trata-se de organizar e dar mais peso a esse recurso e a esse modo informal de resolução de problemas.

---

12 Gaston Bachelard, *La formation de l'esprit scientifique. Contribution à une psychanalyse de la connaissance objective*, © Vrin, 1938.

13 Claire Héber-Suffrin, Marc Héber-Suffrin : www.heber-suffrin.org. Marc Héber-Suffrin, *L'éducation populaire, une méthode, douze entrées pour tenir ouvertes les portes du futur*, Chronique sociale, 2014.

EXPERIMENTAÇÃO

9 1

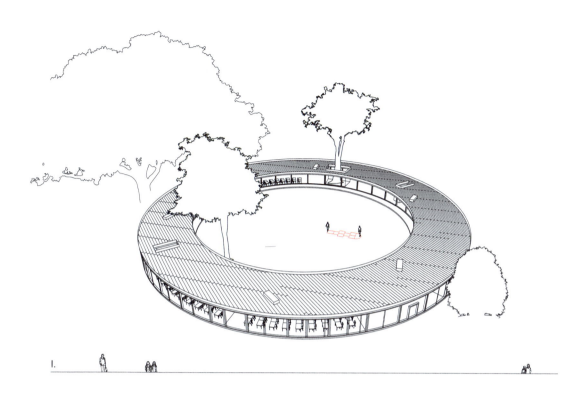

I.

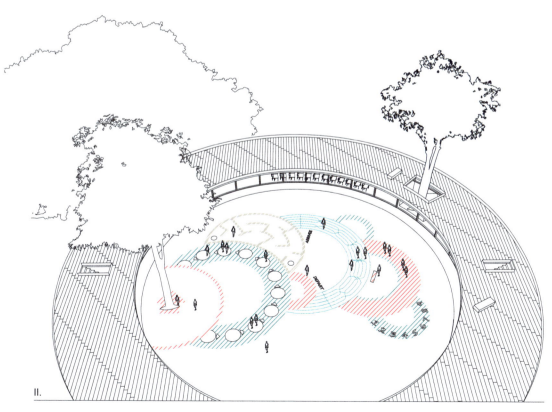

II.

Entre pares

CENÁRIO 4. HISTÓRIA DAS CONVENIÊNCIAS

Enunciado
Repensar os banheiros para que eles sejam práticos e dignos de uso pelos alunos.

Constatação e desafios
No colégio onde o experimento aconteceu, a presença de banheiros desafiava antes de mais nada o olfato. O odor de urina circulava até o hall principal e se misturava aos cheiros do refeitório quando a manhã terminava. Explorar o interior dos lugares dá, portanto, uma ideia do estado da maior parte dos sanitários presentes nos lugares públicos: equipamentos fora do lugar, falta de papel higiênico e de sabão. As crianças não podiam nem lavar as mãos, nem secá-las, nem utilizar confortavelmente os lugares respeitando as normas de uma higiene elementar. Foi assim que a degradação repetida das estruturas (vasos sanitários entupidos de papel, papel colado nos tetos, etc.) terminaram por conduzir à supressão do mínimo necessário.

Objetivos
O cenário pode se desenvolver em várias fases:
– num primeiro momento, melhorar o existente, aumentando a manutenção dos lugares e arranjando-os de forma conveniente (reinstalar equipamentos mínimos, sobretudo nos banheiros masculinos), e informar os alunos e as famílias;
– num segundo momento, tornar acessíveis livremente os banheiros dos andares e reinterpretar os banheiros do colégio, para transformá-los de banheiros públicos em banheiros domésticos; a apropriação desse tipo de espaço implica levá--los em consideração e cuidar deles; os banheiros se tornam parte integrante do funcionamento da ágora.

Em 2007, o Observatório Nacional da Segurança e da Acessibilidade dos Estabelecimentos de Ensino publicou um relatório enfatizando a problemática da saúde e do bem-estar proporcionado pelos banheiros nas escolas elementares. O organismo reiterou em 2013 dessa vez, tratando dos estabelecimentos de ensino de segundo grau. Ele destaca que um terço dos alunos de colégios e liceus não utilizam os sanitários de seus estabelecimentos. O médico Bénédicte Hoarau[14] conduziu uma tese de medicina sobre esse assunto em Loire, na França, envolvendo 800 estabelecimentos de ensino. Ele faz eco às preocupações da OMS, apontando as patologias ocorridas em virtude desse estado de coisas. Entre as propostas da OMS, estão:
– antes de mais nada, prever, nos estabelecimentos, um tempo de reflexão geral sobre a questão dos banheiros, assegurar uma sequência de ações a serem avaliadas regularmente e associá-las aos proprietários;
– em seguida, implementar a cooperação – ou reforçá-la, se ela já existe – com a coletividade envolvida para a concepção, a renovação e a readequação dos banheiros;
– por fim, organizar em escala nacional uma semana de campanha sobre o bom uso dos espaços coletivos (e portanto, dos banheiros) nos estabelecimentos escolares, para incitar os alunos a adotarem comportamentos cidadãos.

Meios
Esse cenário demanda:
– um rearranjo mínimo dos lugares;
– um aumento da manutenção, envolvendo os funcionários responsáveis e um acesso livre aos banheiros dos andares;
– a instauração de debates regulares em sala de aula sobre o estado dos lugares, as regras de acesso e as regras de higiene dos banheiros;
– a ligação de vários espaços rearranjados;
– uma remodelação completa dos banheiros, decidida em conjunto.

Ponto de atenção
Os banheiros não são um lugar à parte nos estabelecimentos escolares, apesar de serem considerados espaços inferiores. Eles devem ser incluídos na gestão global dos espaços por uma repartição criteriosa dos sanitários dentro do estabelecimento. O cuidado com o espaço dos banheiros é tarefa de todos os atores do estabelecimento.

---

14 Cf. AFPSSU. Chemin : site da l'AFPSSU/Página inicial/ Structures – Environnement/Sanitaires – Etat des sanitaires.

CENÁRIO 5. SALA DOS PROFESSORES

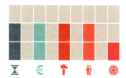

Enunciado
Repensar o conforto e os espaços dos quais os professores dispõem para cumprir sua missão nas melhores condições de trabalho, de repouso e de colaboração.

Constatação e desafios
Em matéria de hospitalidade, os professores não são mais bem tratados do que o conjunto de usuários da escola. Também aí, o modelo que prevalece é o industrial. Se admitirmos que as missões da escola se diversificam, complexificam-se, os espaços não costumam estar à altura da tarefa. Concentramo-nos aqui naquilo que parece tratado de forma mais pobre. Nas escolas ou nos colégios, é impossível preparar um trabalho, um curso, uma atividade em condições aceitáveis, e tampouco deixar documentos, um computador, preparar uma atividade para muitos, receber um aluno tranquilamente fora da classe, receber um pai, acolher um convidado. O escritório da direção, ou a sala dos professores, pode ser às vezes utilizado, mas ele não permite fazer tudo.

Como já foi dito, o universo da empresa já constatou isso e são inúmeras aquelas que inovam nesses domínios e levam em conta os tempos de descanso, tempos de trocas informais, tempos de relação e tempos de isolamento, já que isso contribui para o bem-estar no trabalho.

Objetivos
A ideia é que cada professor disponha de lugar para trabalhar (escritório) no próprio estabelecimento, mesmo que sejam modestos, lugares que não sejam as salas de aula, mas espaços de trabalho para preparar seus cursos, receber (alunos, pais, convidados) e para se isolar. O ideal é que esse lugar seja separado dos espaços de vida coletivos, perto de uma sala de reunião onde o professor pode trocar com seus colegas, preparar uma intervenção comum... Que esse espaço permita também guardar um pequeno arquivo pessoal – livros, vídeos – e deixar um computador ou um jornal.

Meio
O cenário demanda:
– dedicar um espaço iluminado, calmo;
– organizar espacialmente;
– mobiliar sobriamente;
– instalar redes.

Pontos de atenção
– Quando disponibilizamos espaços, os usuários se apropriam.
– A tarefa de um professor é múltipla, e não pode ser sempre construída nos espaços coletivos.
– A noção de respeito do professor pela escola pode se manifestar nesses espaços.
– O cansaço não é produtivo.

CENÁRIO 6. ASSEMBLEIA

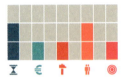

Enunciado
De acordo com o modelo inglês de Assembleia, trata-se de organizar um tempo de acolhimento e de partilha de informações pela manhã para todos. Dependendo do tamanho dos estabelecimentos escolares, esse momento pode ter formas diversas, proporcionadas conforme o tamanho dos grupos.

Constatação e desafios
Nas faculdades, não há muito tempo destinado a instalar ou reforçar um "espírito de escola" que permite a cada um se sentir parte de um todo. Há muitas informações, às vezes gerais, que circulam ao longo de um dia, interrompendo às vezes as aulas. Por fim, observamos uma falta importante de legibilidade no conteúdo dos cursos, seu encadeamento, seus elos, falta esta que dificilmente permite o distanciamento e uma percepção clara, simples e explícita dos conteúdos da formação. Organizar um tempo de acolhimento e de partilha de informações durante a manhã para todos constitui portanto uma hipótese de trabalho de natureza a abrir a escola a outros horizontes pedagógicos, outras formas que não o modelo taylorista que dominou as escolas do século XX.

Objetivos
Trata-se de reservar um tempo de troca coletiva pela manhã que permita a cada um receber as informações úteis para o desenrolar do seu dia. Essas informações estão ligadas com os cursos e com a vida do estabelecimento e do bairro. Tempo coletivo, momento de acolhida, transição entre a casa e a sala de aula, esse momento permitiria centralizar as informações úteis, limitando assim as interrupções das aulas. Cada um seria, portanto, convidado a se apresentar para transmitir uma mensagem, uma informação sobre um evento, o bairro, um sentimento que deseja partilhar com a assembleia. É também um momento em que se pode trocar e falar de eventos sociais marcantes, graves (atentados, crises socioeconômicas) e onde essas questões difíceis, complexas ou alegres podem ser abordadas ou compartilhadas. Esse tempo pode tomar duas formas, uma mais coletiva e semanal, voltada para o compartilhamento de informações, e outra em grupos menores, cotidiana, centrada na legibilidade, na boa compreensão dos aprendizados.

Trata-se também de acolher os alunos, de dar o tom para o ensino:
– aprender respeitando cada um e instalando um clima de confiança;
– despertar os alunos para um problema e constatar o que eles sabem sobre o assunto;
– proporcionar boas condições para permitir aos alunos darem o melhor de si em seu trabalho, não só ao expor informações, mas dando-lhes espaço, o respiro de fazer de forma criativa e coletiva;
– dar importância aos alunos portadores de saberes e permitir que eles partilhem com seus colegas algum assunto em particular;
– dar aos alunos a possibilidade de falar publicamente de seus conhecimentos, de defender suas ideias, de reagir às questões e respostas;
– encorajar a colaboração, criar empatia, manter a atenção, favorecendo atividades em grupo;
– criar uma comunidade na escola, na sala de aula, e satisfazer a necessidade dos alunos de participar.

Meios
Esse cenário demanda:
– um tempo coletivo compartilhado de manhã;
– lugares adaptados para isso;
– um espaço que permita aos alunos se informarem, organizado por um supervisor que faz a síntese das informações;
– um quadro de avisos digital ou analógico que informe em tempo real as ausências e outras mudanças na organização do estabelecimento.

Pontos de atenção
– É um momento de acolhimento que deve ser muito curto, sintético, aberto, caloroso, de forma a permitir que se instalem boas condições de trabalho para os alunos e também para o professor.
– Com o hábito, a prática cotidiana desse momento escolar se tornará mais densa e mais interessante, mais livre também, sendo eficaz para a vida coletiva e o bem-estar dos alunos.
– A *reunião matinal* não é um momento recreativo. É um momento de preparar as condições de trabalho, ainda que os alunos devam sentir prazer em participar dele. Os pais são convidados para as sessões semanais.

EXPERIMENTAÇÃO

Assembleia

CENÁRIO 7. TUDO VAI DAR CERTO

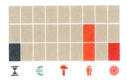

Enunciado
Dar atenção ao vocabulário e aos hábitos de linguagem.

Constatação e desafios
Como em muitos setores, a escola tem seu jargão. Os professores utilizam formulações que vêm com a profissão. Muitas siglas vêm em parte de uma linguagem administrativa, até política, e abrangem com frequência conteúdos de ação variados.

O título desse cenário é tirado do domínio médico. Quando, com o objetivo de confortar, o médico diz ao paciente: "Não se preocupe, tudo vai dar certo!", ele faz com que se suponha que há motivos para se inquietar. Essa fórmula é geralmente acompanhada de hábitos de linguagem que podem estar na raiz de certos traumas e frustrações. Encontramos essa situação também na escola, em que costuma ecoar uma linguagem comum lacônica que às vezes carrega a marca da autoridade – "Xiu!", "Fiquem quietos!", "Vou pegar a lista" – ou a de uma autoridade/diagnóstico – "Você precisa encontrar um projeto".

Objetivos
Humanizar o vocabulário procedural da administração passa, sobretudo, pela adoção de um título para uma coisa, uma vez que ela é definida. Se o conteúdo e o papel são claros, então o título pode se tornar simples, e até poético. Como exemplo, a simples nomeação de salas de aula é impessoal e funcional: "A quarta A: Sala 2" escapa a toda necessidade de identidade de grupo. Podemos imaginar que a cada ano os alunos escolham um nome para a sala na qual vão passar o ano escolar. O próprio sistema escolar já induz ao espírito de competição, de classificação, de níveis e objetivos, sem que seja necessário que as terminologias de dispositivos ou de linguagem impliquem regimes de classificação. O encorajamento é incentivado, pois, embora um aluno possa ir mal numa matéria, ele pode ir bem em outra, e essa outra pode até escapar ao contexto escolar.

Ponto de atenção
O saber e a afetividade fazem parte da educação do aluno e são indissociáveis. Os sentimentos e a imagem que um professor transmite se demonstram a um aluno na maneira como o trata, assim como as designações de grupos de pessoas ou a nomeação dos lugares interferem sobre o fracasso (a ignorância) ou o sucesso (o interesse).

BALIZA 2. DIVERSIDADE

A escola parece bastante restringida em seus espaços, em suas regras, em seus rituais. Fechada em si mesma, ela pouco a pouco criou um molde no tempo, no espaço e na organização cotidiana. Se esse molde é pouco perceptível na educação infantil, ele se calcifica pouco a pouco no decorrer dos anos para chegar a um formato quase único: aulas de 50 minutos, elaboradas segundo um esquema praticamente idêntico umas às outras. Assim, o curso compreende duas fases: a correção de exercícios realizados fora da escola e a aula expositiva, a "lição". Esse formato se repete de hora em hora, com algumas poucas mudanças, dependendo das disciplinas. E essa sucessão de repetições tem lugar em espaços parecidos: as salas de aula, organizadas em fileiras alinhadas ao longo de corredores. Em suma, a uniformidade dos espaços não favorece a diversidade de formatos e meios e, reciprocamente, a uniformidade de formatos, de formas e de meios não proporciona a diversificação dos espaços.

Os espaços
Desde o século XVIII, a sala de aula pouco evoluiu e se adéqua de forma sensivelmente idêntica entre as disciplinas. Ela ainda é construída para as aulas expositivas, e não para o aprendizado. Assim, há muito pouca flexibilidade na ocupação espacial das salas, uma quase impossibilidade de movimento para os alunos, bem como interações limitadas entre eles e os professores por causa do arranjo dos móveis e das práticas. Novos meios – imagem, vídeo, som, internet – não são facilmente incorporados e abrigados nesse dispositivo espacial. Os espaços

raramente são previstos para o trabalho colaborativo, autônomo ou transdisciplinar. Quanto ao exterior da escola, costuma ser relegado a usos recreativos, que, embora sejam interessantes na educação infantil, se empobrecem pouco a pouco, até parecerem simples estacionamentos.

O tempo

A esta imutabilidade da sala de aula corresponde aquela do tempo previsto para o ensino. Fora algumas exceções e experimentações, todas as aulas são baseadas no formato de 50 minutos – às vezes questionado, é verdade. A relojoaria do emprego do tempo garante a complementação da divisão espacial: à serialização dos espaços de transmissão, responde a serialização de ritmos de atividades.

A singularidade

O ensino é, antes de mais nada, globalizante. Ele valoriza pouco a singularidade do aluno e raramente o solicita como recurso de seu próprio trabalho. A noção de formação de um aluno exige mais autonomia e diversidade. Isso permite construir uma trajetória, um acompanhamento personalizado e os espaços pedagógicos propícios ao desenvolvimento da curiosidade de cada um, e tudo isso pode levar a uma especialização numa competência particular.

Essa diversidade precisa de flexibilidade e, nesse sentido, é importante ressaltar que a tolerância não é o acréscimo de uma multitude de coisas distintas, mas o cruzamento de parâmetros nos quais a aprendizagem evolui (pedagogia/pedagogia, espaço/pedagogia, público/espaço, etc.).

A prática da cooperação

Uma das vias possíveis para renovar as formas escolares é o recurso a práticas de cooperação, que se entende em vários níveis:
- a cooperação entre professores, que favorece as práticas transdisciplinares;
- a cooperação entre alunos (trabalho em grupo), que permite experimentar a partilha de tarefas e a confiança;
- a cooperação entre alunos e professores, que é um convite a delegar tarefas e à responsabilidade.

O termo "diversidade", que apareceu em nosso estudo como uma necessidade, abre inúmeras portas. Não é possível fazer uma explanação exaustiva de todas as oportunidades que ele permite entrever, mas o que é claro é que ele possibilita convidar a instituição de ensino a dar espaço à iniciativa em campos muito diversos. A prática de certas experimentações, formas, meios, assuntos e objetos pode parecer criteriosa em lugares específicos, tempos específicos ou porque uma competência particular está disponível, introduzindo, portanto, uma singularidade, uma forma de identidade para a escola, a faculdade, na própria rede de ensino. Essa baliza da "diversidade" é o lugar da iniciativa, caso a instituição de ensino esteja apta a acolhê-la e acompanhá-la.

A *Odisseia* está repleta de cenas que atestam a dureza da condição daquele que chega, da insegurança de sua posição. É dramática a condição de Ulisses quando ele encontra o Ciclope, lamentável é sua figura quando ele se apresenta a Nausicaa, e é para evitar a hostilidade que seu mau semblante inspira aos moradores da cidade que os deuses lhe emprestam sua face ou aquela de um amigo: máscaras se mostrando a maior prova à qual o recém-chegado está sujeito: tornar-se conhecido e reconhecer.[15]

---

15 Anne Gotman (dir.), "La question de l'hospitalité aujourd'hui", in *Communications*, n° 65, *L'hospitalité*, © Le Seuil, 1997, p. 11.

Portfólio

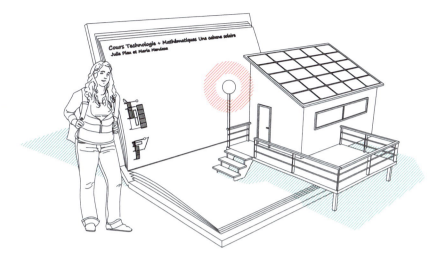

CENÁRIO 1. PORTFÓLIO

Enunciado
Propor a construção de um documento de realização pessoal elaborado pelo aluno ao longo de sua escolarização. Ele terá formas diversas, segundo a idade, a maturidade, os meios escolhidos, suas competências e a evolução dos centros de interesse.

Constatação e desafios
O portfólio é um dossiê digital ou de papel que apresenta os trabalhos realizados pelo autor. No mundo das artes aplicadas, chamamos de book. Ele apresenta as realizações que demonstram competências e habilidades. Projetado no mundo escolar, o portfólio revela a trajetória de uma formação. Tem como função tornar visíveis as competências de um aluno por meio de suas realizações. No contexto escolar, trata-se de valorizar os trabalhos para além das avaliações normativas. Os alunos escolhem mostrar em seu portfólio as realizações que ressaltam seus talentos, sua singularidade, e que podem ser objeto de avaliação. O portfólio reflete naturalmente a base de competências. Os alunos podem escolher validar uma competência com realizações feitas na escola ou fora dela. O portfólio acompanha o aluno ao longo de toda a sua escolaridade e deve permitir que ele valorize seus pontos fortes, mesmo que transcendam os limites da avaliação do campo estritamente escolar. Em suma, o portfólio retraça uma trajetória de formação que afirma, no final da vida escolar: "Eis aqui o que eu gosto de fazer/o que eu sei fazer melhor/o que eu gostaria de fazer". O portfólio é, de fato, um dispositivo de avaliação "projetivo".

Objetivos
Trata-se de:
– levar em conta a diversidade e a singularidade dos alunos;
– oferecer um campo de expressão de si para todos os alunos sob a perspectiva de uma escola inclusiva;
– realizar avaliações graças ao portfólio;
– destacar os saberes não solicitados no contexto escolar;
– produzir um objeto escolar do qual o aluno tenha completo domínio; ele pode constituir uma boa ferramenta de auxílio à escolha de orientação.

Ponto de atenção
O portfólio constitui-se em uma iniciativa para que o aluno se torne o autor de sua formação. Nesse sentido, é um contrapeso do capital cultural que condiciona o "sucesso" escolar. Todavia, tomemos cuidado para não fazer do portfólio um novo objeto escolar a ser preenchido, verificado e controlado, caso seja implementado.

CENÁRIO 2. EDUCAR PARA O FUTURO

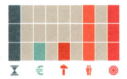

Enunciado
As orientações da base comum de competências, de conhecimentos e de cultura, tais como são propostas, conduzem à diversificação das formas de ensino.

Constatação e desafios
Se cada escola é singular, a base é "o que há em comum", a base essencial comum, mas ela está também sujeita à interpretação e submetida à subjetividade de cada um. O ensino da leitura e da escrita é inevitável e um desafio concreto. Mas e quanto à autonomia, ao ambiente, ao digital? Duas problemáticas emergem: a definição e a atualização da Base comum. Sua implementação prática com base nos conteúdos propostos ainda é muito setorizada em disciplinas, embora a reforma do ensino abra novas perspectivas. As prioridades são posicionar ou negociar em função do nível e das perspectivas pedagógicas. Ainda aí, trata-se de compreender como as disciplinas e a forma de ensiná-las influenciam umas às outras e dão sentido aos aprendizados.

Objetivos
Trata-se de:
– adaptar a Base e seus ensinamentos aos desafios do futuro;
– redefinir os novos fundamentos contemporâneos;
– inventar conteúdos pedagógicos sobre a base de programas, levando também em conta a ligação com a vida, com o uso cotidiano e crítico de seu próprio saber;
– sair de uma visão parcial e especialista dos saberes para reconectá-los entre si;
– dar sentido aos aprendizados fora do contexto mercantil e competitivo;
– diversificar as contribuições de profissionais da educação – pesquisadores, cientistas, artistas, filósofos –, mas sobretudo com os alunos.

Ponto de atenção
A escola não serve aos interesses do mercado de trabalho e não tem obrigação de rendimento. Ela acompanha o aluno em direção a uma vida de cidadão autônomo. A complexidade do nosso mundo, onde reina a polivalência, não pode suportar a especialização excessiva imposta por uma visão disciplinar.

Estamos num período difícil. Importantes mudanças sociais estão em marcha e parece oportuno liberar a criatividade, os imaginários e as iniciativas.

Exemplos
Quais são os conhecimentos necessários para poder evoluir no nosso "novo" mundo? E se o objetivo fosse se dirigir para um novo imaginário? Esse exercício pode passar pela formulação de cenários de "fim do mundo", que permitem selecionar o que realmente quer dizer "conhecimentos fundamentais".

Algumas exigências do mundo contemporâneo...
– saber falar inglês ou mais línguas estrangeiras;
– aprender ao longo de toda a vida;
– fazer uma triagem dos inúmeros recursos que estão à nossa disposição;
– encontrar tempo;
– ter um perfil polivalente, ser autoecoorganizado;
– dominar o digital;
– compartilhar ideias, trabalhar colaborativamente;
– saber ler uma os rótulos dos alimentos para aumentar sua expectativa de vida, viver economicamente...

... implicam posturas de aprendizagem:
– lidar com uma multiplicidade de línguas e de suportes de comunicação;
– sintetizar as informações, utilizá-las corretamente, apresentar seu trabalho, valorizá-lo;
– trabalhar na diversidade mais do que na especialização;
– procurar, em vez de encontrar;
– observar e levar em conta seu ambiente social, natural e econômico;
– manipular novos conceitos para um novo imaginário;
– editar os suportes de comunicação e de transmissão com o objetivo de compartilhar;
– manipular e compreender a ferramenta informática e as redes;
– fabricar por seus próprios meios;
– enganar-se (o erro não é uma falha).

EXPERIMENTAÇÃO

Educar para o futuro

CENÁRIO 3. FORMATO DE AULA

Enunciado
A diversidade de tempos de ensino se impõe para romper a monotonia, introduzir ritmos e convidar a construir um ensino com diferentes formatos de aula e, portanto, diferentes meios.

Constatação e desafios
O estudo dos usos permitiu observar uma forma de repetitividade nos tempos, ritmos e formatos de aulas, tanto na faculdade como nas escolas de ensino fundamental. Depois da educação infantil, uma uniformidade se instala até chegar, na faculdade, a um padrão único de 50 minutos repleto de rituais repetitivos que convidam ao tédio. Os meios utilizados são pouco variados e fazem muito pouco uso de técnicas ou tecnologias contemporâneas.

Objetivos
Trata-se de:
– dar ritmo, alternando tempos curtos, tempos médios e tempos longos (30 min, 60 min, 1h30, até 2h); o aluno passará de tempos curtos e densos a tempos médios e tempos longos; sua atenção não será solicitada da mesma forma: os tempos curtos requerem uma atenção sustentada, os tempos longos permitem fases de ação e de "fazer";
– diversificar: a alternância das formas de curso autoriza os professores a variar os meios de transmissão (aula expositiva, trabalho em grupo, vídeo, som, fabricação, convite, comunicação com o exterior, atividade externa, oficina de informática, etc.);
– dar vazão à iniciativa dos professores na construção de sua pedagogia, em que cada um pode utilizar a paleta de formatos de tempo e escolher os meios mais adaptados a seu ensino, à sua disciplina e ao formato do tempo de aula.

Exemplos
No campo das possibilidades, cada professor de diferentes disciplinas é convidado a listar o que mobiliza seu interesse, valoriza suas competências e lhe parece adaptado à sua disciplina, a fim de propor situações pedagógicas diversificadas.

– Formato 30 min
  - Introduzir um capítulo por uma leitura, um vídeo, um extrato de peça de teatro.
  - Propor um trabalho em grupo de forma autônoma, um exercício, um seminário.
  - Fazer um controle rápido (QCM), prever um tempo de acesso ao recurso (CDI, internet, etc.), realizar uma aula intensiva sobre um conceito.
  - Prever um tempo no laboratório de informática.
  - Prever um tempo de pesquisa de recursos (CDI, internet).
– Formato 60 min
  - Aula expositiva com um professor.
  - Pequena palestra com um convidado.
  - Trabalho de laboratório em grupo ou individual, aplicação de uma aula.
  - Laboratório de informática, aprendizagem, trabalho com uma ferramenta digital.
– Formato 1h30
  - Aula científica.
  - Aula com dois professores.
  - Realização de um dossiê com impressão.
  - Saída curta (A nível local: bairro).
  - Projeção de um documentário.
– Formato 2h (excepcional)
  - Aula científica com longa experimentação, manipulação, construção.
  - Apresentação de um filme.
  - Conferência, saída.

Meios
Esse cenário demanda listar os espaços adaptados à disposição, os espaços a serem criados, os espaços a equipar. Os professores deverão fazer sua programação com antecedência suficiente para permitir uma gestão do tempo adequada.

Ponto de atenção
Trata-se de abrir o campo das possibilidades, multiplicando as respostas pedagógicas, sem perder de vista o enunciado. A preparação antecipada permite estabelecer um ensino diversificado coerente, ao longo de um ano.

EXPERIMENTAÇÃO

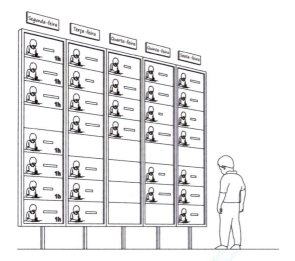

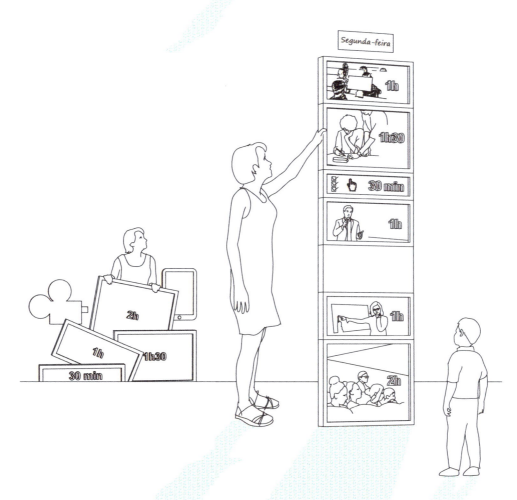

Formato de aula

CENÁRIO 4. MUTABILIDADE DOS ESPAÇOS

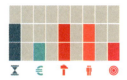

Enunciado
Observar e compreender os espaços existentes e a que eles são dedicados. Regularmente, um lugar muda de orientação e de configuração. O princípio é tão simples quanto o ginásio que acolhe diferentes esportes, conforme os equipamentos que são instalados.

Constatação e desafios
A repartição dos espaços e das funções que existe atualmente nas escolas leva a refletir sobre a mutabilidade dos espaços. Certos espaços do estabelecimento são equipados para práticas que não acontecem. Não se trata portanto de somente uma falta de equipamentos, mas, sim, de uma utilização que não otimiza os espaços. Um certo número de escolas de bairro dos anos 1970/1980 são afetadas por uma redução do número de alunos e algumas reconverteram esses espaços criteriosamente. Deve-se ressaltar que não é fácil obter recursos: estamos, portanto, numa lógica de "fazer com o existente". Além disso, essa noção de mutabilidade deve ser trabalhada, mas o desafio vale a pena, já que ela abre perspectivas interessantes. As observações que fizemos nas escolas e na faculdade nas quais o experimento aconteceu mostram que é raro que uma reflexão aprofundada sobre os espaços seja realizada dentro dos estabelecimentos. As incoerências se perpetuam e se desfazem sob o véu dos hábitos costumeiros que não são mais questionados.

Objetivos
Trata-se de:
– quebrar a rotina: variar os métodos de transmissão e modificar os usos dos lugares e os suportes de aprendizagem; novos usos ligados à modificação das expectativas devem abrir espaço para a concepção de novas tipologias de espaços, tornar possível e facilitar a implementação de novos cenários propostos; o acesso a novas tecnologias e os novos meios utilizados na escola exigem essas adaptações;
– reintroduzir o bem-estar, o relaxamento nos locais de aula: transformá-los em lugares recreativos para se sentir bem na escola.

Meios
Esse cenário demanda:
– estabelecer uma avaliação da função e do potencial de mudança de cada lugar da escola;
– revisitar o sistema de reserva e de emprego do tempo das salas.

Esse trabalho exige um investimento da direção, dos professores, dos alunos, dos funcionários, da equipe de manutenção, das associações de pais, etc.

Ponto de atenção
A mudança de função de um espaço deve respeitar as atividades exercidas nas salas ao redor. Os espaços devem ser arrumados após cada nova atividade para que a sala possa ser novamente utilizada. O tempo de aula deve, portanto, prever um tempo de montagem e desmontagem da atividade.

No caso de espaços disponibilizados aos alunos fora do horário de aula, as regras se aplicam da mesma forma. Um livro de visitas permite registrar as atividades realizadas em cada um dos espaços.

EXPERIMENTAÇÃO 105

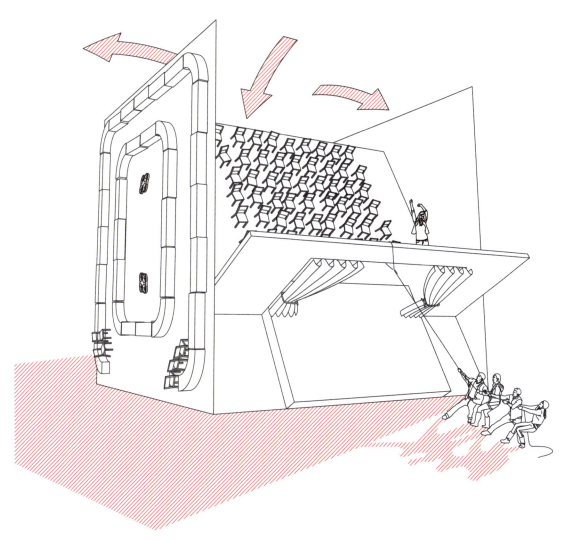

Mutabilidade dos espaços

CENÁRIO 5. CARDÁPIO DO DIA

Enunciado
Criar formações diversificadas sob a forma de cardápios.

Constatação e desafios
Todo mundo no mesmo barco! Uma das características da organização do ensino responde à restrição de ensinar a mesma coisa no mesmo ritmo a todos os alunos de uma faixa etária, segundo a programação ditada pelo Ministério da Educação. A escola classifica primeiramente os indivíduos sob critérios de idade, o que é bastante arbitrário e inadequado para a ideia de diferenciação. Cabe aos professores trabalharem com a diferenciação nos grupos da sala de aula, segundo estratégias pedagógicas que a favorecem pela diversidade das situações de aprendizagem e a integração de avaliações formativas. O ensino uniforme prescrito é o pano de fundo que deve garantir o acesso igualitário ao conhecimento. Mas ao final, na realidade, podemos afirmar que todos os alunos que fazem o mesmo curso retiveram ou adquiriram os mesmos conhecimentos? Nada é menos evidente, já que cada um evolui de forma diferente, a seu ritmo e segundo suas próprias faculdades.

Objetivos
Dar a possibilidade a alguns ou a todos de escolher seus cursos, avançar em seu ritmo, escolhendo um cardápio dominante que permitirá um equilíbrio mais natural entre as necessidades e o tempo de cada um. Essas horas autogeridas com os alunos são um contrapeso às aulas extras de apoio escolar e à estigmatização ou à impressão de sanção que essas últimas costumam gerar.

Meios
Para alcançar os objetivos, podemos implementar uma diferenciação estrutural. Duas perspectivas se abrem:
– uma de menor escala, que consistiria em capitalizar uma porcentagem de horas por matéria; essas horas seriam capitalizadas em meio período de aulas e os alunos poderiam se inscrever segundo suas necessidades; os alunos mais avançados numa disciplina escolheriam outra na qual estão atrasados em sua aprendizagem;
– uma outra hipótese, mais ambiciosa, merece ser levantada: confiar a uma equipe restrita de professores um número de alunos equivalente ao efetivo de duas salas por meio período; com liberdade, portanto, para os professores responsáveis gerirem em equipe suas intervenções com os alunos em termos de quantidade de tempo e de modalidade de reagrupamento dos alunos, segundo a evolução dos aprendizados.

Ponto de atenção
O aluno deve ser acompanhado e escutado ao longo de sua formação escolar.

CENÁRIO 6. ESPAÇO PARA AULAS TÉCNICAS

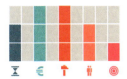

Enunciado
Os equipamentos das escolas envelheceram e não estão sempre à altura dos desafios do ensino contemporâneo. Trata-se de renovar para permitir novas formas de transmitir, o uso de novos meios, a abertura a novas práticas e a abertura da pedagogia a novos territórios.

Constatação e desafios
A arquitetura não faz pedagogia, ela a autoriza, facilita-a e a convida. Diversificar os formatos de ensino (cf. Formato de aula, p. 102) implica, por um lado, uma vontade e, por outro, ferramentas. Nossas ferramentas em matéria de educação evoluem lentamente. É importante avaliar antecipadamente aquilo que limita a diversidade de formatos de ensino, ou, mais do que isso, o que seria preciso para liberá-los, torná-los possíveis. A criação de novos espaços de ensino mais contemporâneos, mais interativos e que apresentem características adaptadas a uma forma renovada de transmissão ainda não viu a luz do dia. A designação de salas às especialidades disciplinares – por exemplo, ciências, educação física, tecnologia, física – cristaliza os reagrupamentos em classe.

Objetivos
Trata-se de:
– adaptar o espaço da escola e seu equipamento a novas práticas pedagógicas, a novos meios, a novas ferramentas;
– diversificar os reagrupamentos e os formatos das aulas;
– introduzir essa diversidade na construção dos aprendizados;
– revalorizar a aprendizagem pela experiência;
– desenvolver a autonomia.

Exemplos
Os exemplos são inúmeros (muitos são relatados no estado da arte redigido por Clémence Mergy para a Cité du Design em 2015)[16] e as iniciativas são implementadas um pouco por toda parte. No entanto, as boas escolhas dependem do estabelecimento e de seus projetos. Eis alguns:
– reavaliação do equipamento da sala de aula: o que é possível? O que é viável? (lousa digital, quadro branco interativo);
– avaliação da melhor distribuição espacial para acesso ao digital;
– sala de projeção, anfiteatro (projeções, apresentações, palestras, coral, etc.);
– sala de audiovisual (idiomas, documentários, videoconferências);
– sala de artesanato (maquetes, pequenas fabricações, colagens de papelão);
– sala de edição, impressão de arquivos, impressão de cartazes, diários de viagem, cadernos de estudos, jornal da escola, etc. (equipamento: impressora, máquina de encadernação, cortador de papel, mesa de luz, mesa de corte, material adequado).

Meios
Se isso parece útil, o cenário demandaria solicitar a um profissional que avaliasse a necessidade, a fim de formatar e implementar as mudanças.

Ponto de atenção
A primeira hipótese consiste sempre em otimizar o já existente. Essa evolução deve ser progressiva e planejada. Os equipamentos ou espaços técnicos devem ser concebidos de acordo com a demanda de funcionários, já que serão eles que os farão funcionar. Certos equipamentos essenciais devem ser considerados *a priori*. Esses equipamentos, essas modificações, podem ser *high tech* ou *low tech*, e até modestos.

---

16 *Op. cit.* (sem edição atual).

CENÁRIO 7. ORGANIZAR A INTERDISCIPLINARIDADE

Enunciado
Organizar aprendizados interdisciplinares.

Efetivar a descompartimentalização das disciplinas, levando em conta as implicações disso sobre os usos dos espaços e dos tempos escolares.

Constatação e desafios
Além do interesse pedagógico, a interdisciplinaridade bate à porta do mundo escolar como uma exigência. O econômico, o social, o ambiental, o biológico, o técnico, o político, o histórico e o cultural se misturam, confrontam-se, superpõem-se e se entrelaçam ainda mais fortemente no horizonte do futuro. Como o mundo da educação pode se apropriar dessa questão para trazer conhecimentos, competências aos cidadãos e cidadãs do futuro para que eles enfrentem a vida adulta nas melhores condições? Adquirir competências pressupõe a mobilização de saberes de várias disciplinas. Inúmeras reformas aprovadas promulgam a interdisciplinaridade, por exemplo: formação diversificada, trabalhos intercruzados, concursos interdisciplinares, aulas de projetos artísticos e culturais (classe à PAC) ou história das artes. Hoje, a reforma dos colégios permite implementar ensinamentos práticos interdisciplinares escalonados no ciclo 4 (5º, 4º e 3º anos do colégio).

E isso não anda sozinho. Além dos desafios didáticos e pedagógicos, a sobreposição entre as disciplinas exige condições de realização concreta e uma organização específica de tempos e espaços de ensino. Sobretudo porque a organização escolar é essencialmente pensada no formato de "uma hora, uma aula, uma sala, uma disciplina".

Objetivos
É necessário implementar concretamente os ensinamentos que cruzam as disciplinas em todos os níveis do colégio.

Meios
Cada disciplina tem uma cota de horas proporcional à sua carga horária anual para atribuir um intervalo de 1h30, reunindo salas onde serão implementados ensinamentos especificamente interdisciplinares. É preciso, portanto, conceber previamente as sessões ou sequências de aprendizado que cruzam duas disciplinas nos programas, seja sobre temas, seja sobre competências, seja sobre conceitos.

Exemplos
A partir da reforma do ensino prático interdisciplinar (EPI), podemos realizar:
- EPIs em conjunto com duas classes, envolvendo quatro disciplinas: podemos assim imaginar reagrupamentos de alunos interclasses por semestre;
- EPIs em conjunto para um nível: trata-se de colocar as disciplinas num combo que se destina ao conjunto dos alunos da série; isso implica elaborar uma ferramenta de Excel ou utilizar computadores livres para gerar uma cota de horas anual por disciplina e por professor;
- EPIs em conjunto para duas séries: a superposição de cargas horárias de duas horas de EPI para duas séries abre caminho para reagrupamentos entre séries e ensinamentos práticos interdisciplinares em formações compostas de quatro temas, escalonados durante dois anos.

Ponto de atenção
Pensar o complexo não quer dizer complicar as coisas.

BALIZA 3. LEGIBILIDADE

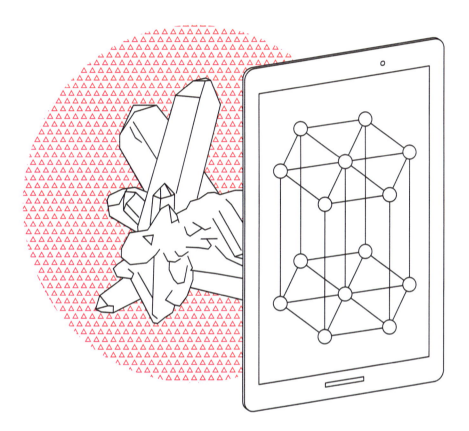

Legibilidade, inteligibilidade: essas noções estão na base da ideia de partilha. O que e como compartilhamos?

A escola não tem escolha. O que compartilhamos deve estar claro para que possam se enunciar papéis, tarefas e regras. A questão da legibilidade do enunciado aparece em vários níveis. Ela pode exprimir a impressão geral de perda de visibilidade ou de conceitos reconhecíveis, de clareza dos objetivos, missões, meios e espaços de transmissão. A legibilidade se aplica a todas as escalas e não concerne apenas as informações textuais. Podemos então falar de legibilidade de um espaço, de um formato de curso, de uma agenda ou ainda de um manual de procedimentos

Enunciado das regras
O enunciado das regras de vida coletiva é apresentado (pela escola, no caderno de correspondência com os pais) de forma global, mas não está precisamente adaptado aos usos e aos espaços específicos. Esse conhecimento parece ser mais ou menos tácito. Inúmeras coisas são admitidas, como aquisições e normas, e permanecem não ditas, como elementos de uma estrutura invisível para cada recém-chegado. A maior parte dos estabelecimentos tem uma obsessão ligada ao medo do risco que os alunos correm. Essa obsessão é relacionada à sua obrigação de cuidar dos alunos, os pais não se furtam de repreender a instituição ao menor risco experimentado, ou percebido, por seus filhos. Com frequência, as escolas escolhem a interdição ou a restrição dos usos.

Enunciado de formatos

Os formatos dos cursos, os formatos específicos, sobretudo, costumam ser apresentados sob forma de siglas: SVT (Ciências da Vida e da Terra), EPS (Educação Física e Esportiva), HVC (hora de vida em classe), AP (Acompanhamento Personalizado), PPRE (Programa Personalizado de Sucesso Educativo), etc. A especificidade do formato, o conteúdo, o objetivo e o interesse são raramente enunciados de forma precisa e costumam ser pouco compreendidos pelos alunos e pelos próprios professores. Até os formatos ditos clássicos sofrem de um déficit de enunciado. Essa imprecisão em torno da elaboração de formatos específicos provoca uma série de desacordos que atingem ao mesmo tempo os professores encarregados e os alunos, convidados a praticar com eles.

Enunciado dos espaços

Para qualquer um que aborde a escola, é impossível identificar verdadeiramente os espaços acessíveis a cada um. É portanto essencial definir melhor seu uso específico, sua qualidade, os espaços autorizados e acessíveis às crianças, sua temporalidade, sua diversidade. Os espaços foram modelados no decorrer do tempo, de forma consecutiva, para resolver um problema ou fazer frente a uma urgência, mas sem verdadeira coerência. Observamos sobretudo que os espaços, excetuando a sala de aula, são pouco qualificados, pouco apropriados. As mudanças no uso não são pensadas de forma global, mas pontual. Observamos uma sedimentação de pequenas mudanças que tornam o conjunto bastante ilegível, com regras de uso normalmente confusas.

Paradoxalmente, a gestão e as modificações desses espaços continuam modestas. Elas se restringem frequentemente a conceder mais espaços e a permitir um uso excessivo de espaços (quando da experimentação, a maioria dos estabelecimentos – escolas de ensino fundamental – estava em situação de falta de efetivo), mas raramente propunham a criação de espaços para novos usos. Elas tinham também dificuldade em dar lugar a novas práticas e a novos meios. Em todo caso, elas não incentivavam essas práticas (digital, vídeo, som, compartilhamento, autonomia, salas colaborativas, etc.).

Essa exigência de clareza necessita simplificação, melhor definição ou algum outro meio que torne compreensíveis os princípios da escola e os enuncie de forma simples. Além do funcionamento, essas indeterminações influenciam o bem-estar, os fluxos, a informação e simplesmente o uso confortável da escola. É primordial enunciar igualmente o conteúdo de um curso, o formato de tempo e o modo de transmissão, de sinalizar também as diversas tipologias de espaços para que possam ser identificados por aqueles que os utilizam, até mesmo no primeiro dia de aula. Sem essa clareza, como aderir à escola?

CENÁRIO 1. APRENDIZADO 3.0

Enunciado
Falar sobre as tecnologias digitais na escola.

Constatação e desafios
Num ritmo acelerado, o digital entra na escola, quer queira, quer não. Isso passa com frequência pelo equipamento, que raramente é acompanhado de competências, até mesmo de conteúdos necessários. Mas se por um lado é impossível ignorar a inevitabilidade do uso de suportes digitais como a informática ou a internet, por outro é necessário desmistificar a revolução. Antes do digital, a escrita e a impressão também marcaram suas épocas. Temos, portanto, sempre o uso da palavra.

Objetivos
É preciso ter uma apreensão pragmática do "tudo digital" que permita a cada um abordá-lo, utilizá-lo conscientemente e lhe dando seu devido valor. O cenário é um preâmbulo, uma recomendação sobre uma maneira racional de abordar a utilização do que deveria permanecer como uma ferramenta de trabalho como as outras. É portanto necessário compreender as possibilidades que essa tecnologia oferece, mas também aprender a dominá-la para superar a aura mágica que ela pode trazer e que induz a uma relação passiva com a ferramenta. Destacamos três princípios:
– uma ferramenta graças à utilização de diferentes programas (captura, criação, organização, automatização, etc.);
– um acesso ao recurso graças à web (motores de busca, bases de dados, fluxo de informações);
– um lugar para a conexão em rede (videoconferência, *blog*, sites, e-mail, etc.) que permita a comunicação e trocas com o exterior (saberes, valorização).

Cada professor de diferentes disciplinas será convidado a listar no campo das possibilidades o que mobiliza seu interesse, valoriza suas competências e lhe parece adaptado à sua disciplina e lhe permite propor uma construção diversa e viva de sua pedagogia.

Exemplos
– Oficina sobre o Facebook, rede social mundialmente conhecida e utilizada:
  - aprender a ter um olhar crítico sobre essa ferramenta de rede e sobre o compartilhamento de dados;
  - aprender a configurar sua conta para garantir um melhor controle sobre seus dados pessoais.

O objetivo do exercício é conseguir criar uma conta no Facebook e fazer de forma que ele se torne um suporte pedagógico, filtrando as informações. Se esse objetivo é atingido, adquirimos assim uma ferramenta de monitoramento de informações, de descobertas científicas, da vida social ou mesmo da música.

– Oficina destacando as ligações entre as novas interfaces digitais e as ferramentas manuais. Três exemplos:
  - o paralelo entre a paleta de ferramentas do Photoshop e as ferramentas tangíveis do fotógrafo;
  - o paralelo entre a profissão de tipógrafo e o programa InDesign,
  - o paralelo entre a mesa de trabalho "virtual" e a mesa de trabalho "real", com seus arquivos, pastas, dossiês e lixeira.

– Oficina de exploração das "entranhas" de um computador. Além do *software* que é abordado pela utilização dos programas, é importante compreender como funciona um computador, a fim de utilizá-lo corretamente. Para que serve uma placa-mãe, um processador? O que é um pixel ou um byte? É preciso desmontar a máquina, analisá-la e remontá-la.

Meios
– Ligações com o mundo digital nas diferentes disciplinas.
– Iniciação à pesquisa na internet e à triagem de informação com acesso facilitado às ferramentas digitais, na sala de aula ou fora dela, bem como a mediação e o acompanhamento por verdadeiros *geeks* e implementação de projetos (edição, *blog*, videoconferências, etc.).

Ponto de atenção
O digital é um conjunto de ferramentas e de soluções que completam aquelas de outros suportes ou outros meios de transmissão. Mesmo que os alunos pareçam à vontade com alguns mecanismos, o domínio da utilização de um computador e uma pesquisa de internet de qualidade (entre outros) não são aptidões inatas. É preciso aprender as bases como fazemos para aprender a ler. O mito do digital nativo tem seus limites.

CENÁRIO 2. VALORIZAR/CAPITALIZAR

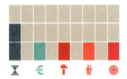

Enunciado
Fazer-se conhecer e compartilhar experiências.

Constatação e desafios
Ações pedagógicas diversas e variadas são abundantes nas escolas, mas a soma dessas atividades não oferece uma visão de conjunto. Cada ator da organização constrói uma visão desse conjunto ao longo de conversas e postagens. Isso implica três questões:
– como dar uma visão de conjunto das ações de cada escola e da rede, tanto aos atores internos da organização quanto aos externos?
– como fazer que essas ações sejam reconhecidas?
– como fazer com que elas sejam comunicadas?

Mesmo que essas atividades pedagógicas de abertura e de educação tenham toda sua pertinência, o trabalho realizado, se não for visível, compartilhado e explicado, perde sua eficácia e se dispersa em longo prazo. Mas, mais que isso, essa dificuldade de construir uma visão de conjunto gera confusão e incerteza sobre a coordenação das ações. Elas são, entretanto, organizadas, inscritas no emprego do tempo e implementadas. Uma maior visibilidade compartilhada permite abrir o campo a novas cooperações.

Objetivos
É preciso:
– encontrar os meios de capitalizar os projetos que valorizem a escola, criando um suporte que se complete a cada ano;
– elaborar ferramentas de comunicação sintéticas que destaquem as intenções, os objetivos, os públicos, os meios e o calendário.

Esse trabalho permite arquivar as iniciativas passadas e futuras, com seus sucessos e fracassos. A forma, o contexto e os destinatários são os pontos a ser considerados para elaborar esses suportes comunicacionais, que podem ser uma pequena publicação, um cartaz, uma exposição, etc. Construir assim uma memória contribui com a história da escola, sua identidade e sua singularidade, em que cada um se reconhece e que cada um pode reivindicar.

Ponto de atenção
O suporte pode se abrir a uma rede de escolas para compartilhar os saberes práticos, as experiências que funcionaram ou não, a receptividade dos alunos a tal ou qual iniciativa.

EXPERIMENTAÇÃO

Valorizar/capitalizar

CENÁRIO 3. *SMALL IS BEAUTIFUL*

Enunciado
Este cenário convida a utilizar melhor os espaços da escola e a gerir a vida coletiva de forma mais adaptada, mais coerente, mais simples e sobretudo mais voluntária, solidária e responsável.

Constatação e desafios
Inúmeros estabelecimentos devem se acomodar numa arquitetura datada (dos anos 1970, no caso da escola Jean-Rostand), que se adapta com dificuldade aos novos fluxos e às novas formas de ensino. Essas arquiteturas ruidosas são dotadas de corredores intermináveis, que costumam ser objeto de problemas de supervisão.

A imersão nos estabelecimentos de séries diferentes ressaltou elementos importantes sob o ponto de vista da gestão da vida coletiva. Essa gestão toma dimensões mais importantes no ensino ginasial do que no primário, por causa do número de alunos e da área do estabelecimento. No ginásio, essa gestão é assumida por vários estratos do organograma: direção, vida escolar e professores. Ela é mais coletiva nas escolas primárias. Isso explica em parte que essa questão seja regularmente evocada como uma dificuldade pelos atores do ginásio, enquanto não parece nas escolas primárias. As razões são sem dúvida múltiplas (faixas etárias diferentes, formação dos professores, enunciado de sua missão, etc.), mas, no entanto, é provável que a gestão do número seja o principal fator.

Objetivos
É preciso:
– dividir o ginásio: criar duas ou mais subunidades para limitar o impacto do fenômeno de massa;
– criar para cada unidade uma equipe mais homogênea, mais solidária entre os professores e a vida escolar (um conselheiro principal de educação, uma equipe de assistentes de educação, uma equipe de professores), os agentes e seus auxiliares da educação;
– tornar as trocas com os adultos mais simples e mais eficazes;
– organizar uma corresponsabilidade da vida, da organização e da diversidade escolares;
– reorganizar o emprego do tempo e transformar os espaços a conceber;
– gerenciar os corredores com mais facilidade, e portanto autorizar mais autonomia aos alunos e compartilhar melhor as responsabilidades entre os funcionários.

Esse cenário completa o cenário "dispersão", contribuindo para uma repartição mais homogênea dos adultos no estabelecimento.

Ponto de atenção
É preciso ocupar melhor o espaço e não separar os alunos. A repartição não deve ser sentida como uma divisão. As atividades, os projetos e os cursos transversais devem poder se desenrolar normalmente e os espaços recreativos e de pesquisa devem ser compartilhados. Um exemplo de experimentação implementada na escola de Clisthène, em Bordeaux,[17] vai nesse sentido.

---

17 www.clisthene.org.

EXPERIMENTAÇÃO

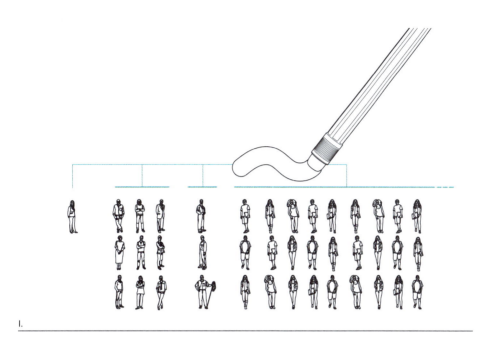

I.

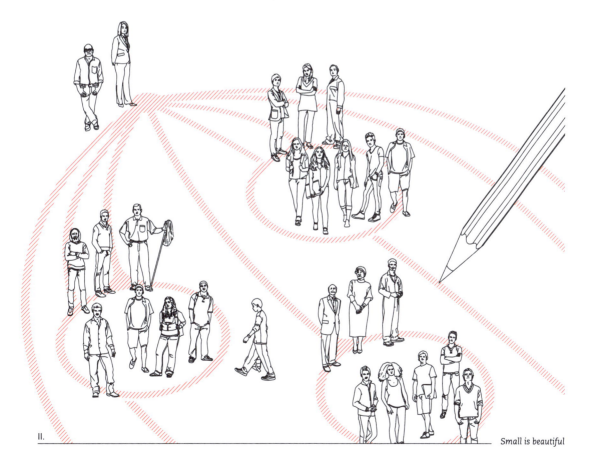

II.

Small is beautiful

CENÁRIO 4. CARTOGRAFIA DOS ESPAÇOS

Enunciado
Ressaltar a coerência dos espaços. Os organogramas e as maquetes do espaço são ferramentas que permitem manipular as funções e os espaços para definir coletivamente uma lógica espacial e favorecer a transparência organizacional.

Constatação e desafios
Os recursos existem – o mobiliário, o material e os espaços –, mas não são sempre utilizados com sabedoria. No entanto, esse conjunto constitui um potencial essencial para desenvolver novas atividades ou simplesmente para melhorar o conforto ao praticar aquelas que já existem.

Objetivos
É preciso:
- imaginar como transformar, reformar, modificar, deslocar os elementos existentes (mobiliário, espaços, funções de um lugar), no espírito do "fazer com";
- imaginar, criar hipóteses sobre as possibilidades e os caminhos de melhorias, propor espaços não convencionais dedicados a novos usos e à autonomia.

É razoável pensar que a concentração será favorecida ao encontrar um meio-termo entre o material e o lugar de aprendizagem. Por fim, a ambição é sentir melhor a escola, em seus deslocamentos, em sua orientação, em seu conforto e colocar à prova o princípio da transparência.

Meios
O "retrato da escola" pode facilitar a realização de uma cartografia temática dos usos, de espaços barulhentos e espaços silenciosos, de espaços de passagem e espaços de permanência, etc.

Ponto de atenção
Se as funções ou os espaços são realocados, esses novos lugares não são necessariamente definitivos. Trata-se mais de uma cartografia global das possibilidades do que de um novo caminho a seguir.

É importante não recair numa nova organização rígida dos espaços, que gere novas restrições, tão impositivas quanto aquelas da organização precedente.

EXPERIMENTAÇÃO

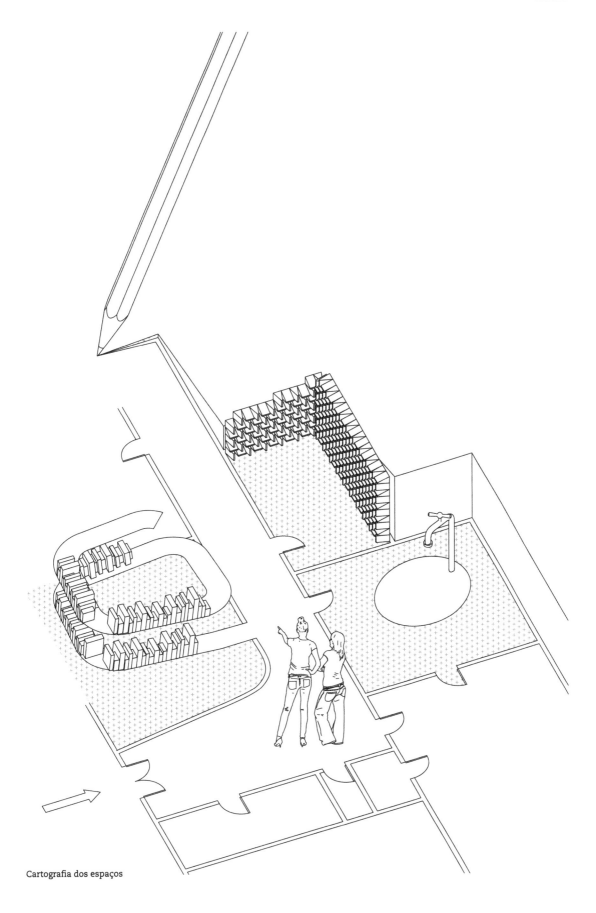

Cartografia dos espaços

CENÁRIO 5. SINALIZAÇÃO

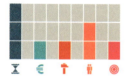

Enunciado
Conceber uma sinalização coerente, legível e visível nos estabelecimentos e em seu entorno.

Constatação e desafios
Atualmente, os estabelecimentos não oferecem uma sinalização clara e coerente, alguns até mesmo não oferecem sequer sinalização. Essa tendência se encontra para além das escolas: a implantação de sinalização no bairro e na cidade é muito fraca, às vezes até inexistente. Quando um estabelecimento implementa uma sinalização, esta costuma ser realizada pouco a pouco, sem uma visão global. O resultado são equipamentos de sinalização diferentes e sem lógica de conjunto, coexistindo em um mesmo estabelecimento e dispostos sem coerência, a ponto de prejudicar a legibilidade das informações! Essa ausência de legibilidade se encontra nos sites de internet (dos estabelecimentos que os têm), corroborando a ligação entre a falta de legibilidade e a invisibilidade.

Objetivos
No limite entre a comunicação e o planejamento de um espaço, a sinalização reflete uma inteligência espacial. Sua função primeira é direcional: a sinalização orienta, indica, informa e situa num espaço específico. A rede de suportes de sinalização leva a compreender a organização interna do espaço. Ela é também informativa, pois transmite informações relativas ao lugar sobre o qual está implantada. Informações ligadas ao funcionamento do lugar, como um mapa detalhado e comentado, regulamentações ou recomendações específicas e fixação do calendário de eventos, asseguram a mediação entre os usuários e o estabelecimento. Ao informar, ela permite estruturar os comportamentos dos usuários do lugar. Enfim, o trabalho sobre a expressão gráfica de um espaço por meio da sinalização tem uma verdadeira função de comunicação e de identificação. Nesse sentido, ela deve promover a vocação de uma escola para além dos seus limites geográficos no senso estrito, para conduzir a uma harmonização visual e sinalizadora do espaço. Trata-se, portanto, de levar coerência, continuidade (sinalizada e sinalizante) e legibilidade para e pela sinalização dos estabelecimentos.

Atores
Professores, inspetores, pais, funcionários administrativos, funcionários da direção e alunos.

Meios
É preciso primeiro sondar o conjunto de lugares afetados pelo projeto de sinalização e realizar uma análise do existente (arquitetura, ambiente e mobiliários urbanos). Esse diagnóstico constitui a base do programa. Ele permite observar as vantagens e disfunções da sinalização existente, considerar os projetos e cenários de desenvolvimento, hierarquizá-los e fazer emergir a identidade do estabelecimento. Trata-se, em seguida, de mobilizar uma equipe estável para garantir a coerência do projeto ao longo do tempo.

Uma concepção de conjunto se afirmará então pela redação de um mapa orgânico de sinalização, incluindo um programa (materiais, instalações técnicas, custo previsto) e um mapa gráfico. Esses elementos devem levar em conta:
– o plano do todo do estabelecimento;
– a hierarquização das informações reportadas nos modos de sinalização;
– os lugares de implantação (lugares de acolhimento, lugares de circulação, etc.);
– as possibilidades de usar uma sinalização eventual, traduzindo as metamorfoses temporárias do espaço (eventos, usando, por exemplo, painéis eletrônicos);
– a conformidade com as informações propostas no site da escola; cada modificação feita no estabelecimento deve ser levada em conta no universo digital do lugar.

Ponto de atenção
Um projeto de sinalização deve ser evolutivo e se apoiar no plano diretor de desenvolvimento do estabelecimento, gerando alguns princípios no contexto de um mapa para garantir a coerência do projeto. O caráter evolutivo próprio da sinalização permite antecipar problemas que podem ser encontrados posteriormente, decorrentes de modificações na organização, atividades temporárias ou eventuais.

BALIZA 4. AUTORIDADE/AUTONOMIA

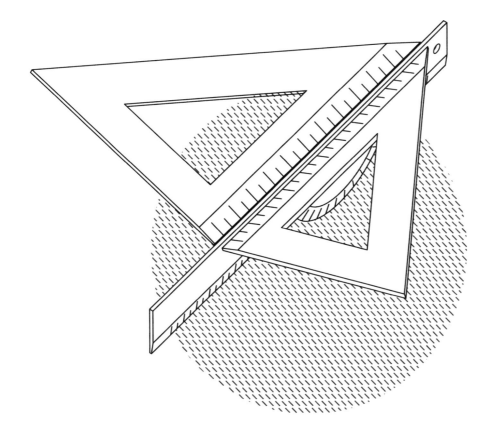

A confrontação dessas duas palavras propõe um equilíbrio de tensões palpáveis entre ensino e disciplina. A autonomia deve ser entendida no cerne da autoecoorganização, noção proposta por Edgar Morin e, portanto, como uma tomada de responsabilidade do indivíduo por e pelo grupo, o que permite um esquema mais horizontal das relações humanas. A autoridade deve ser compartilhada por todos os atores de um estabelecimento, desde a formulação de regras (legibilidade) à sanção, e admitindo que esta última é construtiva se o indivíduo repreendido se sente pertencente a um grupo, aquele na origem das regras de vida comum. A educação deve retomar um lugar central no sentido de que engloba o ensino e a disciplina, a construção intelectual e afetiva da criança, que não é divisível.

Autoridade

A vida nas escolas de ensino fundamental e no ginásio não é igual do ponto de vista dessas duas noções. Muitos parâmetros intervêm: o número e a idade das crianças, mas também uma organização diferente na gestão da relação com a autoridade, de um lado, e com a delegação e a confiança, de outro.

Para esquematizar, no ensino secundário (ginásios, liceus) a relação com a regra e a disciplina nos espaços coletivos é dedicada à equipe da vida escolar. O professor é mestre em sua classe no que concerne à disciplina, à pedagogia e à aprendizagem. Ele utiliza o "caderno de correspondência" que a vida escolar transforma em ferramenta de comunicação com os pais ou num meio de controle e de sanção para com o aluno. Essa divisão e essa multiplicidade de atores encarregados da disciplina minam o conceito de autonomia.

No primário, a autoridade é assumida de forma coletiva pelo conjunto dos professores nos espaços comuns e de forma individual no espaço de suas respectivas classes. Essa gestão coletiva sugere uma noção de equipe pedagógica mais forte, favorecendo a possibilidade de autonomia dos alunos. Por exemplo, quando um aluno é afastado após a ordem de um professor, este deve ver o aluno para discutir o que aconteceu. Alguns não fazem isso. Os alunos experimentam então um sentimento de injustiça e de desinteresse por parte do professor. Para ser compreendida, a sanção deve não só ser explicada e legitimada pelo conjunto dos adultos, mas também acompanhada de maneira benevolente por aquele que a implementou. Encontramos aí os princípios do *cuidado* e da benevolência que podem existir na sanção.

Autonomia

Podemos considerar que um dos objetivos da educação é a aquisição de uma autonomia que seja "a aceitação livre e razoável das regras comuns".[18] Isso supõe que cada aluno desenvolve um modo de controle de si e que a escola é o lugar de socialização que contribui para a formação de uma personalidade livre e responsável. Recuperamos assim o que escreveu Edgar Morin[19] nos anos 1980, quando pensava sobre a noção de autonomia, a ponto de se perguntar: "Podemos conceber uma ciência da autonomia?". Para responder a essa questão, ele associa a autonomia às ciências naturais, remetendo-a à noção de sistema, e mais precisamente de sistema existente, graças a inúmeras relações com o ambiente, e encontrando-se em situação de grande pluridependência.

A escola é um sistema onde se deve construir essa rede de pluridependência sem que a única ferramenta imaginada seja uma sucessão de impedimentos. Nesse estudo, inúmeras propostas coincidiram em construir esse equilíbrio, uma espécie de malha flexível que permite o atrito, as interações, as interdependências.

A implementação de uma maior legibilidade, de uma maior abertura e de uma hospitalidade reconstruída no seio da escola são fatores de natureza que facilitam a instalação desse equilíbrio.

> É um erro. Devemos antes de mais nada marcar os espaços, que deve ter uma certa qualidade de proteção, com uma abertura para o exterior: uma condição de membrana [...] Uma fronteira significa marcar um território em que a interação acaba. Os tigres marcam suas fronteiras "e se você as atravessa, corre risco". Uma fronteira é um lugar onde a interação diminui. Um limite é um lugar onde a interação entre diferentes espécies aumenta, onde a atividade biológica é mais forte. Por exemplo, o limite entre diferentes camadas de profundidades do oceano são lugares de forte atividade alimentar, assim como onde o oceano encontra a costa.[20]

---

18 Laurent Jaffro, "Foucault et le problème de l'éducation morale", in *Le Télémaque. Philosophie, Éducation, Société*, n. 29, Éducation et altérité, Presses universitaires de Caen, 2006, p. 111-124.

19 Edgar Morin, "Peut-on concevoir une science de l'autonomie?", *Cahiers internationaux de sociologie*, vol. 71, Les sociologies, PUF, 1981, p. 257-267.

20 Richard Sennett, *The Architecture of Cooperation* © Harvard University, Graduate School of Design, 2012.

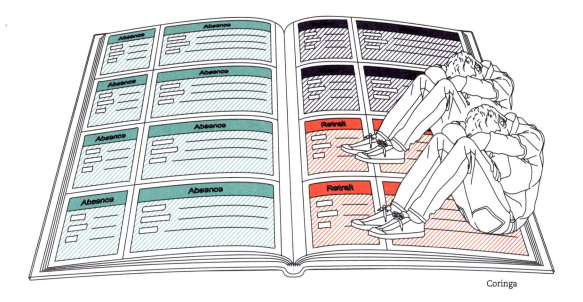
Coringa

CENÁRIO 1. CORINGA

Enunciado
Dar a cada aluno o direito temporário de "ficar quieto": Coringa!

Constatação e desafios
A questão que esse cenário levanta é uma questão delicada, aquela de saber qual lugar a escola dá ao aluno como pessoa, como sujeito autônomo, diante de regras impessoais instituídas na escola. Certamente existem regras e regulamentos necessários e úteis que regem a organização e as relações entre os indivíduos na escola. Essas regras e regulamentos ditados na e pela organização escolar escondem uma parte das regras tácitas que constituem o currículo oculto da escola.[21] O currículo oculto designa uma ação escolar não reconhecida que tende a fazer interiorizar os modos de pensar, sobre os quais um autor americano, Eggletons (citado por Perrenoud), identifica sete características. Na escola, aprendemos também a:
– viver em multidão: estar permanentemente sob o olhar dos outros;
– submeter-se à avaliação do outro: ser exposto ao julgamento do outro, do professor e dos colegas, sem possibilidade de se subtrair disso;
– esperar a estima: as felicitações ou todas as outras formas de recompensa;
– matar tempo: esperar, acostumar-se com o tédio, acostumar-se com a paciência;
– viver numa sociedade hierarquizada e estratificada com uma repartição desigual do poder (os líderes, os grupos);
– influenciar o ritmo do trabalho, colocando novas questões: declarando não encontrar seu material, não compreender;
– compartilhar os valores e os códigos de comunicação de um grupo restrito.

Objetivos
É preciso:
– autorizar uma pessoa a se afastar, a se ausentar por um instante, sair da atividade e descansar;
– criar uma válvula de escape;
– autorizar o *stand-by*.

Meios
Esse cenário demanda:
– oferecer cartões que permitam gerir seu "crédito Coringa" no caderno de correspondência, no ano escolar e segundo uma cota a ser definida;
– definir as modalidades concretas de tempo, de espaço, de lugar e de segurança moral e física.

---

21 A partir de Michel Develay, *Propos sur les sciences de l'éducation. Réflexions épistémologiques*, ESF, 2001, p. 35.

CENÁRIO 2. OS QUINZE MINUTOS DE GLÓRIA

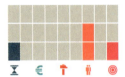

Enunciado
Cada semana, um professor voluntário propõe que um aluno apresente os objetivos do curso durante quinze minutos. O tempo de preparação desses quinze minutos de apresentação na classe impulsiona a aquisição de autonomia.

Constatação e desafios
Os alunos seguem as instruções de trabalho que lhes são dadas, sem participar de sua formulação. A autonomia não é inata para o aluno, é uma competência que se adquire. Logo, é preciso criar condições para permitir a mobilização dessa capacidade de autonomia.

A escola tem como objetivo ajudar os alunos, segundo processos adaptados, a se tornarem autônomos para ter sucesso em seu aprendizado fundamental. O ensino não é o único depositário do saber a se ensinar. Os quinze minutos de glória consistem em confiar a exposição dos objetivos de aprendizagem a um aluno. Nessa concepção de autonomia, os alunos se encarregam de sua aprendizagem, sem a intervenção do professor: ele guia e facilita.

Objetivos
Esse exercício de inversão de papéis é uma resposta direta à ideia de permitir que um aluno voluntário assuma o papel do professor para testar o lugar de cada ator da classe. A criança aprende métodos de pesquisa, ganha segurança e desenvolve sua confiança para se expressar diante de uma audiência. Ela aprende, por outro lado, a trabalhar com várias informações e a fazer uma triagem daquelas que são pertinentes. Trata-se de confiar e permitir que um aluno voluntário assuma o papel do professor.

O aluno ganha, assim, consciência do papel do professor em sua capacidade de transmitir um conhecimento. O aluno deve, por sua vez, encontrar palavras, captar a atenção, fazer-se respeitar durante sua apresentação. O grupo também se beneficia da experiência: com essa mudança a classe inteira aprende as regras e aprecia os saberes e as competências de cada um.

Ponto de atenção
A autonomia não corresponde a uma perda de poder do professor, mas a um tempo do processo de aprendizagem. Os alunos participam na elaboração de regras de organização do trabalho em grupo, das modalidades de interação com os professores, etc.

O professor deve avaliar aquilo sobre o que ele decide manter o controle e aquilo sobre o que ele escolhe delegar aos alunos, situando-se entre os polos "encarregar-se de tudo" e "deixar os alunos se virarem sozinhos".

É no interior dessa dinâmica delicada de questionamento constante do enquadramento em função do avanço dos alunos que reside a educação para a autonomia. Podemos falar de uma autoridade emancipadora, no sentido de que ela favorece o acesso do aluno à autonomia.

EXPERIMENTAÇÃO 123

Os quinze minutos de glória

CENÁRIO 3. CONSELHOS DE ALUNOS

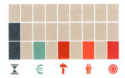

Enunciado
Fazer os alunos participarem da gestão da instituição educacional.

Constatação e desafios
Existem várias experiências nos ginásios e nas escolas primárias para envolver os alunos na vida da instituição, apaziguando as tensões. Elas mostram o quanto os alunos podem ser uma força de propostas criteriosas. Essas experiências costumam ser conduzidas de forma desigual: muito desenvolvidas em certas instituições, quase ausentes em outras, ou funcionando num regime mínimo – aquele de aplicação da legislação –, sem aproveitar a oportunidade educativa dessas iniciativas. No entanto, como lembra o estudo comparativo de Jacques Pain sobre doze instituições de segundo grau na Alemanha, na Inglaterra e na França:

> A violência é mais bem contida quando os alunos têm lugar e tempo de expressão, experimentam e participam das decisões na escola. A escuta dos alunos no conjunto da vida da instituição é essencial.[22]

Objetivos
Da organização de eleições, do revezamento da palavra dos alunos da classe, da tomada de responsabilidade sobre os projetos e da aprendizagem do consenso e da negociação, o conselho dos alunos é vetor de inúmeros aprendizados. Ele também permite aproveitar os desafios próprios da vida coletiva, tomar consciência da importância da contribuição de todos e captar as formas de reconhecimento oferecidas por esse engajamento no coletivo.

Concretamente e por meio das horas de convivência em classe, após a eleição de delegados e antes de cada conselho de alunos, cada uma das classes propõe pontos a serem levantados na ordem do dia. Isso implica que, com antecedência, em cada classe, os alunos tenham um tempo de reflexão, de diálogo e de redação. As propostas formuladas nesse tempo de reflexão são submetidas ao voto para serem apresentadas no próximo conselho de alunos. Cada classe se beneficia do retorno dos debates e das decisões tomadas pelo conselho a partir da prestação de conta pelos delegados. Sendo os conselhos públicos, os professores podem levar suas classes para que elas assistam a esse debate democrático.

Meios
Este cenário demanda:
– dar um lugar para o conselho em meio aos outros dispositivos de governança da instituição;
– determinar a frequência dos conselhos de alunos (representantes, delegados habituais ou pessoas eleitas por outras eleições mais específicas);
– informar o conjunto dos atores da instituição;
– reservar um tempo de reflexão antes de cada conselho de alunos em cada uma das classes;
– reservar um tempo para a restituição dos debates e das decisões;
– definir modos de funcionamento estáveis e claros: o lugar, as pessoas presentes, o público, os meios de realizar a prestação de contas (papel de qualidade, impressão, etc.).

Ponto de atenção
Para que um cenário como esse seja realmente eficaz, é preciso que a direção e os professores deem crédito ao conselho de alunos, que lhe outorguem responsabilidades reais e apliquem as decisões que são tomadas. É a legitimidade dos adultos e o reconhecimento conferido aos alunos que estão em jogo.

---

22 Jacques Pain (dir.) et al., *Violence à l'école. Allemagne, Angleterre, France. Une étude comparative européenne de douze établissements du deuxième degré*, © Matrice, 1997.

EXPERIMENTAÇÃO

125

Conselhos de alunos

CENÁRIO 4. DIVISÃO DE TAREFAS

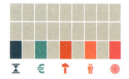

Enunciado
Desenvolver a aprendizagem entre pares e a autonomia por meio da outorga de responsabilidades, de confiança e de reconhecimento.

Constatação e desafios
Mais comum nas escolas primárias, a divisão de tarefas relativas à vida coletiva no estabelecimento escolar costuma ser menos presente nos ginásios. Deve-se notar, entretanto, que nem todas as escolas primárias aplicam esse princípio ou que algumas só o fazem muito parcialmente. Nos ginásios, as responsabilidades da gestão da vida coletiva são fragmentadas e atribuídas a segmentos de responsabilidade: conselho principal de educação (CPE), professores, direção, supervisor ligado ao organograma escolar. Essa divisão de tarefas afeta sua repartição, bem como a construção de uma visão compartilhada da educação.

Os alunos (exceto em algumas classes de primário) são geralmente mantidos a distância desses procedimentos. Os motivos são diversos. Podemos considerar que eles não têm por que se ocupar da vida coletiva e que devem se concentrar em sua aprendizagem, ou que eles não têm capacidade de gerir as responsabilidades que possivelmente lhes serão atribuídas. O estabelecimento escolar é um lugar pelo qual os alunos transitam, recebendo de maneira passiva aquilo que outras pessoas organizaram por eles.

Entretanto, o aprendizado deve incluir a capacidade de assumir responsabilidades, compartilhá-las, delegá-las e assumi-las, bem como trabalhar pelo bem comum. Isso deve passar também pela aceitação do fracasso na missão confiada. A divisão de tarefas tem como objetivo fazer adquirir essas novas competências, e de maneira colaborativa: não somente entre alunos, mas também entre alunos e professores, alunos e vida escolar e assim sucessivamente. Cada um assume sua parte, cada um se torna legítimo para dizer e tomar seu lugar.

Objetivo
O objetivo é estabelecer uma lista de tarefas a efetuar, podendo ser objeto de uma responsabilidade compartilhada em cada classe, até a escala da escola. Os grupos funcionam alternadamente, mudando de composição e podendo ser mistos (exemplo: professores e alunos). Quando mais pessoas fazem atividades alternadamente, cada uma se sente mais responsável (e isso não diz respeito apenas aos alunos).

Exemplos
Eis aqui alguns exemplos do que os alunos podem fazer:
– expor publicamente as informações que concernem à sua classe na assembleia da manhã;
– verificar o bebedouro;
– arrumar as cadeiras no fim do dia;
– acompanhar os mais novos em certas atividades;
– acolher visitantes nos dias de portas abertas;
– zelar pela responsabilidade ecológica;
– arrumar os equipamentos esportivos;
– relacionar os documentos da biblioteca em sala de aula.

Meios
Esse cenário demanda:
– investir o tempo de horas em sala de aula para elaborar esse trabalho participativo na vida da escola com os alunos;
– constituir uma equipe representativa no âmbito escolar;
– compartilhar segundo uma rotatividade realista e igualitária no que concerne à escola;
– organizar sessões de avaliação da experiência para os alunos e os outros atores, sobretudo sobre a forma de pontos de informação ou de prestação de contas de manhã nas reuniões: trata-se de ouvir as dificuldades e reconhecer as responsabilidades assumidas.

Ponto de atenção
Os efeitos desse cenário facilmente aplicável não serão necessariamente imediatos nem diretamente avaliáveis. É na modificação das práticas e dos comportamentos, na interiorização da confiança dada pela instituição que está o interesse de uma experiência como esta, que pode ter repercussões sobre a vida coletiva e sobre a formação pessoal do aluno. No entanto, a partilha de tarefas não deve se tornar uma descarga de responsabilidade de uns sobre os outros, sob o pretexto de que isso aumentaria a autonomia de cada um.

O engajamento dos alunos nas tarefas coletivas pode ser objeto de uma validação de competência da Base comum de competências, de conhecimentos e de cultura.

EXPERIMENTAÇÃO

Divisão de tarefas

CENÁRIO 5. DISPERSÃO

Enunciado
Evitar os *bunkers*, distribuir os adultos pela escola.

Constatação e desafios
A organização formal do estabelecimento induz a uma divisão das tarefas e das responsabilidades. Resumindo, cada lugar tem uma função mais específica ou dominante:
– ao conselho principal de educação (CPE), os desvios de comportamento e de disciplina;
– aos professores, o ensino e a aprendizagem;
– à direção, a gestão administrativa dos meios humanos, materiais, financeiros e jurídicos.

Essa constatação é reforçada pelo fato de que essas missões são fortemente localizadas na arquitetura: aqui a disciplina, lá o ensino e mais além a direção. Esse organograma encontra sua tradição no layout arquitetônico. Nossa hipótese é que ao desconcentrar os lugares de exercício de cada função, produziremos efeitos de ampliação da responsabilidade dos alunos, mas ela repousa igualmente sobre a hipótese de que, pela circulação física das pessoas, multiplicaremos as possibilidades de trocas informais entre os atores da instituição. A circulação de pessoas adultas divididas por espaços diversificados conduz a uma corresponsabilidade educativa pela presença de adultos no estabelecimento, sem colocar em questão o cerne de competência das missões de cada um.

Objetivo
Trata-se de distribuir os locais de funções diferentes pelos andares do estabelecimento: salas dos supervisores, secretaria, sala do CPE sala dos professores, dos funcionários, etc.

Meios
O cenário demanda:
– espaços passíveis de serem convertidos em escritórios;
– uma distribuição criteriosa dos funcionários em função de suas respectivas tarefas.

Ponto de atenção
O exercício de uma profissão num estabelecimento escolar está a serviço dos alunos, dentro da estrutura de um serviço público.

EXPERIMENTAÇÃO 129

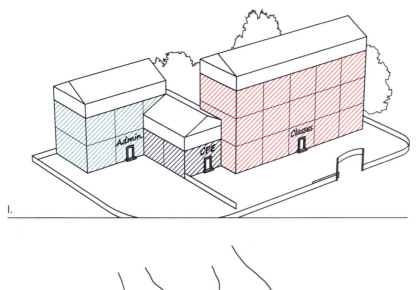

I.

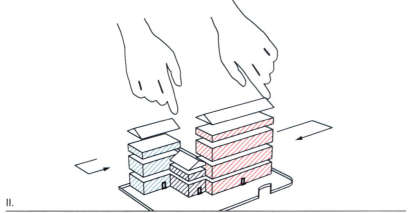

II.

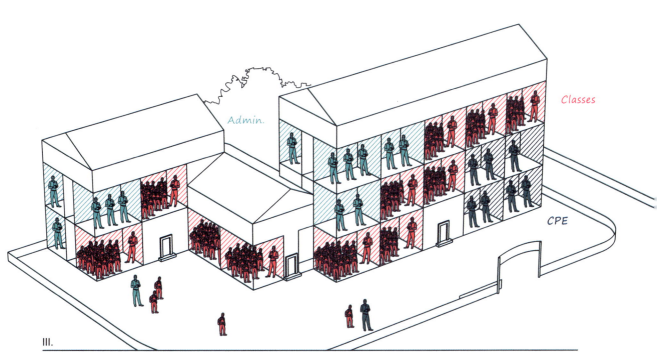

III.

Dispersão

CENÁRIO 6. O APOIO REVERSO

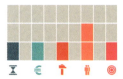

Enunciado
Propor uma ajuda prévia à aprendizagem, antes de abordar um capítulo.

Constatação e desafios
Os cursos de apoio acontecem geralmente no fim de determinada matéria. Esse processo se inscreve numa lógica reparadora. Com frequência são os alunos em dificuldade que são convocados. Numa lógica proativa, não seria melhor oferecer uma ajuda aos alunos em dificuldade, antes de abordar um novo capítulo para que eles não comecem atrasados em termos de conhecimento? Isso implica trabalhar os prerrequisitos necessários antes do curso e compensar, assim, eventuais *deficit* de conhecimento que deixam esses alunos em dificuldade, antes mesmo de terem começado.

Objetivo
Implementar tempos de preparação antes das sequências de aprendizagem, para as disciplinas de português, matemática, inglês, história e geografia.

Meios
Liberar uma carga horária por série para isso, em paralelo com as trocas recíprocas de saberes.

Ponto de atenção
A aprendizagem põe em jogo conhecimentos e habilidades adquiridas previamente.

BALIZA 5. POROSIDADE

A escola tem a missão de ser um espaço intermediário, transicional, garantindo a permeabilidade como o faria uma membrana. O termo "permeabilidade" remete aqui a vários aspectos complementares de conceber a escola:
– a escola como espaço intermediário entre o mundo da infância e a vida adulta;
– a escola como espaço intermediário entre a família e a vida pública;
– a escola como espaço protegido e ponto de encontro de um conjunto de conhecimentos de origens diversas.

A porosidade se aplica a tudo que separa os aprendizados e os espaços, bem como àquilo que isola a escola de seu ambiente. O espaço da sala de aula, a faixa etária, o programa: a noção de "porosidade" questiona as trocas possíveis no interior do estabelecimento escolar. Mas ela questiona também as trocas com o exterior: famílias, bairro, rede, cidade, trabalho, etc.

Dentro
A organização dos aprendizados sobre a base "de uma hora, um professor, uma disciplina" ou a divisão do dia letivo em matemática, português, ciências não facilita a implementação de abordagens pedagógicas transdisciplinares. No primário, embora o projeto coletivo esteja na cultura da escola, o ensino das matérias continua infelizmente bastante separado. É por isso que o convite à porosidade constitui um questionamento da sequência arbitrária das matérias e portanto dos aprendizados que deveriam na verdade poder ser abordados como espaços de atrito, aqueles

que são mais adaptados a um encaminhamento para a feliz bagunça da vida: deixar as coisas se interpenetrarem, se entrechocarem e produzir a surpresa, permitir-se surpreender, desdramatizar. Permitir a porosidade é uma maneira de complexificar, portanto de enriquecer, sem complicar o sistema com uma superioridade de formatos falsamente definidos.

Fora

A escola fica numa encruzilhada determinante, interface entre a família, os mundos do trabalho e da atividade pública. É um espaço propedêutico.[23] A escola autoriza as trocas, os fluxos, enquanto mantém um filtro entre aquilo que lhe é próprio e aquilo que circula em volta, o que está no entorno. Ela é portanto uma fronteira que deve ser permeável. Mas a escola gradualmente perdeu o fio que a conecta com o exterior, tanto no nível de recursos, quanto no da troca dos vínculos com o ambiente próximo.

O recurso, a experiência

A renovação do acesso aos recursos é uma verdadeira fonte de mudança. De fato, a época contemporânea multiplica as soluções e torna esse acesso mais rico e mais complexo. O espaço da sala de aula se encontra dilatado. A criança está mais apta a encontrar seus próprios recursos e a compartilhá-los. Resta familiarizar, balizar, explicar esses novos usos. O ambiente é igualmente um recurso a ser explorado (bairro, cidade, família, etc.).

O recurso ao "fazer" se enfraquece à medida que o aluno cresce. Entretanto, todos se lembram do *aprender fazendo* de John Dewey,[24] princípio aclamado por Hannah Arendt que lembra "que só podemos saber e compreender aquilo que nós mesmos fizemos, e a prática na educação é tão fundamental quanto evidente: substituir sempre que possível o aprender pelo fazer".[25] Esse recurso ao fazer convida a procurar amplamente recursos exteriores e as novas tecnologias. O sucesso dos *fab labs* (laboratórios de fabricação abertos ao público, dotados de máquinas com comandos digitais) testemunha o desenvolvimento dessas novas práticas na sociedade civil, que apelam para as noções de colaboração, de transmissão e de mutualização de saberes e de habilidades.

Assim, a porosidade pede uma maior colaboração, e isso em diferentes escalas e por diferentes meios: entre alunos, entre professores, entre professores e alunos, entre atores da escola e do bairro.

Recoloquemos essa reflexão num contexto maior. Encontramos a noção de mudança de paradigma que já evocamos como chave de compreensão: modelo industrial, produtivista, hiperespecialização das unidades de produção, divisão de tarefas, divisão de saberes, divisão de campos, especialização dos operadores, etc. Esse modelo mina a própria ideia de porosidade. Hoje, inúmeros setores da sociedade têm esse questionamento, sobretudo os setores empresariais, da saúde, da produção agrícola.

---

23 Sylvie Quéval, "Prairat Eirick. De la déontologie enseignante", *Revue française de pédagogie*, n° 154, 2006, p. 217-219.

24 Robert B. Westbrook, "John Dewey (1859-1952)", in *Prospects: quarterly review of comparative education*, vol. XXIII, n° 1/2, Unesco, International Bureau of Education, 1993, p. 277-291.

25 Hannah Arendt, *La crise de la culture*, 1995, Gallimard, p. 234-235.

CENÁRIO 1. ENSINO COM VÁRIOS PROFESSORES

Enunciado
O ensino com vários professores passou a ser um componente da educação contemporânea.

Constatação e desafios
As situações de ensino repousam majoritariamente sobre a relação de um professor com um grupo de alunos. No ensino primário, o(a) professor(a) das escolas garante o ensino de todas as disciplinas. O professor(a) do secundário é monodisciplinar, mas, como seu(sua) colega do primário, exerce seu ofício diante de um grupo em sala de aula. Todavia, os professores *surnuméraires* (professores assistentes, que apoiam alunos em dificuldades) existem constitucionalmente, e os fatos e a reforma recente dos colégios convidam a reagrupamentos diferenciados.

O ensino continua, portanto, tradicionalmente muito compartimentado. Os tempos escolares são identificados por "matérias" repartidas em cargas horárias, nas quais a permeabilidade é pouco praticada, seja entre as matérias, seja entre os níveis.

> Para construir novas competências, é preciso derrubar as paredes entre as classes, entre as matérias e mesmo entre as escolas! O ensino do futuro não poderá mais ser assunto de um professor isolado dentro de sua velha sala de aula. É preciso acabar com o modelo de educação nascido da industrialização...[26]

Objetivos
É preciso:
- iniciar novas práticas que favoreçam a colaboração e a autonomia;
- ter um olhar cruzado sobre os alunos em situação de aprendizagem;
- compartilhar habilidades entre profissionais de ensino;
- produzir conteúdos interdisciplinares, descompartimentalizados;
- conectar os níveis;
- valorizar a singularidade dos professores, otimizar os conhecimentos e as competências de cada um.

Pontos de atenção
- A riqueza dos conteúdos vem da adição, da complementaridade e da interação.
- Ensinar a muitos convida a variar os meios e a utilizar melhor os espaços.
- Ensinar a muitos pode ajudar a gerir os grupos difíceis.
- É importante não excluir as noções de vontade e de afinidade.

---

26 Andreas Schleicher, "Plaidoyer pour un enseignement moderne", © OCDE, 24 de junho de 2011. Andreas Schleicher é chefe da Diretoria de Educação e Competências na OCDE (cf. OCDE. org).

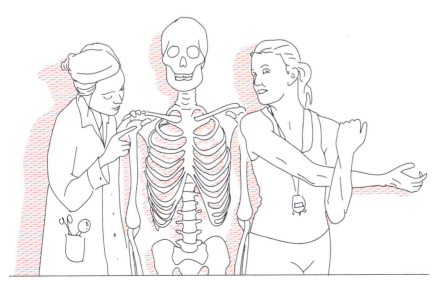

Ensino com vários professores

CENÁRIO 2. O ANFITEATRO

Enunciado
Um anfiteatro faz parte da diversidade de espaços, mas, além disso, ele multiplica as possibilidades pedagógicas tanto para realizar atividades internas quanto para criar uma pressão por parte dos recursos externos.

Constatação e desafios
Os conjuntos de ginásios e escolas de uma rede, de um bairro, de um setor raramente são dotados de um lugar próprio para favorecer as grandes reuniões. No entanto, os ginásios do setor costumam apresentar espaços suficientes para a criação de um lugar desse tipo, seja dentro do prédio (reformulação de espaços mal distribuídos), seja no exterior (nos espaços inacessíveis para os alunos).

Objetivos
É preciso:
- reunir os alunos em assembleia geral;
- criar redes entre escolas, organizando eventos comuns;
- organizar eventos de envergadura na escola, fazer convites, permitir que o exterior entre na escola;
- colocar um lugar à disposição do bairro (cf. cenário "Escola daqui", p. 144).

Um anfiteatro pode conter um sistema acústico, uma tela grande, uma pequena sala de audiovisual (permitindo sobretudo registrar e gravar as conferências em DVD), um sistema de videoconferência e, certamente, uma distribuição adequada para os conferencistas e as apresentações. O equipamento técnico permite projeções, conferências, espetáculos de qualidade. Ele dá a possibilidade de convidar interessados de outros lugares, que se tornam assim acessíveis a um número ainda maior, e de arquivar essa soma de conhecimentos para transformá-la em recursos perenes. É um novo espaço que se torna então um modo de reunião para o conjunto de atores do ginásio, em sua rede de escolas e, além disso, no bairro.

O anfiteatro deve ser aberto aos outros estabelecimentos escolares, mas também às instituições e associações presentes no bairro e na cidade. O ginásio se torna assim um ator central em seu ambiente geográfico, o único estabelecimento escolar capaz de acolher manifestações diversificadas em vez de múltiplas pequenas experimentações.

Geralmente destinados aos estabelecimentos considerados difíceis (a ponto de transformá-los em estabelecimentos experimentais), o financiamento de um espaço como este ressalta uma tomada de posição política: um lugar digno para seus usuários e um polo de atração para aqueles que seriam tentados a menosprezá-lo.

Meios
Esse cenário demanda:
- estabelecer a viabilidade do projeto no que diz respeito à construção do estabelecimento (exemplo: no exterior, funcionando como arquibancadas no pátio, ele pode também ser montado em um saguão de recepção, etc.);
- obter o apoio de patrocinadores para o levantamento financeiro;
- divulgar o projeto na internet e para a comunidade externa.

Ponto de atenção
Esse tipo de projeto é previsto em longo prazo, já que demanda um apoio financeiro e logístico importante. Por sua dimensão simbólica em relação à área na qual os estabelecimentos escolares são implantados, trata-se de um projeto farol, que beneficia os estabelecimentos, sem dúvida, mas também o bairro e a cidade.

Essa ferramenta, se reivindicada e construída, deve obrigatoriamente ser objeto de uma programação densa, construída a cada ano, e cuja responsabilidade deve ser compartilhada entre os diferentes atores, o que os obriga a tornar vivo esse lugar compartilhado.

EXPERIMENTAÇÃO

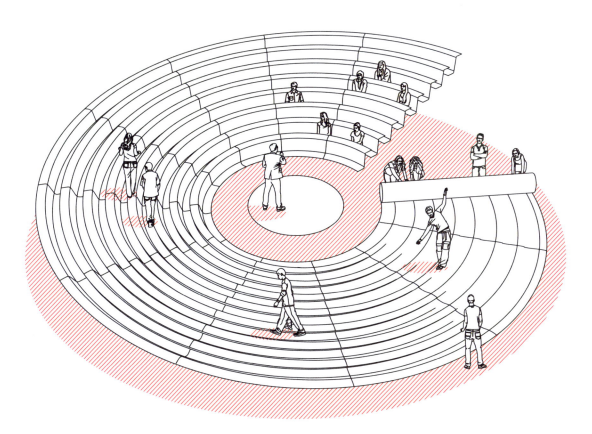

O anfiteatro

CENÁRIO 3. AO AR LIVRE/SAIR

Enunciado
Propor um tipo de ensino que utiliza o real como suporte de conhecimento.

Constatação e desafios
A educação se tornou mais técnica ao longo do tempo e inúmero suportes se juntaram a ela, sobrepondo-se à palavra do professor: programas, manuais, vídeos educativos e, mais recentemente, as bases de dados digitais. Todas essas ferramentas que utilizam o texto, o som e a imagem são suportes intermediários entre a criança, o saber e a realidade. A causa pedagógica conduz às vezes a uma simplificação em direção a um só formato ou a uma só mídia. A confrontação com o real de algumas noções abstratas abre caminho para uma melhor compreensão.

Objetivos
Apreender o real, privilegiar o encontro direto com o tema em seu contexto: trata-se, assim, de reconectar os saberes a seu ambiente, situando-os numa realidade complexa, não compartimentalizada. Para encontrar o real, é preciso sair da sala de aula. Nessas condições, as crianças podem adotar uma posição de "pesquisador", e não mais de "receptor", e assim viver a aprendizagem de maneira ativa. É preciso, portanto, lidar com a complexidade da natureza, de uma cidade, de uma profissão inscrita num conjunto rico e interdependente.

Exemplos
– Francesco Careri,[27] arquiteto italiano, considera o caminhar uma ferramenta.

> A origem da arquitetura não deve ser procurada nas sociedades sedentárias, mas no mundo nômade. A arquitetura é antes de mais nada atravessar espaços.

O que Careri chama de "percurso" é muito mais do que um simples passeio.

– Louis Espinassous, educador, biólogo, etnólogo, romancista e contista, trabalha mais especificamente na educação pela natureza.

Meios
Esse cenário demanda:
– uma vontade de sair, de criar ferramentas de observação, de percepção, de análise;
– uma atitude de curiosidade;
– uma escolha de ferramentas simples (que são suficientes num primeiro momento): máquina fotográfica, caderno e lápis, metro ou até binóculo são ferramentas de pesquisadores.

Ponto de atenção
Sair da sala de aula não significa necessariamente fazer uma saída para um lugar distante. O exotismo está na esquina e no parque ao lado. Os quarteirões já são pedaços de ambiente ricos em dados.

---

[27] Francesco Careri, *Walkscapes: La marche comme pratique esthétique*, © Ed. Jacqueline Champion, 2013.

EXPERIMENTAÇÃO

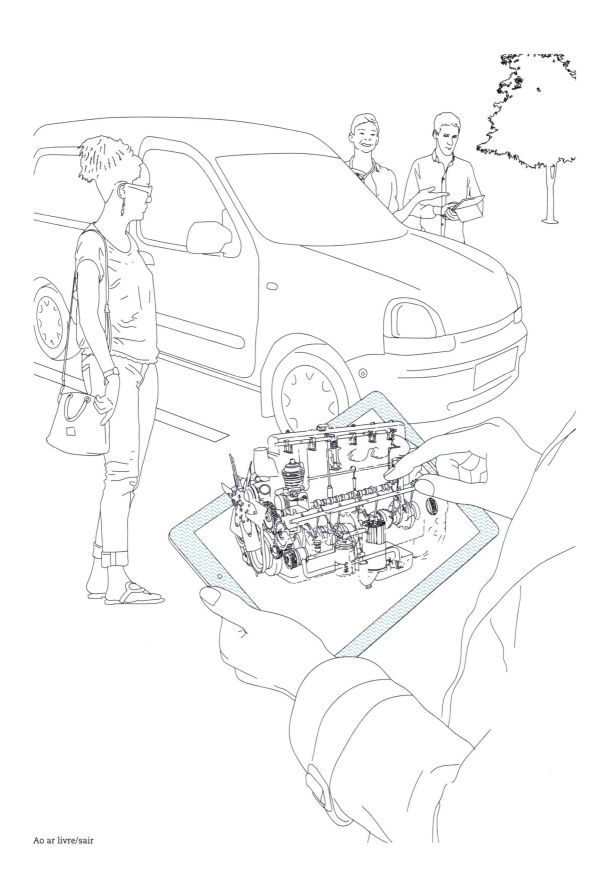

Ao ar livre/sair

CENÁRIO 4. SALAS COLABORATIVAS

Enunciado
Trata-se de oferecer espaços de trabalho alternativos à sala de aula, permitir situações de transmissão mais abertas, mais livres, desenvolver práticas coletivas na aprendizagem.

Constatação e desafios
Todos os processos pedagógicos incitam a variar as situações de aprendizagem. Além dos desafios didáticos e pedagógicos, é preciso ter a capacidade de mobilizar recursos materiais, mas também o tempo e o espaço. A disposição clássica das salas de aula não facilita o trabalho em grupo. É claro que as salas podem ser rearranjadas, mas como propor uma alternativa mais inovadora, mais radical?

Colocar as mesas em círculos no início de uma aula de 52 minutos e arrumá-las no final é muito demorado. É por isso que um uso colaborativo dos espaços demanda que estes últimos sejam apropriados e disponíveis. Trata-se, portanto, de abrir novos espaços, diversos e plurais, que permitam possibilidades de reagrupamentos variados, sem que o tempo de ensino seja impactado.

Objetivos
É preciso:
– reservar um espaço dedicado ao trabalho em grupo em cada andar, espaço que permita um deslocamento fácil e previsto para acolher o equivalente a duas classes; as mesas são dispostas em círculos; a sala é equipada com projetor de vídeo com um computador permanente, a fim de permitir aos professores trabalharem, sem se preocuparem com questões materiais incômodas;
– permitir aos alunos praticar o trabalho em grupo, a elaboração coletiva, eventualmente com outras séries.

Meios
Esse cenário demanda:
– adquirir novo mobiliário;
– reservar uma sala por andar, por unidade de ensino, por escola (primário);
– derrubar divisórias, se isso for útil para fazer uma sala maior;
– elaborar uma ferramenta de gestão da ocupação da sala.

Ponto de atenção
As condições materiais, os suportes de ensino, o mobiliário e os espaços são as ferramentas de uma boa realização pedagógica. Uma boa disposição dos lugares favorece novas iniciativas. Diversificar os espaços de transmissão é autorizar outras formas de ensino. Quando a possibilidade é dada, professores e alunos podem aproveitá-la.

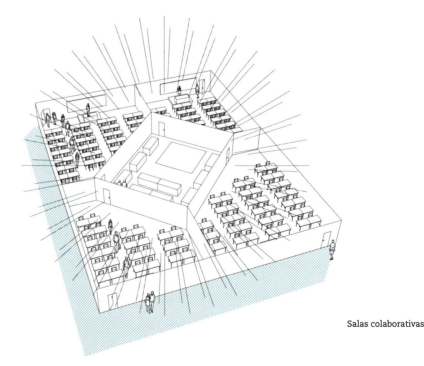

Salas colaborativas

BALIZA 6. IRRADIAÇÃO

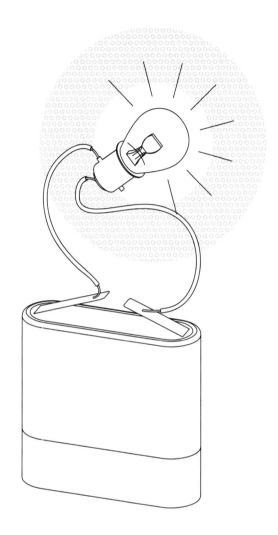

Irradiar, é:
– difundir em seu ambiente, liberar uma forma positiva de ser;
– ser percebido dentro de um raio, de uma zona geográfica;
– deslocar-se num espaço, irradiar, espalhar, iluminar, propagar, brilhar, dispersar;
– fazer sua ação ser sentida em uma certa extensão, propagar sob a forma de radiações a partir de uma fonte;
– manifestar sua influência num espaço geográfico dado, deslocar-se num certo raio em torno de um lugar.

O que percebemos na observação é que as escolas são pouco visíveis e pouco audíveis.

Identidade em negativo
O que sabemos sobre as zonas de educação prioritária? Uma sucessão de ideias negativas *a priori* servem para qualificá-la, desde "um bairro difícil" até "uma escola difícil", passando por "classes difíceis" e até "alunos difíceis". A isso se junta o sentimento de estar preso numa zona delimitada pelos poderes públicos, para a qual é preciso investir meios, implantar tesouros de inovação, tentar experimentos, e tudo isso contribui, portanto, com a estigmatização. Essa imagem é interiorizada por alguns atores da escola. Durante uma breve troca

com alunos do primeiro ano do colégio, uma delas contou a seguinte anedota. Um dia, no ônibus que o levava à escola pública, ela foi insultada por um aluno de uma escola particular, que lhe dizia que a escola Jean-Rostand era uma escola ruim. A jovem narradora não soube o que responder. No entanto, no que nos diz respeito, jamais fomos atingidos por uma suposta mediocridade dos lugares ou por práticas que viriam a desvalorizar o colégio. Como na maioria dos estabelecimentos escolares. E isso não é algo excepcional.

As escolas elementares conseguem uma integração um pouco melhor com o bairro graças aos contatos mais regulares e frequentes com as famílias, embora essas oportunidades de trocas informais desapareçam quando o aluno ganha autonomia para seus deslocamentos. As escolas apresentam um caráter mais insular e estanque: os pais têm poucas oportunidades de entrar nelas. Esse isolamento é contraprodutivo, uma vez que às expõem a críticas. É uma pena que elas valorizem pouco suas competências particulares e suas singularidades no exterior, uma vez que a escola não pode funcionar sob um modelo autárquico fechado. Ela deve guardar uma ligação que a permita ser conhecida e reconhecida.

Reverter o estigma
Antes mesmo de se fazer uma exigência de "inovação", palavra que pode vir a provocar alergia no universo da educação, é importante implementar ações e práticas que visam reverter o estigma e dar uma imagem mais justa da escola junto às pessoas de fora. Trata-se, portanto, de mostrar e valorizar as produções dos alunos e dos professores, mas sem enfatizar exclusivamente as produções artísticas. Não é útil apontar apenas para o extraordinário! Aqui, achamos interessante uma utilização dinâmica e interativa das ferramentas digitais (*blogs*, sites de internet, etc.).

Outra necessidade: é preciso abrir, acolher, convidar. Essa posição de abertura é interativa: "Eu mostro, eu me abro, mas em troca recebo retornos positivos, informações, ajudas, etc."

A irradiação apela à identidade do colégio, de cada escola e da rede, bem como à vontade e à possibilidade de aderir. A adesão é a vontade de fazer parte, a vontade de ser parte de um conjunto. Essa noção de identidade tem algo de novo, também em ruptura com o modelo que presidiu a definição de escola da era industrial.

Embora a escola deva transmitir um saber sensivelmente igualitário para todos, ela não deve fazê-lo numa uniformidade militar. Aparece então a possibilidade de uma identidade singular para cada escola e depois para um grupo de escolas (rede). Encontramos essa característica singular em alguns escolas sem que os diferentes atores estejam necessariamente conscientes disso. Por exemplo, o colégio que acompanhamos tem um coral excelente, de um nível bastante superior ao que podemos esperar num estabelecimento escolar. Esse coral integra as crianças do colégio, os antigos alunos, professores das escolas e organiza apresentações públicas com corais de escolas elementares da rede: "Eu estou numa escola onde se canta!

CENÁRIO 1. A ÁGORA

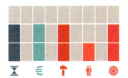

Enunciado
Criar um centro nevrálgico em cada estabelecimento para permitir ao mesmo tempo as trocas informais e as assembleias oficiais.

Constatação e desafios
A maior parte dos estabelecimentos não possui um centro nevrálgico que serve ao mesmo tempo como um lugar de troca, de discussão e de difusão do que se planeja na estrutura escolar, e como um lugar de abertura para outros espaços do estabelecimento. Falta, assim, um espaço de publicização, de transação entre os diferentes usuários, uma espécie de praça pública. Se é necessário conservar subespaços nos quais outros tipos de discussões podem emergir, a ágora participa da criação de espaços de trocas informais num lugar que, ele próprio, é organizado para favorecer a emergência de um espelhamento próprio à vida do estabelecimento.

Objetivos
Na cidade grega, a ágora designa ao mesmo tempo uma reunião e o lugar onde ela acontece. Mas essa ágora, em Atenas, por exemplo, não tem outros limites físicos e materiais além daqueles dados pela multidão reunida. Essa forma é mutante e depende do número dos participantes e da configuração de seu agrupamento. A ágora de Atenas é um mercado e, às vezes, quando necessário, o lugar onde os cidadãos se agrupam para discutir as questões da cidade.

A ambição de uma ágora no meio escolar é parecida. Por um arranjo propício à condução de reuniões, é um lugar no qual cada estabelecimento pode se transformar em um marco, uma praça pública onde os usuários circulam, discutem e se expõem. Dois tipos de reuniões devem poder acontecer numa ágora:
– uma reunião dispersa, constituída de pequenos grupos que trabalham entre si ou de pessoas sozinhas que desejam se inteirar sobre as atividades em torno;
– uma reunião institucional (propícia à realização de assembleias matinais, por exemplo, mas também exposições, etc.) que convida cada um a se encontrar nesse espaço por um tempo definido em torno de uma atividade anunciada previamente.

Ao informar aqueles que passam por ela, a ágora deve também conduzir para outros espaços adjacentes ou presentes no estabelecimento, como acontece com as ruas e atividades servidas por uma praça central.

Meios
O cenário demanda:
– uma identificação dos espaços disponíveis;
– uma equipe de projeto (direção, pessoal de manutenção e técnico, etc.);
– um planejamento da organização do lugar;
– se houver necessidade, especificação dos trabalhos necessários (isolamento acústico, por exemplo) com uma primeira organização sumária, uma adaptação das regras desse novo lugar e uma lista das comodidades necessárias (lugar mais eficiente e confortável).

Ponto de atenção
Dependendo dos estabelecimentos, o princípio da ágora tem diferentes configurações, que não atrapalham em nada seu funcionamento. São de fato os princípios (lugar nevrálgico de trocas, reuniões formais e informais, encaminhamento para outros espaços) que devem ser implementados para favorecer uma clareza na estrutura e na vida do estabelecimento, oferecendo mais convivialidade.

CENÁRIO 2. EU EXPONHO

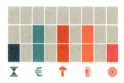

Enunciado
Mostrar e valorizar o trabalho realizado na escola.

Constatação e desafios
Na fase de observação, constatamos que o trabalho produzido pelas crianças foi bastante valorizado no espaço da escola no maternal e que, pouco a pouco, essa prática se perdeu até desaparecer quase totalmente no colégio. Quando o trabalho é, apesar disso, apresentado, ele de certa forma não é muito valorizado (A4 fixados nas paredes com fitas adesivas) e em lugares pouco adaptados (muito discretos ou em lugares de passagem).

O desafio é duplo: valorizar o aluno por seu trabalho e tornar este último público, visível para os pais, para os visitantes e para os funcionários. Em suma, trata-se de exibir com orgulho o trabalho produzido.

Objetivos
É preciso:
– exibir, pendurar, expor;
– reativar a prática da exibição;
– transmitir a imagem de uma escola viva;
– escolher e dedicar espaços para a exposição dos trabalhos;
– prever material que permita uma exposição adequada;
– variar os meios de publicação – papel, foto, vídeo, som, etc. – e variar os formatos;
– dedicar um espaço de grande visibilidade (alunos, professores, pais, visitantes);
– abrir e dar lugar à porosidade:
  - permitir a um artista convidado, a um artista em residência ou a um pai de aluno apresentar seu trabalho em uma bela sala de exposição;
  - mostrar um trabalho, torná-lo público, dar confiança, valorizar.

Meios
Esse cenário demanda:
– material que possa ser compartilhado entre escolas, mas também entre escolas e colégio;
– uma pessoa responsável que possa ser solicitada.

Pontos de atenção
– Os trabalhos são mostrados para serem conhecidos, provocar a vontade de fazer, nutrir a imaginação e a pesquisa.
– A escola demanda meios para falar de seu trabalho.
– Apresentar os trabalhos em boas condições não é fácil, porque requer ferramentas, lugares bem escolhidos e um pouco de habilidade.
– Uma exposição mal preparada e mal executada é contraprodutiva.
– Não existem exemplos-padrão. Trata-se de um aprendizado que se testa, que se experimenta; os melhores exemplos estão na vida (museus, exposições, ateliês, lojas).
– Todas as produções da escola podem ser mostradas, a questão é saber como.
Exemplos:
  - um texto não é suficientemente bem apresentado em um A4 com letras em corpo 12;
  - um texto pode ser projetado;
  - uma bela equação pode ser impressa.

EXPERIMENTAÇÃO 143

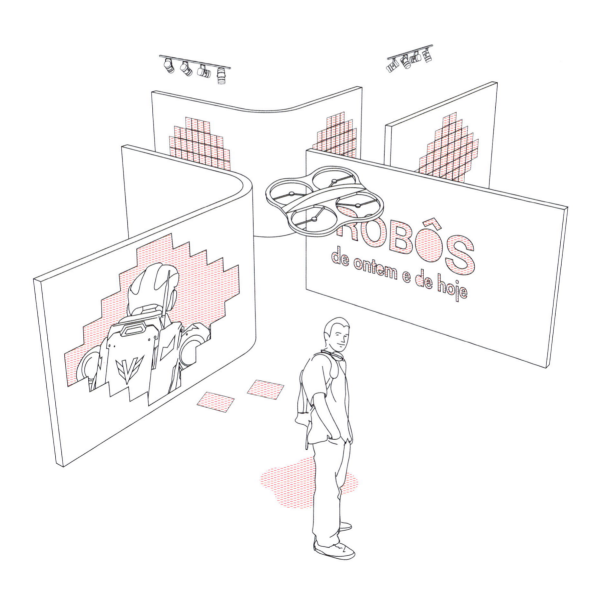

Eu exponho

CENÁRIO 3. ESCOLA DAQUI

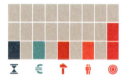

Enunciado
A vida da, dentro e pela escola é globalmente circunscrita no tempo escolar. No entanto, a escola se insere na vida do bairro ou da cidade e gera trocas com o tecido social local.

Constatação e desafios
A escola desempenha um papel na vida do bairro. Mas existem riscos de sacralização progressiva da escola, podendo levá-la ao isolamento.

"A escola aberta" é um conceito surgido nos anos 1970, numa época em que a "era do automóvel" se desenvolveu e empobreceu a vida do bairro. O refluxo hoje em dia da "era do automóvel" na Europa abre a possibilidade de novos modos de vida. As reflexões contemporâneas se voltam para a limitação de deslocamentos, a reconquista de serviços de proximidade e a revalorização da vida do bairro.

O tempo "útil" da escola está ligado ao tempo escolar. Algumas escolas já têm uma atividade que as caracteriza. A função social da escola fora do tempo puramente escolar merece, portanto, ser questionada com os parceiros associativos locais.

Objetivos
É preciso:
- abrir a escola – acolher competências exteriores, compartilhar, renovar o vínculo com o bairro, dessacralizar – e desdramatizar;
- ativar ou reativar as iniciativas que tornam a escola atriz da vida do bairro, com eventos como a gestão compartilhada de uma horta, a abertura de um coral ao público, a projeção de filmes no pátio, a venda de hortifruti, uma oficina de escrita aberta aos pais, etc.;
- caracterizar a escola por um serviço voltado ao exterior.

Meios
Esse cenário demanda:
- criar um grupo de coordenação das atividades abertas com a associação de pais, alunos representantes de classe e professores voluntários;
- dar espaço e colocar instalações à disposição.

Exemplos
Os exemplos são inúmeros, dos mais modestos aos mais ambiciosos. As novas formas de viver que são criadas dão lugar a inúmeras experiências:
- acolhimento, abertura, colocar à disposição;
- comunicação das produções feitas na estrutura escolar: teatro, canto, exposição de trabalhos, conferências, etc.;
- atividades compartilhadas (horta, saídas de bicicleta);
- cineclube;
- compartilhamento de um momento festivo;
- acolhimento de atividades permanentes e de atividades associativas (associações que têm proximidade com a escola, apoio escolar, alfabetização, esportes);
- acolhimento de associações ligadas à vida do bairro (associações agrícolas, pequenas oficinas de serviço público);
- residências de artistas;
- acolhimento de conselhos de bairro.

A escola aumenta assim seu papel social por meio de atividades extraescolares.

Ponto de atenção
É oportuno se apoiar nas singularidades próprias de cada escola, nascidas de sua história e da história do bairro. Essa abertura se apoia em parcerias e ela se constrói e se enriquece com o tempo.

EXPERIMENTAÇÃO 145

Escola daqui

CENÁRIO 4. OS PAIS NA ESCOLA

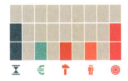

Enunciado

Os pais parceiros e atores da escola: eis um grande desafio da boa saúde da educação. Pais, professores, funcionários da escola não podem se conceber indiferentes uns aos outros, nem tampouco em oposição e ainda menos em desconfiança.

A relação deve ser reformulada, pois é essencial tanto para uns quanto para outros. Sem banalizar nada, a escola deve se abrir, integrar os pais como parceiros, como vizinhos, ou melhor, como recurso potencial.

Constatação e desafios

Nas últimas décadas, a ligação entre os pais e a escola se distendeu consideravelmente. Nosso estudo permitiu constatar uma presença fraca dos pais na escola. No colégio, foi preciso convidá-los. Na escola primária, o vaivém dos pais de manhã favorece o encontro no cotidiano. Esse encontro bastante frequente na escola maternal desaparece progressivamente quando as crianças ganham autonomia. A responsabilidade pela distensão dessa ligação é sem dúvida compartilhada: professores com agenda cheia, pais apressados e/ou consumidores de serviços, lugares pouco apropriados para o encontro, pais intimidados pela escola, etc. Podemos facilmente encontrar desculpas para cada uma das partes, mas também responsabilidades. A escola deve funcionar com os pais. O contrário cria disfunções, incompreensões ou conflitos. A lei reconhece o papel necessário dos pais e lhes garante direitos. Tudo depende do justo equilíbrio entre distância e proximidade.

Objetivos

É preciso:
- criar momentos de troca informais, cruzamentos, dessacralizar a escola sem banalizar o acesso;
- acolher melhor os pais e terceiros e atrair seu interesse, refazer as relações;
- permitir aos pais ter uma visão positiva dos trabalhos produzidos;
- relativizar as dificuldades;
- favorecer a porosidade dos conhecimentos e das competências.

Meios

Esse cenário demanda:
- criar verdadeiros lugares de acolhimento (acesso à descoberta de trabalhos dos alunos, acesso à troca com os funcionários da escola);
- favorecer os cruzamentos, os momentos informais de troca;
- favorecer um acesso simples à administração, aos conselheiros de educação e aos professores (cf. cenário "Sala dos professores", p. 93);
- organizar eventos.

Pontos de atenção

- Os melhores embaixadores da escola são os pais. Promover o diálogo simplifica as relações.
- Um professor ou um diretor intimida.
- Trocas informais em situações não solenes facilitam as relações.
- Nem todos os pais têm a mesma facilidade para entrar em contato.

EXPERIMENTAÇÃO

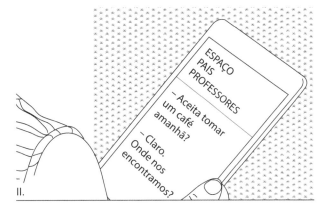

Os pais na escola

CENÁRIO 5. VALORIZAR A ESCOLA

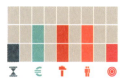

Enunciado
A imagem da escola é importante; uma imagem positiva traz satisfação e conforto a todos.

Constatação e desafios
A escola sofre da falta de visibilidade em todos os níveis. O que temos de bom a mostrar? O que nos caracteriza e representa a identidade de nossa escola? A escola não pode ser lida sem considerarmos seu contexto histórico, social e cultural. Certas escolas sofrem com uma má reputação ancorada na percepção local. Existe uma multitude de iniciativas que já trabalham para uma restauração da escola. É preciso destacar essas práticas existentes e valorizar o bom senso para impulsionar e ativar a "máquina escolar" a partir do interior.

A imagem das escolas não parece preocupar ou, pelo menos, não suficientemente (algumas escolas, entretanto, têm *blogs* muito bons). Junte-se a isso um lado pouco antiquado que percebemos com frequência ao visitarmos uma escola pela primeira vez: arquitetura, espaços de recepção, layout, sinalização. Como podemos imaginar a riqueza e a importância daquilo que é feito?

Objetivos
É preciso:
– construir e difundir uma identidade coletiva e positiva da escola;
– avançar em direção a uma análise benevolente do funcionamento da escola, fazendo emergir uma visão de escola atual e projeções sobre seu futuro;
– divulgar aquilo que os atores da escola fazem: iniciativas, projetos de escola, parcerias, produções dos alunos;
– valorizar todo o sistema em torno da escola e fazer um relatório daquilo que funciona; quais meios materiais, espaciais, humanos, econômicos, culturais... temos para fazer a escola avançar?
– dar visibilidade e prestar contas de tudo o que a escola produz;
– diagnosticar as disfunções;
– examinar e divulgar os recursos à disposição em termos de espaços, competências, meios, etc.;
– ser otimista e constatar o lugar e o poder de cada um para fazer as coisas mudarem;
– restaurar um clima de confiança e de ajuda mútua para a implementação e para a elaboração participativa de cenários.

Públicos envolvidos
– Os alunos, para que eles tenham conhecimento daquilo que acontece de interessante em sua escola.
– Os pais, que são os principais vetores do boca a boca.
– Os governos, que são procurados para montar os projetos.
– Os parceiros e as associações.
– O bairro, para o qual a escola é um polo importante.
– A internet, que é um bom vetor de informação e de valorização.

Pontos de atenção
– A imagem da escola é importante para todos.
– Difundir informação não implica necessariamente comunicar. Não se trata de investir pesado em comunicação, mas, sim, de dar mais visibilidade, com simplicidade e honestidade, e mostrar uma escola viva.
– Cada escola tem pontos fortes que devem ser visíveis.
– O trabalho de informação não termina nunca. Ele está sempre em movimento e cabe a cada um fazê-lo avançar.

Valorizar a escola

I.

II.

III.

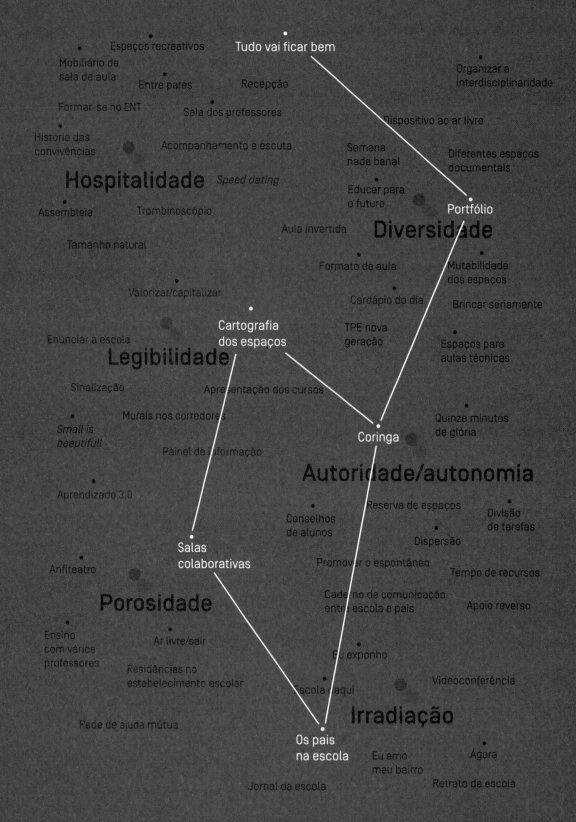

Figura 1. Constelação. Uma Constelação é uma combinação de vários cenários que permite elaborar um projeto global num estabelecimento de ensino.

O DESIGN À PROVA DA ORGANIZAÇÃO ESCOLAR

RETORNO DE EXPERIÊNCIA

Gilles Grosson, formador, doutorando em sociologia
Jean-Pierre Tixier, designer e professor

Esperar saber o suficiente para agir à plena luz é condenar-se à inação.[1]

Nosso grupo de trabalho encarregado de contatar o conjunto de estabelecimentos da rede, constituído por um colégio e várias escolas, com o objetivo de transmitir uma visão e um método nascidos do design, desencantou-se muito rapidamente. Constatamos, de fato, que a densidade dos cenários elaborados e propostos resultaram apenas em realizações modestas. Os motivos desse desencanto e do abandono de ações concretas e significativas de experimentação que encerraram nossa intervenção nos estabelecimentos levantam *de fato* a questão recorrente da mudança no mundo escolar. O que devemos mudar? Por que mudar? Como mudar? Quem deve mudar? Tantas interrogações vêm à tona como o estrondo de um vulcão adormecido. Essas questões de mudanças, de adaptação, de modificações, de ajustamentos ou ainda de novas disposições de práticas educativas que atravessam o mundo escolar já tinham sido apontadas por Émile Durkheim em *Educação e sociologia* como uma necessidade de "maleabilidade":

> Novas necessidades e novas ideias surgem sem cessar; para poder responder às mudanças incessantes que ocorrem nas opiniões e atitudes, é preciso que a própria educação mude, e, por consequência, permaneça num estado de maleabilidade que permita a mudança. A única maneira de impedi-la de cair sob o jugo do hábito e de degenerar-se no automatismo mecânico e imutável é fazê-la manter a curiosidade perpétua pela reflexão.[2]

Maleabilidade não significa submissão às exigências econômicas e políticas. Poderíamos dizer hoje: como moldar e diversificar as organizações escolares para responder melhor às necessidades locais dos alunos e de suas famílias?

A entrada pelo "como" esclarecida pelo design não foi suficiente para transformar a paisagem do território escolar no qual interviemos. A questão inicial que impulsionou nosso processo estava na intenção proclamada por um dos financiadores responsáveis: "mudar o jeito de mudar". Essa expressão lapidar foi o ponto de equilíbrio que manteve o interesse dos atores centrais e periféricos engajados nessa ação. É portanto uma constatação de fracasso? A presente obra nos convida a relativizar e a evitar uma avaliação de julgamento precipitado. Os fracassos, mesmo relativos, são tão instrutivos sobre a pertinência, a eficiência e os resultados de um processo de projeto iniciado quanto os sucessos obtidos ou esperados.

O princípio da ação da equipe consistia em se engajar na escola por caminhos adjacentes à pedagogia ou trilhas abandonadas, tendo como bússola o "processo do design". Balizar novamente os espaços e os tempos que imprimem ritmo aos hábitos e aos usos escolares é, de certo modo, reexaminar por outro ângulo o que parece caminhar sozinho e que faz parte de uma construção sócio-histórica. As disposições temporais e espaciais interferem nas relações educativas e, durante a experimentação, o conjunto de balizas e de cenários resultantes colocaram em equilíbrio o recipiente e o conteúdo da escola.

---

1   Jean Rostand, *Inquiétudes d'un biologiste*, © Stock, 1967.
2   Émile Durkheim, *Éducation et sociologie*, © PUF, 1922.

ENTRE RECEPÇÃO E HOSPITALIDADE

A chegada de uma equipe interdisciplinar nos estabelecimentos escolares composta de designers, arquitetos, antropólogos e sociopedagogos não basta. As boas intenções, ou até mesmo as "boas ideias", não são suficientes para criar uma adesão coletiva em torno de um projeto, uma vez que, para que exista e se imprima uma mudança real, não podemos nos contentar com simples arranjos. Portanto, foi uma espécie de arranjo entre as direções dos estabelecimentos, os professores e a equipe pluridisciplinar externa interventora que prevaleceu ao longo da tentativa de experimentação. Esse projeto colidiu com a dificuldade de elaborar um compromisso, quer dizer, um acordo durável entre os atores em torno de objetivos compartilhados, diferente de um arranjo provisório.

O designer chefe do projeto muitas vezes se encontrou na situação desconfortável de ter de solicitar diretamente aos professores para dedicar tempo ao trabalho, apesar do dinamismo e do entusiasmo da diretora adjunta. Os atores membros do grupo de pesquisa, e portanto estranhos à organização escolar, ficaram surpresos com as restrições de gestão do tempo de trabalho dos professores. Além disso, os professores não podiam se reunir nos momentos "que tinham aula", pois estavam diante dos alunos, nem no tempo em que "não tinham aula", pois estavam ausentes da escola. Em termos de disponibilidade, não restava mais do que as "brechas no emprego do tempo", "os momentos entre meio-dia e duas" ou "o fim da tarde depois das 17h" propostos por cada um dos professores voluntários e designados para que o chefe de projeto tentasse, de alguma forma, organizar o tempo do trabalho coletivo. Esses três parâmetros que regiam o tempo de trabalho coletivo dos professores divergiam de um professor a outro segundo o emprego do tempo profissional (as aulas) e as disposições pessoais de cada um: "É um projeto interessante, virei à reunião hoje à noite, mas às 16h30 preciso sair para buscar minha filha", diz legitimamente um professor. A prática própria da profissão de professor induz a sobreposições sequenciais de tempos e espaços de trabalho entre a casa e a escola: preparação e correção em casa, aula, atendimentos e conselho de classe na escola. Essa configuração pode parecer caricatural e um pouco melancólica. Ela decorre, no entanto, de um estado de coisas das regras da organização do trabalho no mundo escolar no qual os diferentes atores – alunos, professores, pais – circulam. Durante a experimentação, quando essas restrições puderam ser superadas, o tempo dos *workshops* foram frutíferos e produtivos, como testemunham os cenários descritos.

Nos anos 1970, Crozier e Friedberg revelaram que a organização não é unicamente um meio a serviço de uma meta, que bastaria ser gerenciada segundo uma lógica racional e objetiva. Eles mostraram que uma organização é um sistema complexo de interesses coletivos e de interesses particulares que se estendem ou comprimem segundo as ações dos atores que, de certa forma, jogam com as regras para conservar uma margem de autonomia. Resulta disso o fato

> [de que] a ação coletiva e a organização são complementares. Essas são as duas faces indissociáveis de um mesmo problema: aquele da estruturação dos campos nos quais a ação, toda ação, se desenvolve. Não podemos conceber uma ação coletiva determinada somente pelos proprietários "intrínsecos" dos problemas a resolver... Os atores são prisioneiros dos meios que utilizaram para regrar sua cooperação e que circunscrevem até mesmo suas capacidades de definir novas finalidades.[3]

A parte da autonomia de que os atores dispõem, parte da autonomia que lhes permite jogar com as regras, sustenta as organizações. O sentindo que os profissionais dão à sua profissão bem como os recursos que eles mobilizam para regular seu investimento no trabalho orientam seu posicionamento diante da mudança.

Os atores se lançam a um projeto de inovação em função das representações que fazem: "O que é que os designers podem nos trazer de novo?" ou "Não precisamos deles para isso!". Seu caminho pessoal de vida e seu caminho de formação, ou mesmo a vivência pessoal como aluno, desempenham um papel determinante nas motivações que os levam a se engajar em sua profissão de professor com a vontade de mudar as práticas de ensino.

> A negociação deve portanto integrar ao debate sobre a racionalidade coletiva uma nova dimensão que, então, relaciona-se diretamente com as divergências entre

---

3 Michel Crozier, Erhard Friedberg, *L'Acteur et le système*, © Seuil, 1977, p. 20.

lógicas de atores coletivos e lógicas de atores individuais. Novas capacidades de diagnósticos se tornam necessárias para avaliar as consequências das decisões. Os efeitos das estruturas do trabalho não podem mais ser analisados em relação somente às posições internas na organização.[4]

ENTRE POROSIDADE E IMPERMEABILIDADE

A chegada de um projeto, por mais virtuoso que seja, como a introdução do processo do design nas práticas educativas, perturba as relações informais existentes, compostas de ajustes e de acordos locais entre os atores. O "formato" de profissionalização dos professores implica estudos longos e difíceis, bem como um concurso; tudo isso para chegar a ensinar uma disciplina dezoito horas por semana, aplicando programas do Ministério da Educação. Eles então prestam contas da validade de suas práticas profissionais junto aos especialistas hierárquicos (os inspetores). Nas organizações escolares saturadas por tempos e espaços que determinam funções específicas por meio de regulamentos e programas, as margens de autonomia e adaptação são reduzidas, embora a lei de orientação de 2005 na França autorize a experimentação, em ligação com os conselhos educativos para pesquisa e desenvolvimento em inovação e experimentação.

A surpresa citada anteriormente é gerada pela lacuna entre os trabalhadores independentes que gerenciam seu tempo de trabalho segundo restrições externas (clientes, fornecedores, etc.) e trabalhadores que poderíamos qualificar de "muito dependentes", bem como funcionários, que são gerenciados pelas restrições de tempo internas, ditadas por uma organização escolar uniforme. O trabalho realizado durante a experimentação foi palco de um confronto entre os mundos profissionais que se diferenciavam por sua concepção e modalidade de trabalho, todos os dois com base em modelos de organizações que são antípodas: de um lado as profissões de forte vocação de criatividade – designers, arquitetos ou pesquisadores de ciências humanas – e, de outro, profissões cujas funções são contidas e delimitadas por regras burocráticas.

DA CRISTALIZAÇÃO DA FORMA ESCOLAR

É nesse interstício de organização espaço-temporal que caracteriza a forma escolar que o processo do design chegou para cravar um espaço. Mas o tronco de madeira permaneceu rígido, manteve sua forma cilíndrica. O cenário "Formato de aula" ilustra esse confronto entre uma organização escolar uniforme e celular e um cenário de projeto polimorfo e pluricelular, nas concepções espaço-temporais da aprendizagem. Durante uma conferência, Christian Maroy nos lembrou as características da forma escolar na qual a equipe se deparou.

> Os trabalhos sócio-históricos de Guy Vincent (1994) sublinharam como a escola foi construída e desenvolvida na Europa entre os séculos XV e XVIII, baseando-se na "forma escolar", um dispositivo organizacional e institucional particular que, simultaneamente, define uma organização espaço-temporal (a escola como lugar separado, dispondo de uma estrutura temporal específica, que se opõe à de outras organizações), dá forma ao saber a ser transmitido (um saber estruturado pela forma escrita) e a uma relação social particular (a relação pedagógica de transmissão professor-aluno).[5]

O conjunto de cenários vem mexer com essa ordem instaurada pela forma escolar e reexaminá-la.

Por extensão, a categoria de ator interno da organização que são os alunos está submetida ao mesmo regime de um agir normativo. A parte da autonomia sobre as temporalidades da aprendizagem não diz respeito aos alunos. Os alunos são forçados a se curvar a tempos sequenciais de 55 minutos, destinados ao ensino de uma disciplina. As margens de autonomia que a organização oferece são mais do que restritas. A recente reforma para o Ensino Prático Interdisciplinar no colégio abre caminho para mais autonomia para os atores e vai na contracorrente da forma escolar que tende a prender os atores – professores, equipe de supervisão – em papéis e funções preestabelecidas.

---

4 Renaud Sainsaulieu, *L'Identité au travail*, © Presses de Sciences Po, 1988.

5 Christian Maroy, Les évolutions du travail enseignant en France et en Europe. Facteurs de changement, incidences et résistances, in Les cahiers de recherche en éducation et formation, n° 42, © GIRSEF, jul. 2005.

Os professores se deparam com grupos nos quais o nível escolar, as faixas etárias, as capacidades físicas, cognitivas e culturais são cada vez mais contrastantes. O número de desistentes continua sendo relevante e é objeto das prioridades ministeriais para o ano de 2016. O mesmo vale para aquilo que diz respeito a alunos com necessidades educativas particulares, sobretudo com dislexia, os precoces ou os com deficiência que, segundo a lei, devem ser integrados ao currículo-padrão do colégio. O colégio único e unificado, cuja implementação começou nos anos 1975, é reforçado pela supressão recente das repetições. Todos esses fenômenos combinados perturbam as rotinas escolares. Gerar heterogeneidade de classes, construir percursos diversificados e diferenciar as pedagogias são grandes desafios. A relação pedagógica sob a forma de um face a face pedagógico é rejeitada pelo público de alunos de colégio. Seguiu-se então uma revolução inevitável nas práticas de ensino. Em quarenta anos, passamos de um colégio que preparava os melhores alunos para o liceu para um colégio que deve acolher todos os alunos dos 11 aos 15 anos de idade. Num contexto como esse, em que os usos educativos são levados a reformas quase permanentes, o processo do design é um recurso para repensar o presente das escolas em seu modo de funcionamento global, levando em conta o contexto particular de cada estabelecimento.

ENTRE IRRADIAÇÃO E OPACIDADE

Um projeto de experimentação tem como primeiro efeito mexer com as práticas pedagógicas existentes e as rotinas profissionais, mas exige, além disso, que possa integrar os desafios institucionais, técnicos, organizacionais e humanos em seu processo. É, sem dúvida, uma grande dificuldade que faz com que os experimentadores entrem numa dimensão de ação complexa, não linear, que exige de sua parte a aquisição de uma visão de conjunto desses desafios.

As balizas também marcam a trajetória de ação de uma experimentação. Além da pertinência das intenções educativas, a ação de experimentação coloca a questão de saber como os coletivos de atores envolvidos vão interagir e cooperar. Uma das primeiras balizas deve garantir que o objetivo do projeto seja claramente definido em suas intenções e suas visões no início da ação, pois isso gera novas colaborações entre as pessoas ligadas à mudança que vem à frente. Durante nossa experimentação, a construção colaborativa de uma problemática inicial entre os atores em campo e os parceiros iniciadores do projeto falhou nessas exigências. É um ponto que ficou faltando, e deve-se tirar uma lição disso. A confiabilidade da abordagem de projeto e as escolhas feitas em função dos desafios e do ambiente constituem a base da ação. Esta última visa enraizar essas ambições educativas na realidade, que é composta de seres humanos, de teorias pedagógicas e didáticas, de regulamentações, de objetos técnicos e de organização.

A implementação dos cenários exige recompor em escala maior ou menor com os meios existentes: horas de aula, locais, suportes de aprendizagem. Esses desafios técnicos e operacionais não podem ser pensados independentemente da pedagogia. Devem ser pensados de maneira conjunta. Desafios pedagógicos, sociograma e tecnograma estão em interação permanente. Eles formam o sistema e constituem o campo da ação de experimentação no interior da organização. Além do interesse e do caráter inovador do processo seguido, os experimentadores devem poder compor, encontrar interlocutores, compartilhar desafios, mobilizar os meios, elaborar acordos dentro da estrutura de regras administrativas. A sociologia da inovação mostrou que não é apenas a qualidade ou a pertinência de um projeto que, sozinhas, permitem que ele seja realizado. A rede que se elabora em torno do objeto tem toda sua importância. Ela constitui uma malha de atores vindos de diferentes instituições, que permitem ao projeto construir uma legitimidade, perdurar e se desenvolver. Essa malha não teve consistência em nossa trajetória.

A experimentação, como a inovação, gera naturalmente incerteza. É por isso que acessar os riscos e a capacidade da equipe de criar ferramentas de avaliação também é crucial. Os riscos, as múltiplas áreas de incerteza aparecem em cada fase da montagem do projeto, desde a concepção até a implementação. Os experimentadores devem usar a intuição, a criatividade, a escuta e a vigilância para acompanhar a ação em movimento. A experimentação escapa à visão programática e linear. É naturalmente que deriva o projeto de inovação, daí a elaboração de balizas que são os marcadores do território de ação no qual as experimentações de cenários traçam seu caminho ou se esgotam na informalidade dos discursos de justificativas sobre as razões de agir. Em termos de conclusão, retomemos a proposta de Gilles Herreros.

Nenhuma descoberta ou inovação (por mais genial que seja) pode fingir estar vestida de virtudes suficientes para se vangloriar de si mesma. Para simplificar, isso sugere que o sucesso de uma mudança não está nem em suas qualidades intrínsecas nem nas características daquele que a promove. Ela reside, na verdade, na capacidade daqueles que almejam que ela ocorra ao longo de um processo no qual se formam conjuntamente conteúdo e recipiente. O objeto resultante (o conteúdo da mudança) só existe se for pouco a pouco inventado, (de)formado, pelos coletivos (o recipiente) que têm interesse em sua existência. Numa construção colaborativa, recipiente e conteúdo se apoiam mutuamente, e esse processo caracteriza o advento da mudança.[6]

---

6   Gilles Herreros, *Pour une sociologie d'intervention*, © Erès, 2002.

ESPAÇO ESCOLAR, AMBIENTE ESCOLAR

"A arquitetura escolar contemporânea manifesta com frequência a interação entre o 'dentro' e o 'fora' e entre os diversos lugares de aprendizagem."

Marie Musset

DAR AULA NA SALA DE AULA HOJE?

DESAFIOS, PRÁTICAS, DEBATES

Marie Musset, IA-IPR de letras

A arquitetura dos prédios escolares se modifica de acordo com as exigências das instituições e das expectativas da sociedade. Em nossos dias, o digital, e com ele as novas modalidades de aprendizagem, imprime sua marca no espaço escolar e, embora trazendo respostas institucionais, pedagógicas e arquitetônicas variadas, todos os sistemas escolares sentiram essa evolução. Na França, a Base comum de conhecimentos, competências e cultura[1] afirma que "o mundo contemporâneo introduziu na escola as ferramentas digitais que dão acesso a uma informação em proliferação cujo tratamento constitui uma habilidade importante" e que o conjunto das disciplinas participam da aprendizagem de um "uso esclarecido dessas ferramentas, com fins de conhecimento, e não somente de informação". A escola empreende um esforço de equipamento e formação iniciado em 1985 com o plano Informática para todos e, na continuidade das práticas nascidas da internet, combina esse aprendizado com aquele do "trabalho cooperativo e colaborativo".

A modularidade e a flexibilidade exigidas por essas novas formas de aprendizagem naturalmente apontam para a singularidade do espaço da sala de aula herdada do século XIX – e nenhum trabalho sobre a forma da escola foge dessa questão. A noção, que se tornou corrente, de "espaço de aprendizagem parece agora mais adaptada, enquanto aquela de espaço escolar" designa "o conjunto de lugares dedicados às diferentes formas de aprendizagem de saberes e de socialização daqueles e daquelas que os frequentam". Sublinhamos também que convém, sem dúvida, "colocar fim à identificação, tão intuitiva quanto generalizada, do espaço escolar com a sala de aula, e de levar em consideração igualmente os corredores, o pátio, o saguão, a midiateca, o restaurante ou ainda os espaços exteriores, com ou sem vegetação, que cercam o prédio da escola".[2] A flexibilidade, até, para alguns, a "desconstrução", da sala de aula passa por essa certeza de que todo o prédio escolar é educador.

Então "por que nos acomodamos sempre na sala de aula?"[3] apesar de seu caráter considerado "obsoleto"[4,5] na era digital? De fato, a imensa maioria das aulas reúne uma classe, um professor e uma sala de aula – a maior parte do tempo bastante convencional – na qual esperamos que o professor trabalhe conteúdos e métodos concebidos e construídos para responder às expectativas da Base curricular e dos programas em curso.

Nossa reflexão considerou um painel de cerca de 240 aulas em classes de colégio e cerca de vinte na escola primária: observando o que acontece nesse espaço,[6] em regra geral de 55 m² para 25 a 30 alunos e um professor, perguntando-nos como os professores e as equipes educativas respondem às demandas prementes, mas às vezes paradoxais, da instituição e da sociedade. Para fazer os alunos terem sucesso, demanda-se deles:
– uma escola livre das solicitações do mundo/uma escola em contato com o universo inteiro;
– uma escola sinônimo de segurança, tanto física quanto psíquica e cognitiva, necessária para impulsionar na direção do desconhecido que representa o

---

1   A Base comum de conhecimentos, competências e cultura define as competências, com base em conhecimentos de diferentes áreas do ensino, que um aluno deve dominar progressivamente durante a escolarização obrigatória (documento disponível para consulta em eduscol.education.fr).

2   Maurice Mazalto, Luca Paltrinieri, "Introduction. Espaces scolaires et projets éducatifs", in *Revue internationale d'éducation de Sèvres*, n° 64, *Les espaces scolaires*, CIEP, 2013, p. 31-40.

3   Pascal Clerc, "En rangs", in *Diversité*, n° 179, *Habiter l'école. Lieu ouvert, lieu fermé*, Rede Canopé, 2015, p. 82-87.

4   Nair Prakash, "The classroom is obsolete: it's time for something new", in *Education Week*, n° 28, Editorial Projects in Education, julho 2011.

5   Emmanuelle Marquez, "La qualité du cadre de vie conditionne la pensée et le comportement", in *Diversité*, n° 179, *Habiter l'école. Lieu ouvert, lieu fermé*, Rede Canopé, 2015, p. 73-79.

6   Os estabelecimentos escolares estão submetidos à regulamentação do CCH e dos ERP.

conhecimento novo/uma escola que seja trampolim de todas as audácias do pensamento;
– uma escola que desejamos ver habitada como uma "casa" e que às vezes a imite/uma escola que represente uma instituição que encarna e transmite valores.

No que diz respeito à classe que nos interessa, a do segundo grau, é certamente útil esclarecer que existem três casos específicos, dependendo das escolhas pedagógicas e de restrições espaciais ou organizacionais:
– o grupo da classe em sua sala de aula (a porta traz o nome da classe) e os professores circulam;
– os professores têm sua sala de aula e os alunos circulam (a porta pode trazer o nome do professor e/ou de sua disciplina);
– ninguém tem sala de aula designada e a porta traz a informação do horário... da sala (professor e classe): todo mundo circula, mesmo que a preparação do emprego do cronograma cuide de limitar esses deslocamentos.

O QUE ESPERAMOS DO ESPAÇO ESCOLAR?

Flexibilidade, modularidade

A maior parte das avaliações e preconizações sobre as "transformações do futuro" diz respeito à flexibilidade dos espaços escolares. A arquitetura não mais designa sempre uma classe a um lugar e apoia a dimensão educativa das trocas entre os alunos e com o conjunto da comunidade educativa, seja durante os deslocamentos, seja durante o tempo de aprendizagem e de descanso. Ao longo do primeiro ano do colégio, os alunos são "progressivamente acostumados, com uma nova organização pedagógica e com os novos ritmos das aulas, a viver numa nova estrutura que aprenderam a decodificar e compreender"[7] e os espaços encarregam-se de se adaptar às diferentes formas de trabalhar e de aprender, implementadas no ensino desde algumas décadas. Estas últimas (projeto profissional de caráter pedagógico em 2000, itinerários de descoberta em 2002, reforma dos liceus em 2010, aprendizado por projetos interdisciplinares em 2011, EPI em 2016...)[8] são todas caracterizadas por serem trabalhos em grupo, articulando pesquisas documentais e construção de um pensamento pessoal. O tempo dos prédios não é aquele das reformas, as exigências tanto pedagógicas quanto organizacionais podem rapidamente se tornar um verdadeiro quebra-cabeças para os estabelecimentos, na França e em outros países.[9]

As evoluções do uso do digital modelam também amplamente a relação com o espaço: a "sala de informática" tende a desaparecer, e surgiu o hábito de pedir o computador em sala de aula. No entanto, observamos que os alunos transpõem naturalmente suas práticas digitais para a escola, agora associadas ao telefone celular: este último, geralmente rejeitado no estabelecimento, é no entanto solicitado em inúmeras etapas de trabalho: alunos motivados pela pergunta do professor pesquisam na internet (discretamente, já que o regulamento não o permite), registram-se para acompanhar um trabalho ou preparar uma leitura, fotografam recursos ou a lousa no final da aula, enviam tudo a um colega ausente, etc. Esses "novos usos"[10] são cada vez mais compartilhados e as academias os levam em conta nas formações que propõem aos professores. Essa necessidade de trabalhar em grupos de tamanho variável e que dispõem de recursos diversos, hoje em grande parte digitais, supõe evidentemente que o prédio esteja devidamente equipado: conectividade, manutenção, aspectos burocráticos, etc. Como as práticas digitais, essas restrições atuais relançam o debate sobre o uso de ferramentas pessoais (processo chamado AVEC, que na sigla em francês significa "trazer seu equipamento pessoal de comunicação")[11] que muitos dos alunos e professores possuem: telefone, computador, *tablet*. Sem ignorar a complexidade do debate, ressaltamos que os professores

---

7   Cf. "Volet 1: les spécificités du cycle des approfondissements (cycle 4)", in "Programme d'enseignement du cycle des approfondissements (cycle 4)", BO spécial n° 11 de 26 de novembro de 2015.

8   PPCP: circular n° 2000-094 de 26 de junho de 2000 (BO n° 25 de 29 junho de 2000, cf. aussi BO spécial n° 1 de 4 de fevereiro de 2010); IDD: circular n° 2002-074 de 10 de abril de 2002 (BO n° 16 de 18 de abril de 2002) ; TPE: nota de serviço n° 2011-091 de 16 de junho de 2011 (BO n° 26 de 30 de junho de 2011).

9   "Mise en œuvre de la réforme des lycées d'enseignement général et technologique", relatório IGEN n° 2011-010, fevereiro de 2011; "Suivi de la mise en œuvre de la réforme des lycées d'enseignement générale et technologique", relatório IGEN n° 2012-003, janeiro 2012.

10 Rémi Thibert, "Pédagogie + Numérique = Apprentissages 2.0", in *Dossier d'actualité Veille et Analyses*, n° 79, Ifé, novembro 2012.

11 Cf. *Journal officiel*, n° 0071, 24 de março de 2013, "Avis divers / Commission générale de terminologie et de néologie", n° 38, p. 5040.

utilizam seus *tablets*, mais portáteis que o computador desktop, na mesa e que pode às vezes recuperar a prática do "professor à mesa"; os Encontros sobre o digital 2014[12] da academia de Poitiers citam o relato de um professor que utiliza seu *tablet* e um *midia center* no Android para comandar o quadro digital interativo e a estação de projeção de vídeo. Durante uma atividade, ele cria uma rede com um CPL[13] (roteador) para que os alunos estabeleçam uma conexão de internet com seu *smartphone* e possam assim tirar e enviar fotos, pequisas ou utilizar *sites*. A inspeção geral enfatiza que a inovação pedagógica tão esperada, no entanto, não virá dos espaços digitais de trabalho, mas certamente das ferramentas móveis (*smartphones*, tocadores de MP3, *tablets*).[14]

Espaço e ambiente escolar

A maior parte dos sistemas escolares considera hoje que, para garantir sua missão institucional e fazer todos os alunos terem sucesso, a escola deve se questionar sobre a serenidade do ambiente escolar. Reduzir as desigualdades, o absenteísmo e as desistências, cuidar da estabilidade das equipes, melhorar o bem-estar dos alunos e dos adultos[15] passa pela atenção dada aos espaços.

> Agir sobre o ambiente escolar é prestar atenção à qualidade das relações humanas no estabelecimento, à qualidade da organização e dos espaços de vida.[16]

Se o desenvolvimento rápido e massivo das tecnologias digitais faz mudar profundamente as maneiras de aprender, uma das missões do professor, explicitada nos dois primeiros domínios da Base ("as línguas para pensar e comunicar; os métodos e ferramentas para aprender"), é a de dar acesso e sobretudo sentido à abundância de informações. Em todas as situações de aprendizagem, o papel da motivação e das trocas durante a aprendizagem são "cruciais":[17] entre todos os espaços escolares, o espaço da sala de aula funciona particularmente como estrutura social. A restrição ditada por sua forma assume assim um papel para construir o grupo, e o digital preenche sua função de ferramenta a serviço das aprendizagens: trata-se não só unicamente de acessar todo o saber do mundo, mas de habitar e compartilhar um lugar no qual selecionamos, classificamos, comentamos, organizamos o saber para criar uma experiência cultural compartilhada. A importância dada ao ambiente escolar lembra, se necessário, que a atenção dada às pessoas e às interações sociais é uma prioridade e que, mais do que uma "vitrine de modernidade, o estabelecimento escolar deve ser um lugar no qual 'nos sentimos bem'."[18]

Habitar uma instituição

A última expectativa em relação ao espaço escolar, muito antiga, não é a menor delas. De fato, a escola não é "um lugar de convívio como os outros".[19] Durante séculos, todo o prédio escolar exprimiu esta evidência: a arquitetura pública, neste caso a da escola, tem como função manifestar os valores da sociedade que a contém. Os "volumes austeros, uma organização em torno das palavras-chave ordem e disciplina"[20] caracteriza assim a arquitetura escolar da época de Jules Ferry. O *status* social e a importância da missão do mestre se exprimem em todas as escolas municipais, tanto na França como em outros lugares. Aos muros altos que protegem os estudantes de liceu do século XX dos estresses da cidade sucederão os inúmeros colégios construídos no pós-guerra e que marcam em todos os países ocidentais a democratização da escola. Ir à escola é, portanto, entrar num lugar que tem também por função representar uma instituição e, por missão, transmitir valores.

Essa exigência enfatiza uma forma de paradoxo que pode se exprimir na arquitetura escolar: como fazer para estar ao mesmo tempo "como se estivesse em casa" – muitas arquiteturas contemporâneas acompanham essa necessidade que permite se sentir em segurança para aprender – e perceber que se trata

---

12 Cf. o site "Usages du numérique éducatif" (académie de Poitiers).

13 Aparelho que permite construir uma rede de informática sobre a rede elétrica.

14 "Suivi de la mise en œuvre de la réforme des lycées d'enseignement générale et technologique", rapport IGEN 2012, n° 2012-003.

15 Definição da missão ministerial de prevenção e de luta contra as violências no meio escolar. www.education.gouv/ climat scolaire et prévention des violences

16 Alice Giralté, "Climat scolaire, architecture et usages des espaces scolaires", in *Diversité*, n° 179, *Habiter l'école. Lieu ouvert, lieu fermé*, Rede Canopé, 2015, p. 46-51.

17 The Nature of Learning : Using Research to Inspire Practice, OECD, 2010.

18 Alice Giralté, *op. cit.*, p. 46-51.

19 Michel Lussault, "L'école ne peut pas être indifférente à l'expérience singulière du monde", in *Diversité*, n° 179, *Habiter l'école. Lieu ouvert, lieu fermé*, Rede Canopé, 2015, p. 7-11.

20 Maurice Mazalto, *Une école pour réussir: l'effet établissement*, L'Harmattan, 2005.

também de "habitar uma instituição"?[21] O lugar que a escola tem na construção da sociedade exige que "assumamos seu caráter institucional"[22] pois, lá também, o espaço é educador e o quinto domínio da Base curricular ("situar-se no mundo social") considera isso. John Ruskin, escreve Alain de Botton em *The architecture of happiness* (A arquitetura da felicidade), "sugeriu que exigíssemos duas coisas de nossos prédios. Queremos que eles nos protejam. E queremos que eles falem conosco – falem daquilo que achamos importante e temos necessidade de sermos lembrados". Essa exigência se exprime também no que diz respeito ao prédio escolar; ela repousa na convicção de que esse espaço reúne uma comunidade educativa encarregada de uma missão e permite que essa missão se exerça. De fato:

> A crença na importância da arquitetura [o texto original é mais rico: *Belief in the significance of architecture*] está fundada na ideia de que somos, para melhor e para pior, pessoas diferentes nesses lugares diferentes – e na convicção de que é tarefa da arquitetura tornar mais claro aos nossos olhos o que poderíamos ser idealmente.[23]

Dar aula
Um lugar, uma missão, que se resume na maioria dos casos ao cotidiano do professor e de seus alunos.

> A sala de aula é a parte da escola reservada aos exercícios escolares.
> Na verdade, podemos dizer que ela é a própria escola [...] Ela merece atrair a atenção dos pedagogos.[24]

Ao longo dos séculos, todos os pedagogos se esforçaram em descrever as características do lugar. Acrescentemos a isso que o termo "classe" tem várias acepções concomitantes: trata-se do conjunto de alunos que seguem o mesmo curso ("classe do sexto ano"), da sala de aula e do estabelecimento ("sair da

Figura 1. Jean Suquet, *Liceu piloto de Sèvres (Hauts-de-Seine).*
A aula de história: trabalho em grupo sobre Herácles, 1958.
Fotografia, 60 x 60 mm.
Coleção do Musée National de L'Éducation (MUNAE),
fundo I.P.N., Paris, n° Inv. : 1978.05290.1939

classe"), e podemos acrescentar desde o século XXI, na França, a expressão "hora de vida em classe".*

Mais recentemente, levar em conta o digital é outro grande fator de organização do espaço escolar. Informática para todos (1985), Escola digital rural (2008), Plano de desenvolvimento dos usos do digital na escola (2010), Plano digital para a escola nacional (2014)...: desde o Plano Calcul de 1966, a escola acompanha a "revolução digital". Ano após ano, as práticas de classe confirmam que aquilo que chamamos de NTIC (novas tecnologias de informação e comunicação) e depois de TICE agora faz parte da panóplia pedagógica. Desde 2010, o referencial de competências[25] do professor determina:

> Todo professor é afetado pelo uso das ferramentas digitais e sua integração nas práticas pedagógicas [...] Os conhecimentos e as capacidades esperadas são aquelas relativas às competências do certificado Informática e Internet de nível 2 "professor", conferido na estrutura do mestrado.

---

21 Michel Lussault, *op. cit.*, p. 7-11.
22 Id.
23 Alain de Botton, *The Architecture of Happiness*, © Penguin, 2007: "Acreditar no significado da arquitetura tem premissa na ideia de que nós somos, para o bem ou para o mal, pessoas diferentes em lugares diferentes – e na convicção de que é a tarefa da arquitetura tornar vívido para nós quem podemos ser idealmente".
24 Ferdinand Buisson (dir.), Nouveau dictionnaire de pédagogie et d'instruction primaire, artigo "salle de classe", Hachette et Cie, 1911. Disponível para consulta no site do Ifé.

* N. T.: Uma hora dedicada à expressão dos alunos sobre a vida da classe.
25 Boletim oficial n° 29, de 22 de julho de 2010.

"[O professor] é capaz:
- de conceber, preparar e implementar conteúdos de ensino e situações de aprendizagem, apoiando-se em ferramentas e recursos digitais;
- utilizar as TICE e as ferramentas de formação aberta e a distância para atualizar seus conhecimentos;
- trabalhar em rede com as ferramentas de trabalho colaborativo.

Por outro lado, ele deve observar "uma atitude: crítica diante da informação disponível, refletida e responsável na utilização das ferramentas interativas exigidas dos alunos". No referencial atual,[26] "integrar os elementos da cultura digital necessários ao exercício de sua profissão" significa:
- tirar o melhor proveito das ferramentas, dos recursos e dos usos digitais, em particular para permitir a individualização da aprendizagem e desenvolver aprendizagens colaborativas;
- ajudar os alunos a se apropriarem das ferramentas e dos usos digitais de maneira crítica e criativa;
- participar na educação dos alunos para um uso responsável da internet;
- utilizar de forma eficiente as tecnologias para trocar e se formar.

Os referenciais descrevem, portanto, os arranjos necessários do espaço escolar em seu conjunto, e no espaço da sala de aula em particular.

A sala de aula combina o ontem e o amanhã

A constatação é compartilhada pelos autores: "relíquia da Revolução Industrial",[27] a sala de aula será um espaço obsoleto que tende a desaparecer, assim como a "fixidez do horário de aula, dos usos, das disciplinas, do emprego do tempo".[28] Arcaica, ela marcaria a "dimensão desatualizada do ensino secundário".[29] Os planos mostram também que "a sala de aula tende a se distanciar do modelo retangular tradicional. Ela com frequência não tem mais porta e se deforma. Sem dúvida, vai se dissolver em outros espaços, uma vez que a escola do futuro provavelmente não terá mais necessidade de classes".[30] De fato, mais do que seu desaparecimento, é sua articulação com os outros espaços que se enriquece e que se distancia do plano tradicional: as áreas de encontro (corredores, halls) não são mais unicamente espaços de circulação (nos quais a ordem e o silêncio eram obrigatórios), eles são também espaços de troca.

Figura 2. Evolução da sala de aula com base no modelo Ford do começo do século XX.
The language of school design: design patterns for 21st century schools, DesignShare.com © 2005, fig. 1-1 p.17, fig. 1-2 p.18

Lugar onde o professor realiza seu trabalho, o espaço da sala de aula nunca lhe é indiferente. O inspetor pedagógico, que observa como o professor escolheu trabalhar e fazer seus alunos progredirem, constata a ligação emocional com o espaço da sala de aula que reúne um professor e um grupo de alunos, e deve questionar a persistência dessas formas espaciais ditas "rígidas e perenes"[31] para implementar os aprendizados, "o espaço escolar [é] indubitavelmente objeto de uma 'construção social': os usuários se apropriam dele ao habitá-lo, eles o reinventam, modificam circulações e funcionalidades".[32] A permanência do espaço-classe ainda corresponde a certas necessidades educativas e pedagógicas? A observação de campo pode ajudar a propor uma nova definição do espaço-classe, lugar ao mesmo tempo de recurso e iniciativa, descoberta e base de lançamento, real e virtual.

Os alunos desejam às vezes ter "sua sala", mas nem sempre. De fato, eles dizem que ir para a sala de um professor é também a garantia de encontrar seu lugar num espaço que não é organizado em seu funcionamento, em sua decoração... para alguns alunos que se apropriam com mais facilidade do espaço escolar. "Mudar de classe" significa também deslocar-se nos

---

26 Boletim oficial n° 30, de 25 de julho de 2013 (retirado de 1 de julho de 2013).
27 Nair Prakash, op. cit.
28 Emmanuelle Marquez, *op. cit.*
29 Aniko Husti, citado por Maurice Mazalto e Luca Paltrinieri, *op. cit*
30 Bruno Marchand, "L'architecture scolaire d'aujourd'hui", in *Bulletin CIIP*, n° 15, dezembro 2004, p. 24-25.

31 Pascal Clerc, *op. cit.*
32 Ian Hacking, *Entre science et réalité. La construction sociale de quoi?*, La découverte, 2001 (edição original.: *The Social Construction of What?*, Harvard University Press, 1999), citada por Maurice Mazalto e Luca Paltrinieri (*op. cit*).

intervalos – o que alguns alunos acham interessante para variar o ritmo do dia, encontrar colegas de outras classes... Se não há um "plano de classe" (objeto escolar que precisaria de um artigo inteiro), diversas estratégias são empregadas na sala de aula segundo o engajamento dos alunos na disciplina ou segundo a autoimagem que queremos dar ao professor bem como a seus pares. A demanda dos professores, por sua vez, baseia-se no desejo de poder dispor de um lugar fixo para preparar as aulas para o grupo acolhido e organizar seus recursos (sobretudo digitais), bem como nas possibilidades de "sair da classe". As trocas com os alunos também são esclarecedoras. Assim, a classe "itinerante", em que costumamos medir os limites, costuma ser interessante para eles: a observação de certas horas de aula confirma que o professor, engajado nas interações com seus alunos, não é felizmente o panóptico do *Vigiar e punir* de Foucault[33] que associamos à classe "em fileiras". Outras disposições (sobretudo em U) perturba os alunos sensíveis à "escravidão da visibilidade"[34] e constrangidos de serem "sempre vistos" tanto pelo professor quanto por seus pares. A observação mostra também que certas aulas totalmente expositivas – já que são associadas na literatura à classe "em fileiras" –, quando não encontram seu público (a observação de inúmeras aulas não permite desqualificar nenhuma das formas de ensino), permanecem, apesar disso, sendo apreciadas por alunos, ocupados com outras coisas. Portanto, sempre será útil se interessar pela questão do lugar dentro do espaço da sala de aula. Os autores britânicos utilizam o contexto teórico da psicogeografia para mostrar que os alunos não escolhem seu lugar aleatoriamente, mas que exprimem assim sua relação com o saber e com o professor. A maior parte dos professores concorda sem dúvida de forma empírica com essa ideia que tem o mérito de questionar a tradição da "planta da classe".[35]

Uma modularidade ainda artesanal
Maurice Mazalto e Luca Paltrinieri ressaltam que "para que o usuário possa aproveitar de diferentes maneiras o mesmo espaço, ele deve demonstrar "agilidade espacial", ou seja, deve ser capaz de modificar rapidamente a organização dos espaços de aprendizagem, por exemplo por meio do mobiliário ou partições".[36] E agora? O professor deseja na verdade poder organizar a sala a seu modo, trabalhando habitualmente "em ilha" ou, sobretudo com linguagens, que ele distinga definitivamente o espaço oral (sem mesas) do espaço escrito.[37] Ele pode assim ter necessidade de variar o tamanho dos grupos, segundo o trabalho. Muitos mais professores do que gostaríamos de dizer se submetem em muitos lugares a reorganizações diárias. Além de uma boa forma física e uma determinação inabalável ao longo do ano, observemos que essas restrições precisam ser organizadas para mudar sua classe "com antecedência" ou reservar uma atividade "itinerante" quando não terá o tempo de recolocar as mesas "em fileiras" no intervalo. Quando a modularidade do espaço se aplica durante a aula, assistimos a uma grande agilidade de uns e outros para mudar em tempo recorde e no maior silêncio possível as mesas para "seminário", "ditado de grupo", "debate", etc.

Do ponto de vista pedagógico e didático, uma classe para si significa também constituir uma biblioteca pessoal, à disposição dos alunos e pensada para acompanhar a personalização de ritmos e conteúdos de aprendizagem, deixar trabalhos em curso de execução e, sobretudo, a exemplo do que os alunos estão habituados ao sair da escola primária, utilizar as paredes como suportes para documentos que favoreçam a aprendizagem ou a vida em classe. Quando nem os alunos nem os professores dispõem de espaço, este último só é capaz de respeitar uma estrita neutralidade disciplinar. As paredes da escola primária são sempre espaços de recursos (quadros com palavras e frases, linha do tempo, etc.) e de exposição (trabalhos dos alunos, documentos iconográficos, etc.); é sempre interessante observar, no começo do ano, que os alunos vindos da escola primária ainda procuram com os olhos esses "auxílios" durante um trabalho de redação ou para responder a uma questão de história da literatura, em paredes que se tornaram silenciosas. Observamos também como os professores de colégio ocupam o espaço, quer disponham de sua sala de aula, quer tenham decidido "compartilhar" as paredes: a prioridade é dada, sobretudo para as turmas mais novas, às paredes como suportes de recursos dedicados a uma disciplina ou, no caso de uma sala compartilhada, consagrados a recursos compartilhados, centrados em competências

---

33 Michel Foucault, *Surveiller et punir. Naissance de la prision*, Gallimard, 1993.

34 Han Byung-Chul, *The Transparency Society*, Stanford University Press, 2015. Título original: *Transparenzgesellschaft*, Matthes & Seitz, 2012.

35 Silke Lange, Richard Reynolds, David White, "A journey around my classroom: the psychogeography of learning spaces", in *UAL Creative Teaching and Learning Journal*, vol. 1, n° 2, University of the Arts London, novembro 2016. Disponível para consulta no site da revista *Spark Journal*.

36 Maurice Mazalto, Luca Paltrinieri, *op. cit.*

37 Colégio Lamartine, Villeurbanne, distrito escolar de Lyon.

(instruções que devam ser escritas e lidas em todas as disciplinas, que sirvam para organizar recursos na internet, etc.).

Nas salas de aula de hoje, o princípio de flexibilidade do espaço já é admitido e posto em prática de forma pragmática e sem preconceitos: a pedagogia personalizada e diferenciada cada vez mais esperada passa por uma variedade de ferramentas, de materiais, de processos. Não há dúvida de que um mobiliário leve, silencioso e "ágil" já poderia suplementar as restrições da estrutura.

A classe "porto de origem"
Esta análise não evita a questão de saber por que o espaço-classe ainda resiste ao uso, sobretudo quando o professor pode se instalar. Pesquisar sobre o bem--estar na escola – hoje bastante reconhecido como fator de sucesso dos alunos –[38] permite talvez abrir outros caminhos. A escola francesa se caracteriza por três indicadores medíocres relacionados ao bem-estar e ao sentimento das crianças de se sentirem em casa na escola.[39] Duas noções utilizadas num contexto escolar australiano por Neda Abbasi[40] são, portanto, de grande interesse para acompanhar a reflexão sobre o espaço-classe. A primeira é a do "ambiente escolar de apoio", que formaliza a importância da ligação entre a organização do espaço escolar e a formação da identidade dos adolescentes. Ela traduz em termos de organização as preocupações ligadas ao sucesso dos alunos: em estabelecimentos escolares pequenos que permitem aos alunos serem conhecidos e se conhecerem, o grupo-classe se desloca em espaços abertos. A segunda, a de "porto de origem", é uma metáfora que nos parece bastante apropriada à concepção que os professores franceses e seus alunos têm da sala de aula no colégio.

Na França, o professor entra na sala de aula com frequência "antes da hora" para preparar a disposição, a lousa e o começo do trabalho dos alunos, com um documento iconográfico ou sonoro. Esses gestos são apreciados pelos alunos, que se sentem "esperados, mesmo que seja para trabalhar" (sic). Certas disposições e usos da sala de aula se aproximam, portanto, das preocupações anglo-saxãs de *nurture*,[41] se considerarmos que se sentir em casa na escola cria condições positivas para aprender. Um *nurture group* reúne uma dezena de alunos da escola primária e secundária, com grande dificuldade escolar (e que podem apresentar além disso problemas sociocognitivos), num espaço específico que imita um ambiente familiar para os estudantes. Lá, dois adultos formados os acompanham para compartilhar experiências quase domésticas, visando restaurar a autoestima e o sentimento de segurança que lhes falta. Esse dispositivo é geralmente citado no contexto de políticas educativas de luta contra o fracasso e o abandono escolar. Nessa lógica, percebemos que os alunos (e com frequência aqueles que paradoxalmente exprimiram durante aquela hora sua dificuldade em suportar a "profissão de aluno") têm tendência a ficar na sala do professor quando a aula é de um professor de quem gostam. Eles arrumam a estante de livros, apagam a lousa, até... varrem a classe enquanto conversam, ou seja, eles "se demoram" e imitam a vida doméstica, ao mesmo tempo que dizem ter entendido e assumido que é o "bem comum". Resta ao professor ter um treinamento para reconhecer que contribuiu com essas competências, além dos conhecimentos puramente escolares que transmitiu. Essas preocupações se juntam às do trabalho que dizem que, para poder aprender, é preciso ser capaz de abandonar o que sabemos e suportar a insegurança do desconhecido para, em seguida, (re)construir saberes. Para certos alunos, é uma insegurança que se junta àquela que demanda renunciar ao que sabemos e ao que somos.

Com base nos trabalhos de Serge Boimare,[42] a noção de "medo de aprender" evidenciou que aprender "implica confrontar-se com seus limites, aceitar não saber, abandonar suas certezas". Em inúmeras disciplinas, sobretudo científicas, os conhecimentos adquiridos espontaneamente na vida cotidiana (ditos "conhecimentos ingênuos",[43] constituem geralmente saberes comuns e compartilhados que coexistem com

---

38 Marie Musset, "De l'architecture scolaire aux espaces d'apprentissage: au bonheur d'apprendre?", in *Dossier d'actualité Veille et Analyse*, n° 75, Ifé, maio 2012.

39 Geneviève Zoïa, Laurent Visier, "Construire l'école du bien-être dans un quartier pauvre. Une expérience d'accompagnement sociologique", in *Espaces et sociétés*, n° 166, *Espaces scolaires et éducatifs*, Érès, 2016.

40 Neda Abbasi, "Organisation de l'espace scolaire et formation de l'identité chez les adolescents", *Revue internationale d'éducation de Sèvres*, n° 64, *Les espaces scolaires*, CIEP, dezembro 2013, p. 133-145.

41 Cf. *Mental health and behaviour in schools*, 2016 (Inglaterra: Department for Education; gov. uk); *Mind the Gap: Tackling Educational Inequality in Scotland*, 2014 (Escócia; The Scottish Parliament); *Nurture groups: a handbook for schools*, 2010 (País de Gales; Cymru Welsh assembly Government).

42 Serge Boimare, *L'enfant et la peur d'apprendre*, Dunod, 2014 (citado por Nadia Mekhtoub em *Enseigner le français à tous les élèves*, Scéren, 2012).

43 Jacques Lautrey, Sylvianne Rémi-Giraud, Emmanuel Sander, Andrée Tiberghien, *Les connaissances naïves*, Armand Colin, 2008.

saberes científicos), servindo de ponto de partida para elaborar um raciocínio científico. Abandonar a ideia de que "dividir é diminuir" e encontrar o pensamento de um autor que mostra um olhar singular sobre o mundo são tipos de situações que exigem poder abandonar certezas estruturantes; as etapas que permitem reduzir a distância entre os conhecimentos ingênuos e científicos tornam-se ainda mais fáceis quando a criança tem referências estáveis em outros lugares. O "porto de origem" da classe (espaço, colegas, professor) permite aceitar a incerteza e o desconforto de uma travessia que leva a novos saberes.

No que concerne ao digital, ele não impõe sua marca no espaço-classe sem que seu uso não seja analisado, comentado para além da questão de saber se os recursos, os equipamentos e sua manutenção estão presentes. Entre outras coisas, a meta-análise de Michko[44] concluiu que a tecnologia tem um impacto moderado (até inexistente e às vezes negativo) sobre os resultados dos alunos e que, sem surpresa, o papel do professor é determinante. A ferramenta sozinha não é nada e não fará mudar os usos se os professores, formados, não virem nela um valor agregado no que diz respeito ao sucesso dos alunos. Desde os anos 2000, na Grã-Bretanha, as aulas são massivamente equipadas com quadros brancos interativos (TBI,[45] na sigla em francês). Em várias classes britânicas que pudemos visitar, o quadro interativo não substituiu o quadro negro; cada um tem sua parede e os alunos os utilizam para tarefas diferentes, quando trabalham em grupos ou quando a classe tem necessidade de duas lousas (uma reservada às pesquisas, a outra aos exercícios ou anotações).

Outro ponto importante a destacar: quando o digital introduz um fator de desigualdade (os equipamentos, mas sobretudo os usos diferentes entre as famílias), a observação mostra que as equipes educativas tentam primeiro tratar desse aspecto (por exemplo, dando acesso aos espaços digitais de trabalho e aos recursos digitais, de um lado, às famílias, que podem encontrar no colégio o computador e o instrutor necessários, e, de outro lado, aos alunos, durante a ajuda nas tarefas no fim do dia). Vimos que o aparelho, normalmente instalado na mesa do professor, pode restringir este último em seus movimentos na sala de aula e no acompanhamento dos alunos.[46]

Assim, parece-nos que a "resistência" da sala de aula se expressa em muitos lugares:
– a reflexão sobre os usos do digital tanto do ponto de vista do sentido quanto do valor pedagógico e didático;
– a consideração dos fatores humanos e sociais em jogo na aprendizagem.

Se não é mais possível se contentar com a sala de aula tradicional, o cotidiano da classe não permite demonstrar que o espaço-classe seja totalmente desqualificado. Resta saber como acompanhar melhor as mudanças que as práticas imprimem ao espaço... e vice-versa.

CONCLUSÃO: CAMINHOS PARA O FUTURO

O estudo sobre as interações entre o espaço e a aprendizagem se tornou familiar. Ancorada na pedagogia Reggio Emilia do século passado, ela está incorporada hoje nas diversas abordagens do tipo *third teacher* (terceiro professor), que reúnem arquitetos e designers motivados para conceber e propor soluções práticas,[47] levando em conta essas interações.

> O "terceiro professor", o espaço escolar se encontra no centro de uma relação quase simbiótica entre a arquitetura e a filosofia pedagógica corrente, que visa transformar a escola propriamente dita numa imensa oficina (*workshop*). Longe de ser um simples ambiente passivo e neutro, o espaço se torna educador e objeto educativo.[48]

Pensar na classe fora dos muros
Esta noção de oficina permite perceber que "dar aula" pode ser frequentemente sair da sala de aula, no sentido próprio ou figurado. Pode ser explorando os recursos do pátio (observações diversas, estabelecimento de uma horta pedagógica, de uma estação de

---

44 Georgette M. Michko, *A meta-analysis of the effects of teaching and learning with technology outcomes in undergraduate engineering education*, University of Houston, 2007.

45 A média europeia é de 1 TBI para 100 alunos, a média francesa é de 1 para 250 alunos. Fonte: relatório europeu *Survey of School: ICT in Education*, Publication Office of the European Union, 2013.

46 Lucinda Barett, Peter Barrett, Fay Davies, Yufan Zhang, "The impact of classroom design on pupils' learning: final results of a holistic, multi-level analysis", in *Building and Environment*, vol. 89, Elsevier, juillet 2015, p. 118 – 133.

47 Wicklund O'Donnell, Pigozzi & Peterson, Bruce Mau, *The Third Teacher*, Abrams, 2010.

48 Rebecca S. New, "Les écoles, espaces intentionnels pour l'enfance. Le cas de Reggio Emilia en Italie", *Revue internationale d'éducation de Sèvres*, n° 64, *Les espaces scolaires*, © CIEP, dezembro 2013, p. 41-52.

meteorologia, etc.), investindo nos corredores (realização de autorretratos em tamanho natural, exposições, etc.) e deixando a porta aberta ou favorecendo as trocas com os outros grupos: trabalhos compartilhados, sessões conjuntas, grupos recompostos segundo as atividades, etc. Todas essas práticas, que associam o particular e o coletivo e encorajam as interações, enfatizam a importância do espaço como ator da aprendizagem e comprovam a ideia, adquirida com as tecnologias digitais, de que aprendemos em "toda parte". Essa constatação confirma também que a questão da produção de sentido do conhecimento encontrado permanece mais evidentemente como responsabilidade do professor.[49] A arquitetura escolar contemporânea manifesta com frequência a interação entre o "dentro" e o "fora" e entre os diversos lugares de aprendizagem, como ilustra por exemplo a proposta que se segue (cf. planta nesta página): cada "oficina", lugar de aprendizagem do grupo-classe, dispõe de um "canto-pausa" e abre-se para um espaço de aprendizagem externo próprio. Ao mesmo tempo, as divisórias móveis permitem conceber trabalhos em grupos maiores.

Por fim, os professores cada vez mais praticam espontaneamente a "aula invertida". O professor oferece recursos, geralmente disponíveis *on-line*, que substituem o tempo da "lição" e devem ser explorados antes da aula. "Dar aula" possibilita em seguida voltar sobre o conteúdo da lição e dedicar-se a exercícios e atividades que permitem uma abordagem individualizada. O sucesso espontâneo da aula invertida, abordagem pedagógica de iniciativa do professor e das equipes, é significativo da capacidade da escola para inventar suas próprias formas no centro de qualquer estrutura. A aula invertida não faz o professor desaparecer. Ao contrário, ela ressalta sua importância no momento em que os saberes estão disponíveis em toda a parte: trata-se, para ele, de dar sentido e ajudar os alunos a se apropriar verdadeiramente do conhecimento.

Utilizar a *expertise* dos usuários numa abordagem participativa
Para implementar os programas, o professor identifica diversos recursos e certas disposições didáticas. O espaço é uma delas, e formar os professores no espaço de aprendizagem é também autorizá-los a pensar seu próprio espaço de trabalho no estabelecimento escolar. Por exemplo, a sala de aula como lugar

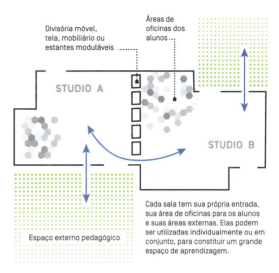

Figura 3. Evolução da sala de aula com base no modelo Ford do começo do século XX.
A partir de Prakash Nair, Randall Fielding, Jeffery Lackney, *The Language of school design: design patterns for 21st century schools*, DesignShare.com, fig. 1-5 p.21.

de trabalho dedicado ao professor encontra a necessidade de poder trabalhar no local; certos estabelecimentos escolares dispõem de um espaço de trabalho para os professores (que também têm necessidade de um lugar de trabalho a "habitar"). Atualmente, na França, a canônica "sala dos professores" abrange habitualmente lugares que são, ao mesmo tempo, de trabalho e de descanso, até de alimentação. A consulta aos "usuários", alunos e também professores, faz ganhar bastante tempo quando queremos implementar novas modalidades de trabalho. Consultemos, por exemplo, o programa de necessidades (*briefing* de design) dos usuários que dizem respeito aos locais do conjunto escolar,[50] que descreve ao mesmo tempo as necessidades identificadas pelas equipes e as respostas do responsável da obra. Ressaltando que várias propostas foram aceitas, e sem prejulgar os motivos que motivaram algumas recusas, observamos que esse programa de necessidades mostra que as demandas dos "usuários" do belo conjunto arquitetônico em questão integram completamente os desafios e as modalidades atuais de aprendizagem, bem como as novas formas de trabalhar:
– ao primeiro pedido, sobre se podemos "privilegiar os espaços moduláveis e de usos múltiplos (parede com partições móveis com isolamento acústico,

---

[49] Jennifer V. Lock, "Designing learning to engage students in the global classroom", in *Technology, Pedagogy and Education*, vol. 24, n° 2, Routledge, 2015, p. 137-153.

[50] "Cahier des charges usagers. Construction de l'école européenne de Strasbourg", Direction de la construction et du patrimoine bâti, Strasbourg.

anfiteatros basculantes)", a resposta foi: "Nada de partição móvel. Mas deslocamento possível nos locais previstos";

– quanto ao pedido de salas de aula suficientemente grandes para conter um espaço de aula tradicional (diante da lousa) e um espaço de discussões, leitura e debates (no fundo) para o ensino de idiomas, a resposta foi: "Locais e disposições comuns";

– sobre o desejo dos professores de dispor de "3 salas para 4 ou 5 pessoas, 5 salas para 2 pessoas e uma biblioteca pedagógica" para trabalhar em equipe, receber os pais, preparar as aulas e corrigir provas, a resposta foi que eles teriam à disposição a ampla sala dos professores, "uma sala de trabalho informatizada", um local de recepção dos pais e que, em relação à biblioteca pedagógica, a funcionalidade "retornaria ao polo de documentação";

– à demanda dos professores de dispor também de um "espaço com bancos, cadeiras e mesas para trabalhar na parte externa, por exemplo em aulas de ciências", a resposta foi "não haverá arranjo específico para a realização das aulas";

– quanto à demanda de "cozinha equipada para realizar aulas de biologia", não foi aceita; no ciclo 3, os alunos devem realizar, no currículo de estudo dos micro-organismos, "iogurtes e massas fermentadas".

Observemos também o campo de restruturação que permitiu a professores de todas as disciplinas engajados numa reflexão global sobre os usos pedagógicos do digital conceber e experimentar no ensino secundário um *learning lab*, "espaço de inovação pedagógica à era digital". Mapa de salas, materiais (divisórias acústicas, paredes de quadro branco), mobiliário escolar (cadeiras de reunião móveis e giratórias, pufes) e, é claro, ferramentas e recursos digitais, tudo é concebido para acolher todos os formatos de trabalho e desenvolver o trabalho colaborativo e o bem-estar escolar nessa "classe Ecla", que mobilizou igualmente "pais de alunos e alunos que fizeram emergir elementos de diagnóstico sobre o papel do professor, a motivação, a concentração, as atividades práticas, a noção de sucesso e de fracasso escolar, a ergonomia e os equipamentos do futuro".[51]

Esses exemplos argumentam a favor de considerar os usuários, que são os professores e os alunos. Eles participam em maior escala de um processo de design participativo, fácil de articular com as expectativas dos programas. De fato, esses últimos demandam trabalhar sobre a evolução das necessidades e os objetos, na aula de tecnologia, essencialmente, mas também nas aulas de história ou de literatura. Um processo de "codesign" nutre a cultura e a reflexão dos alunos, melhora o espaço e o ambiente escolar, torna o trabalho mais eficiente. Mais amplamente, ele permite "questionar o que queremos para nós mesmos: quais são nossos objetivos, nossas necessidades, nossos desejos, nossos sonhos?". A partir de exercícios sobre os objetos da escola, é preciso "introduzir uma reflexão sobre o real", que leva "provavelmente ao questionamento mais geral das condições de aprendizagem,

---

51 Collège Jean-Philippe-Rameau, Champagne-au-Mont-d'Or, academia de Lyon, www.ecla-education.fr.

Figura 4. Sala dos professores, Liceu Fermat de Toulouse (Haute-Garonne), por volta de 1900.
Fonte: Musée National de L'Éducation
(MUNAE), Rouen (Munae), n° Inv.: 1979.03159.2

Figura 5. Espaço de trabalho na sala dos professores, Liceu Claude Lebois, Saint-Chamond (Loire), 2015.
Fonte : Bissorte/Wikipedia.org.

das situações de recepção do ensino".[52] A título de exemplo significativo, citamos a concepção e a realização do espaço comum de um estabelecimento escolar que alunos e as equipes pedagógicas repensaram do início ao fim, o que aconteceu no colégio Elie-Vignal, na academia de Lyon.

Ao levar o leitor para dentro da sala de aula, esperamos ter mostrado como ela representa as necessidades de seus "habitantes". Herdeira de uma época passada e superada, ela se transforma, deforma-se, informa-se e, com frequência, sem (poder) esperar que o prédio escolar se encarregue disso. A observação confirma também que é difícil prejulgar a eficácia de um modelo único e que o debate sobre o espaço escolar não pode se resumir àquele da sala de aula. No momento em que é publicada *Petite Poucette* (Polegarzinha),[53] a escola não tem mais o monopólio dos saberes, mas ela é mais do que nunca o principal lugar no qual os saberes são contextualizados, questionados, estruturados.

Figura 6. Modelo 3D do projeto de reforma do pátio da cidade escolar Elie-Vignal.
Copyleft Samuel Laganier.

---

52 Stéphane Villard, "Une commande, des objets", in *Enseigner le design? De l'idée à l'exercice*, Cité du Design/Scérén-CRDP académie de Lyon, 2010, p. 39-43.
53 Michel Serres, *Petite Poucette*, Le Pommier, 2012.

Caroline Veltcheff, IA-IPR EVS, diretora da Canopé Normandia

A questão do design na escola pode parecer uma preocupação eminentemente secundária. No entanto, uma certa forma de estética pedagógica sempre inspirou as grandes correntes de pensamento pedagógico. Aprender, ensinar, criar demandam espaços particulares, que evoluíram ao longo do tempo. Todas as novas pedagogias questionaram o espaço e a estrutura da escola, com duas exigências: de um lado, uma ergonomia ligada ao bem-estar dos alunos e ao prazer de aprender; de outro, uma finalidade ligada a uma estética intelectual, cuja substância e forma são indissociáveis.

Num primeiro momento, descreveremos os elementos do contexto institucional e os resultados das pesquisas científicas sobre o assunto que nos autoriza e, sobretudo, convida-nos a questionar o design do espaço escolar sob uma perspectiva de melhoria do ambiente de escola. Num segundo momento, esboçaremos a relação entre o design do espaço escolar e o lugar do corpo. Por fim, num terceiro e último momento, abordaremos a questão de criar ou renovar com os "excluídos" do interior de nossas escolas e de nossos estabelecimentos.

Não é mais possível pensar a escola como o lugar por excelência da restrição do corpo. Revela-se uma verdadeira exigência social, que impulsiona a incluir novas preocupações no conjunto de políticas públicas. No que concerne à escola, a emergência e a associação de noções de ambiente escolar e bem-estar constituem as maiores evoluções nesse sentido. Na lei de refundação da escola de 8 de julho de 2013, aspectos do bem-estar na escola aparecem como um objetivo maior. Este último, que é detalhado nos diferentes textos, lembrando a utilidade e a vocação dos comitês de ação para a saúde e a cidadania, convida a construir "um ambiente escolar sereno". Em seu eixo 4, a reforma do colégio propõe também "tornar o colégio um lugar de desenvolvimento e de construção da cidadania, uma comunidade na qual a experiência individual e a atividade coletiva são privilegiadas". E se olharmos pelo lado dos direitos dos trabalhadores, a lei nº 2010-751, de 5 de julho de 2010, relativa à renovação do diálogo social, criou, em seu artigo 10, os comitês de higiene, de segurança e de condições de trabalho. Adaptados nos colégios, estes devem permitir a discussão de todos os assuntos relacionados ao bem-estar dos funcionários.

A integração pelo legislador da dimensão do ambiente escolar, que constitui o aspecto coletivo da qualidade de vida na escola, e do bem-estar, que constitui o aspecto individual da experiência escolar de cada um, é largamente inspirada num conjunto de resultados de pesquisas nacionais e internacionais. Pesquisas que poderiam orientar os designers a trabalharem por um espaço escolar renovado.

DESIGN PARA MELHORAR O AMBIENTE ESCOLAR?

Primeiro, vamos nos concentrar na noção de ambiente escolar.

> O ambiente escolar reflete o julgamento que os pais, os educadores e os alunos fazem de sua experiência de vida e de trabalho no seio da escola.[1]

A escola não é, portanto, um lugar neutro, mas um lugar de vida. Para o School Climate Center:

> O ambiente escolar remete à qualidade e ao estilo de vida na escola.[2]

Se olharmos de perto as respostas dos alunos franceses às pesquisas nacionais relacionadas ao

---

1 Jonathan Cohen, "School climate and culture improvement. A prosocial strategy that recognizes, educates, and supports the whole child and the whole school community", in P.-M. Brown, M.- W. Corrigan, A. Higgins-D'Alessandro, *Handbook of prosocial education*, vol. 1, Rowman & Littlefield Publishers Inc, 2012, p. 227-270.

2 Cf. *Le "climat scolaire": définition, effets et conditions d'amélioration*, Eric Debarbieux (dir.), relatório ao comitê científico da direção de ensino escolar, Ministére de l'Éducation Nationale 2012, p. 3.

ambiente escolar, constatamos que o sentimento é quase idêntico, tanto no primeiro quanto no segundo grau, no que diz respeito aos lugares frequentados: um aluno em cada quatro não gosta de ir para a sala de aula, um em cada vinte não gosta nem de ir para o recreio no pátio, nem aos banheiros.

Os lugares, sua organização, seu desenho, a concepção do ambiente físico têm evidentemente um impacto sobre o fato de se sentir bem ou não, de se sentir em segurança ou não, de estar motivado para aprender ou não. A sala de aula merece, portanto, reflexão, já que um quarto dos alunos não se sentem bem nela. Os momentos de relaxamento ou os lugares íntimos devem também ser objeto de reflexão nas escolas e estabelecimentos. Idealmente, é necessário poder trazer os resultados dessas pesquisas ao conhecimento dos designers, para que eles os incluam em sua reflexão. Dito isso, alguns designers interessados pela questão da escola projetaram um conjunto de conhecimentos sobre o futuro. É o caso da escola do futuro imaginada pelo estúdio Elium, cujo projeto "Escola em arquipélago" foi apresentado no colóquio dedicado ao "mobiliário escolar do futuro". Ele nos projeta numa escola em que o tempo e os espaços são pensados em função das necessidades de repouso e de isolamento, de novos usos digitais, em função também de modalidades de ensino fundadas sobre a cooperação entre os alunos, este último ponto constitui um dos cinco principais fatores benéficos ao ambiente escolar levantados pela OCDE (ver a seguir). Um filme[3] curto de apresentação nos projeta uma escola na qual tudo é pensado e em que tudo é modulável em função dos usos reais, e não predeterminados.

Para empreender a análise sobre a questão do espaço físico da escola, é importante retomar os trabalhos da OCDE. Como foi dito, esta organização de fato levantou diversos fatores[4] que influem no ambiente escolar, dos quais cinco são particularmente importantes:

- as relações positivas: elas permitem uma respeito à diversidade, a promoção das decisões compartilhadas, a participação dos alunos, a colaboração, a ajuda mútua, a participação dos pais nas decisões, a partilha de uma visão comum entre pais e professores sobre a aprendizagem e a disciplina, a implementação de programas de assistência às famílias;
- o ensino e a aprendizagem: eles se traduzem em expectativas elevadas de sucesso, uma pedagogia diferenciada, uma ajuda oferecida quando necessário, uma ligação com a "verdadeira" vida que implica recompensas, uma valorização da criatividade, uma participação encorajada, uma aprendizagem social, emocional e ética ensinada e valorizada – em relação com as disciplinas –; essa aprendizagem prevê o desenvolvimento profissional dos atores com base numa avaliação das práticas e de uma visão compartilhada, irrefutável e clara do projeto da escola ou do estabelecimento;
- a segurança: ela compreende a segurança física (plano de crise, regras claras e aplicadas) e emocional (tolerância à diferença, respostas ao *bullying*, resolução de conflitos);
- o ambiente físico: ele pode ser caracterizado pela limpeza, espaço e material adequados, um certo esteticismo, ofertas extracurriculares;
- o sentimento de pertencimento: ele pode se caracterizar pelo sentimento de estar ligado à comunidade escolar e pelo engajamento, o entusiasmo dos professores e dos alunos.

Trata-se, portanto, de questionar o design escolar naquilo em que ele poderia, ou até mesmo deveria, promover, visando a um ambiente que favoreça o sentimento de segurança, de bem-estar, de pertencimento, de coletivo.

Para promover esse conjunto de fatores, algumas coletividades locais convidam os alunos e professores a repensar o espaço escolar com a ajuda dos designers. Este foi o sentido da chamada de projetos da ex-região Nord-Pas-de-Calais, em 2011. Os alunos melhoraram sua condição de vida no liceu Vertes Feuilles, de Saint-André-lez-Lille. Em 2013, depois de um ano de elaboração, graças ao orçamento participativo da região (97 mil euros), o hall foi reformado com base nos desejos e projeções do conjunto da comunidade educativa: quatro postos de informática foram instalados no centro e um canto de discussão, com tratamento acústico para limitar o barulho, foram criados. Ao lado, o alojamento dos alunos foi rearranjado. "Nós queríamos instalar duas mesas de bilhar, duas de pebolim, uma televisão, sofás no lugar de cadeiras de ferro", explicam os alunos que se lembram que o local estava "degradado e sem graça" e "não dava vontade de ficar lá". Enfim, as cadeiras da sala de refeição foram trocadas. Mais coloridas, elas são sobretudo mais leves. Essa demanda de funcionários técnicos, operários e de serviços foi apoiada pelos alunos.

---

3 http://www.reseau-canope.fr/climatscolaire/agir/ressource/axeId/qualite-de-vie lecole/ressourceId/etablissement-scolaire-du-futur-paroles-de-designers.html

4 "Creating effective teaching and learning environments. First results from talis", OCDE, 2009 (oecd.org).

É curioso que esses tipos de projetos, que permitem ao conjunto da comunidade educativa e a profissionais do design trabalharem juntos na melhoria da estrutura de vida, não floresçam mais.

Se agora nos voltarmos às especificidades do sistema educativo francês em matéria de ambiente escolar, podemos dizer que, do ponto de vista dos alunos, o ambiente escolar se degrada do primário ao colégio. Ressaltamos que, no colégio, as experiências dos alunos do primeiro ano são muito diferentes daquelas dos alunos do último. No contexto de adolescência e corpos em mudança, podemos dizer que, à primeira vista, os alunos do último ano estão, no mínimo, mal acomodados: espaços escolares inadaptados, corredores estreitos, mesas muito pequenas, pernas grandes que ultrapassam por todos os lados... Em suma, entre aluno pequeno que ingressa e o aluno do último ano, não há quase nada em comum. Tampouco há algo em comum entre o aluno de CM2, que pode ter autorização para se deslocar, e o aluno do primeiro ano, que é obrigado a residir e se tornar uma estátua atrás de sua mesa... e isso por quatro anos!

O DESIGN, O CORPO E O ESPÍRITO

Os quatro anos do colégio são determinantes para a construção dos indivíduos e de seu respeito por si próprios. Philippe Jeammet[5] lembra:

> Uma das grandes características da adolescência é a necessária modificação da distância com os pais e com os adultos, ligadas especificamente aos efeitos da puberdade. Esta engendra de fato uma modificação brutal e rápida do corpo da criança, que se torna apta a operar sua vida instintiva, em particular a sexualidade e a agressividade.

Durante o tempo do colégio, o corpo da criança sofre uma transformação em decorrência da puberdade, que torna esse período particular em sua escolaridade.

> A escola é um espaço muito particular, em que o intelecto, a aprendizagem e as trocas intelectuais devem dominar. O corpo, em especial em sua organicidade, deve ser submetido. A irrupção do corpo sexuado parece totalmente incongruente: na escola, o corpo não deve ser objeto de atenção e, não só se torna, como além disso é perigoso.[6]

Mesmo que ela não seja tão marcada nesse ponto, gostaríamos de insistir, apesar disso, numa diferença cultural profunda entre o primeiro e o segundo graus. No primeiro grau, deslocar-se na classe e, como professor, ter consciência de seu próprio corpo e daquele dos alunos é parte integrante da reflexão. O testemunho de Véronique Bury é, desse ponto de vista, muito esclarecedor. Véronique Bury autoriza seus alunos do CM2 a se moverem, "escolhendo" o espaço da classe.

> O espaço classe também pode incitar o movimento. Falei de lugares que podemos ocupar de forma individual. Eles podem também ser ocupados de forma coletiva: o tapete instalado no canto da biblioteca se torna tapete de reagrupamento, como nas classes maternais, lugar de trocas informais e também lugar propício a jogos de comunicação, de expressão, como aqueles praticados no contexto do ensino de línguas vivas. Nós nos instalamos de forma diferente, não sobre a cadeira, diante da mesa: estamos de outra forma, aprendemos de outra forma.[7]

O que é particularmente interessante nesse artigo é a questão do design em termos de prática, para levar em conta o corpo do aluno e juntar-se ao ato de pensar o espaço para fazê-lo.

> A maneira como as mesas são distribuídas na sala de aula não é inocente. Poder modificar rapidamente essa distribuição permite modificar também a relação com o ato de aprender e a atenção da criança. Em minha sala, há três distribuições possíveis: individual, em grupos de 4, em grandes grupos (classe dividida em 3 grupos). Segundo as modalidades de trabalho que anuncio no início da aula, os alunos modificam as posições relativas de suas mesas. Um estagiário cronometra o tempo necessário para passar da estruturação

---

5 Philippe Jeammet, in Alain Braconnier (dir.), *L'Adolescence aujourd'hui*, © Erès, 2005.

6 Claude Lelièvre, "Le corps sexué est un objet d'attention dangereux", *Fenêtre sur cours*, n° 296, © SNUIpp, 26 de fevereiro de 2007, p. 19.

7 Véronique Bury, « Permis ou interdit ? Lorsque le règlement reconnaît le droit à bouger », in *Dossiers EPS*, n° 83, *Corps et climat scolaire*, © Ed. EP&S, 2016.

individual à estruturação em "trabalho em grupo": 3 minutos. Evidentemente, durante esse tempo de arranjo/rearranjo, há muito barulho, agitação, mas o hábito que os alunos criaram faz com que se reposicionem muito rapidamente no contexto de seu trabalho com as modalidades práticas, com instruções facilitadoras.[8]

Por fim, o mobiliário escolar deve permitir a implementação de um espaço democrático.

> O arranjo da sala de aula para os momentos de "reunião de classe" também induz a uma relação particular com os outros, pela relação singular com os corpos e os olhares dos outros. Todos os membros da classe, tanto adultos quanto crianças, ficam num círculo de cadeiras: todos têm igual direito à voz, todos têm igual direito a tomar a palavra, todos têm igual dever de respeitar a palavra do outro.[9]

Vemos bem a ligação estreita entre o design, o corpo e o espírito. A experiência dessa professora do primeiro grau mostra que o design e o movimento que ele autoriza permitem pôr em movimento o corpo e a mente dos alunos, e nos pegamos sonhando que o mesmo aconteça no segundo grau.

Ademais, atualmente tudo contribui para isso, sobretudo a emergência de competências psicossociais na Base comum. Não se trata de um novo capricho, mas de uma constatação. Levar em conta o bem-estar permite aumentar o desempenho escolar dos alunos. Inúmeros trabalhos demonstram que a qualidade da experiência escolar e as interações que lhe são associadas é essencial para as competências sociais da criança e para suas capacidades de aprendizagem.

Foi nos anos 1990 que o termo "competências psicossociais" apareceu na França, no contexto da promoção da saúde. Ele faz referência aos trabalhos realizados pela OMS e a Unesco, que definiam dez competências a se desenvolver ao longo da educação para permitir a adoção de comportamentos favoráveis à saúde e ao ajuste do ser humano ao seu meio.

> As competências psicossociais são a capacidade de uma pessoa responder com eficácia às exigências e às provas da vida cotidiana. É a aptidão de uma pessoa de manter um estado de bem-estar mental, adotando um comportamento apropriado e positivo, à ocasião das relações com os outros, com sua própria cultura e seu ambiente. As competências psicossociais têm um papel importante a desempenhar na promoção da saúde em seu sentido mais amplo, em termos de bem-estar físico, mental e social. Mais particularmente quando os problemas de saúde são ligados a um comportamento, e quando o comportamento é ligado a uma incapacidade de responder eficazmente ao estresse e às pressões da vida, a melhoria da competência psicossocial poderia ser um elemento importante na promoção da saúde e do bem-estar.[10]

Assim, insistiremos em certas formulações da Base que mostram a ligação estreita entre o desenvolvimento cognitivo e o ambiente físico:

> Ele fornece uma educação geral aberta e comum a todos e fundada sobre valores que permitem viver em uma sociedade tolerante, de liberdade. Ele favorece um desenvolvimento da pessoa em interação com o mundo que a cerca. Ele desenvolve as capacidades de compreensão e de criação, as capacidades de imaginação e de ação. Ele acompanha e favorece o desenvolvimento físico, cognitivo e sensível dos alunos, respeitando sua integridade. Ela dá aos alunos os meios de se engajar nas atividades escolares, de agir, de troca com os outros, de conquistar sua autonomia e de exercer progressivamente sua liberdade e seu *status* de cidadão responsável.[11]

No decreto nº 2015-372, de 31 de março de 2015, a Base comum aparecia constituída de cinco domínios. A questão do bem-estar é transversal a dois deles: os domínios 3 (a formação da pessoa e do cidadão) e 4 (os sistemas naturais e os sistemas técnicos).

Levantamos aqui alguns termos, fontes de inspiração para os professores e os designers. Está claro que os espaços dos CDI nos colégios e nos liceus poderiam ter esse papel singular de adaptação às posturas dos

---

8   Id.
9   Id.
10 *Life Skills Education in Schools*, © OMS, 1993.
11 Base comum de competências, conhecimentos e cultura.

adolescentes bem como às necessidades pedagógicas de seu tempo de escolaridade.

No ambiente escolar, diversos tipos de espaços seriam bem-vindos:
– uma ágora para debate;
– espaços similares às celas monásticas para se isolar e refletir;
– uma sala de música aberta permanentemente, uma sala de informática, uma cafeteria administrada pelos alunos e professores, que possa servir de lugar de exposição, patamares nos andares para descansar, trabalhar, etc., tudo isso para estar juntos ou jogar (cartas, jogos emprestados pela ludoteca administrada pelos alunos).

Já existe um liceu onde tudo isso é uma realidade: o liceu Jay-de-Beaufort, em Périgueux.[12]

Concluindo, é preciso insistir no fato de que não nos faltam dados validados para enfatizar a ligação entre o sucesso escolar e o bem-estar. A questão do design se convida, portanto, sistematicamente num universo que pouco evoluiu ao longo do tempo, em particular o espaço da sala de aula. Observamos que, quando os profissionais da educação, os alunos e os designers dialogam, de fato todos os fatores do ambiente escolar são ativados.

---

12 lyceejaydebeaufort.fr

CONCLUSÃO

ONDE O DESIGN SE REDESENHA

Em 150 anos, o design contemporâneo tomou forma ao se confrontar com questões sociais e políticas urgentes. Em meados do século XIX, nos Estados Unidos, o lar burguês é palco de uma mudança silenciosa. Emancipando-se da vida doméstica, as donas de casa abrem suas cozinhas, suas lingeries e armários a uma concepção racional trazida na época por Catharine Beecher, pioneira da educação das mulheres. Algumas décadas mais tarde, o casal Gilbreth, designers industriais além de pais de doze filhos, padronizam a economia doméstica e transformam a casa em oficina.

Mecanizar o trabalho doméstico liberou tempo e energia para a vida fora de casa. Ao longo do século XX, esse design acompanhou as transformações sociais ligadas à industrialização bem como à sua crítica. Agora ele aborda explicitamente as políticas públicas e o interesse comum.

Nesse contexto, a pesquisa sobre a educação coordenada pela Cité du Design é uma afirmação essencial: o acesso igualitário aos saberes é um dos objetivos do milênio formulados pelas Nações Unidas em meio aos *17 Objetivos de Desenvolvimento Sustentável* e, sim, espera-se que o design acompanhe a expansão mundial de saberes, garanta sua circulação e sua transmissão, favoreça sociedades inclusivas, resilientes, capazes de se valer rapidamente de conhecimentos técnicos, científicos e culturais.

A transformação digital das instituições educativas, bem como as expectativas sociais e seu olhar sobre o desempenho da instituição dominam o debate em curso. A Cité du Design inverte isso e convida a considerar o peso e o valor dos lugares, dos espaços e das temporalidades. A escola de bairro e da cidade é um cruzamento de encontros físicos nos quais acontece a transmissão, mesmo e sobretudo numa sociedade conectada.

Com a colaboração de designers chefes de projetos e criadores, a Cité du Design soube criar uma rede local estendida de pesquisa participativa que reagrupa as coletividades, as indústrias culturais e criativas, o terceiro setor bem como as partes interessadas, que são as famílias, os pais, as crianças e todos os profissionais da educação – professores, diretores de escolas, animadores, mediadores, pesquisadores e criadores acadêmicos de recursos.

Insistimos na originalidade do método desenvolvido na Cité du Design. Ele destaca a ligação específica entre design e educação em torno do bem comum do conhecimento. Disso resulta uma urgência luminosa: convidar os designers a resolver o desafio colocado às nossas sociedades de aprender a aprender no século XXI.

O método de experimentação

Esta vasta pesquisa plural, participativa e interdisciplinar inspira uma nova abordagem da crise escolar. Adoraríamos que ela acontecesse em todas as coletividades territoriais. No início, uma importante exploração histórica da forma escolar, ou seja, daquilo que faz a escola na consciência coletiva. Os caminhos pelos quais emergiu aquilo que hoje reconhecemos como uma escola reconstituem uma esclarecedora genealogia. Partir da história da organização dos lugares escolares desvenda controvérsias e prepara o design das transformações.

Esse design materializa as experimentações pedagógicas, que saem do segredo das salas de aula e entram na arena social por meio de protótipos e de formatos de discussão e de pesquisa. "*Design is intelligence made visible*" segundo Alina Wheeler. O trabalho dos professores é visto e os preconceitos desaparecem.

O design em contato com o saber de domínio público

Ao inventar objetos e cenários, o design do século XX ousou se confrontar com temas filosóficos, políticos, estéticos e industriais. Ele tornou visível o que a engenharia projetava e democratizou as mudanças em curso.

Durante trinta anos, o design de móveis e da moda saturou a cena. O grande público não viu surgir uma nova época do design, mobilizada por desafios mundializados, a transformação digital, os grandes riscos ambientais, ideológicos e políticos. Isso, é preciso dizer, está se espalhando sob diferentes denominações. O design de políticas públicas, o design de serviços, o design digital, o design sustentável, para citar apenas os que ganharam nome, convergem num design de interesse geral que abre o espaço público a uma reapropriação dos bens comuns. Os bens comuns são os recursos que compartilhamos naturalmente: o ar, a vida, uma floresta, um rio, os saberes e os conhecimentos práticos. Ameaçados pelas privatizações, os conhecimentos comuns são magnificados e liberados pelo digital. Como a explosão de conhecimentos e informações nas bases incomensuráveis que representam os recursos acadêmicos abertos, as bases de museus, arquivos e bibliotecas, os imensos recursos nascidos das contribuições voluntárias das quais a Wikipédia permanece como exemplo incomparável, essa explosão fez existir aos olhos de todos o bem maior: o conhecimento.

Educação, design e iniciativas democráticas

O interesse atual do design pela escola marca na verdade um engajamento com um tema crucial para o futuro de nossas sociedades. Não se trata de um campo qualquer, mas daquele que sintetiza o conhecimento prático do design com perspectiva no presente. As múltiplas experimentações educativas vêm aqui esclarecer o poder público que, mais criativo, mais à escuta, reencontra sua total eficiência.

A educação apaixona. No mundo inteiro, jovens que mal se formaram nos mais diversos cursos desenvolvem iniciativas, criam aplicações, inventam escolas. Entre eles, ao lado de economistas, engenheiros, pesquisadores em ciências da educação, há inúmeros designers. Citemos o Design for Change, realizado por Kiran Bir Sethi, na Riverside School de Ahmedabad, na Índia, ou o Quest to Learn, escola pública fundada por Katie Salen, em Manhattan. Nos dois casos, reconhecemos nos estudantes, crianças e adolescentes, a tarefa e o poder de mudar o mundo.

A inovação em educação está ligada à renovação democrática. Ela ressoa a criatividade e o poder de agir que têm origem nas *grassroots*. As assimetrias de saberes são maiores nos desequilíbrios mundiais. Para derrubá-las, um design holístico da educação está se espalhando. A criatividade, a cooperação, a solidariedade, a confiança, a aprendizagem pela experiência e pela prototipagem interativa ganham os cursos de formação.

Este livro soa como um sinal endereçado aos designers e aos professores. No cerne da renovação escolar, uma oportunidade surge. O design pode reunir diferentes profissionais e inteligências para, concretamente, inventar nossas escolas do século XXI, escolas ao longo da vida. Nossas sociedades aprendizes nascem lá onde aprendemos a aprender, ainda e sempre. Nenhuma inovação tem mais significado, escopo e valor.

Sophie Pène
Professora de ciências da informação na Universidade Paris Descartes
e vice-presidente do Conseil National du Numérique

REFERÊNCIAS

LIVROS

Agamben, Giorgio
Qu'est-ce qu'un dispositif?, Rivages, 2006.

Alvarez, Céline
Les lois naturelles de l'enfant, Les Arènes, 2016.

Arendt, Hannah
La crise de la culture, Gallimard, 1972.

Bachelard, Gaston
La formation de l'esprit scientifique. Contribution à une psychanalyse de la connaissance objective, Vrin, 1938.

Bertrand, Gwenaëlle [dir.]; Favard, Maxime [dir.]
Poïetique du design. Conception et politique, L'Harmattan, 2015.

Boimare, Serge
L'enfant et la peur d'apprendre, Dunod, 2014.

Boltanski, Luc; Chiapello, Ève
Le nouvel esprit du capitalisme, Gallimard, 1999.

Botton, Alain [de]
The architecture of happiness, Penguin, 2007.

Bouchain, Patrick
Simone & Lucien Kroll, une architecture habitée, Actes Sud, 2013.

Braconnier, Alain
L'adolescence aujourd'hui, Érès, 2005.

Buisson, Ferdinand
Nouveau dictionnaire de pédagogie et d'instruction primaire, Hachette et Cie, 1911.

Bureau, Pierre-Philippe [coord.]; Veltcheff, Caroline [coord.]; Zanna, Omar [coord.]
Dossiers EP&S, n° 83, Corps et climat scolaire, EP&S, 2016.

Byung-Chul, Han
The Transparency society. Stanford University Press, 2015.

Caraës, Marie-Haude; Marchand-Zanartu, Nicole
Images de pensée, Reúnion des Musées Nationaux, 2011.

Careri, Francesco
Walkscapes. La marche comme pratique esthétique, Ed. Jacqueline Champion, 2013.

Coccia, Emanuele
La vie sensible, Rivages, 2010.

Crozier, Michel; Friedberg, Erhard
L'acteur et le système, Seuil, 1977.

Derouet-Besson, Marie-Claude
Les murs de l'école: Eléments de réflexion sur l'espace scolaire, Métailié, 1998.

Develay, Michel
Propos sur les sciences de l'education. Réflexions épistémologiques, EST, 2001.

Durkheim, Émile
Éducation et sociologie, PUF, 1922.

Flusser, Vilém
Petite philosophie du design, Circé, 2009.

Foucault, Michel
Surveiller et punir. Naissance de la prison, Gallimard, 1993.

Garcia, Christian; Veltcheff, Caroline
Oser le bien-être au collège, Le Coudrier, 2016.

Hacking, Ian
Entre science et réalité. La construction sociale de quoi?, La découverte, 2001.

Hatchuel, Armand
"Pour une épistémologie de l'action: l'expérience des sciences en gestion", in Philippe Lorine (dir.) et Régine Teulier (dir.), Entre connaissance et organisation. L'activité collective, La découverte, 2005.

Héber-Suffrin, Claire; Héber-Suffrin, Marc
Le cercle des savoirs reconnus, Desclée de Brouwer, 1993.

Héber-Suffrin, Marc
L'Éducation populaire. Une méthode, douze entrées pour tenir ouverte les portes du futur, Chronique sociale, 2014.

Herreros, Gilles
Pour une sociologie d'intervention, Érès, 2002.

Honneth, Axel
La lutte pour la reconnaissance, Éditions du Cerf, 2000.

Lautrey, Jacques; Rémi-Giraud, Sylvianne; Sander, Emmanuel; Tiberghien, Andrée
Les connaissances naïves, Armand Colin, 2008.

Lynch, Kevin
L'image de la cité, Dunod, 1969.

Mazalto, Maurice
Une école pour réussir: l'effet établissement, L'Harmattan, 2005.

Mekhtoub, Nadia
Enseigner le français à tous les élèves, Scérén, 2012.

Mergy, Clémence
Étude des processus de légitimation du design, Ensci/Les Ateliers, 2006.

Mergy, Clémence
Innover dans les formes scolaires par les disciplines créatives, Cité du Design, 2015.

Montaigne, Michel [de]
Essais, Folio, 2009.

Moreno, Gean; Oroza, Ernesto
Notes sur la maison moirée (ou un urbanisme pour des villes qui se vident), Cité du Design/École Nationale Supérieure d'Architecture de Saint-Étienne, 2013.

Nair, Prakash; Fielding, Randall; Lackney, Jeffery
The language of school design: design patterns for 21st century school, Designshare Inc., 2013.

Pain, Jacques; Barrier, Emilie; Robin, Daniel
Violence à l'école. Allemagne, France, Angleterre. Une étude comparative européenne de douze établissements du deuxième degré, Matrice, 1997.

Papanek, Victor
Design pour un monde réel. Écologie humaine et changement social, Mercure de France, 1974.

Pigozzi and Peterson, O'Donnell Wicklund; Mau, Bruce
The third teacher, Abrams, 2010.

Prairat, Eirick
La Morale du professeur, PUF, 2013.

Rancière, Jacques
Le maître ignorant, 10/18, 2004.

Rostand, Jean
Inquiétudes d'un biologiste, Stock, 1967.

Sainsaulieu, Renaud
L'Identité au travail, Presses de Sciences Po, 1988.

Serres, Michel
Petite Poucette, Le pommier, 2012.

Souriau, Étienne
"L'art expérimental", in Étienne Souriau, *Vocabulaire d'esthétique*, PUF, 1990.

Veltcheff, Caroline
Pour un climat scolaire positif, Réseau Canopé, 2015.

Villard, Stéphane
"Une commande, des objets", in *Enseigner le design: De l'idée à l'exercice*, Cité du Design/Scérén-CRDP Académie de Lyon, 2010.

REVISTAS

Abbasi, Neda
"Organisation de l'espace scolaire et formation de l'identité chez les adolescents", in *Revue internationale d'éducation de Sèvres*, n° 64, Les espaces scolaires, dez. 2013.

Barrett, Lucinda; Barrett, Peter; Fay, Davies; Zhang, Yufan
"The impact of classroom design on pupils learning. Final results of a holistic, multi-level analysis", in *Building and Environment*, vol. 89, Elsevier, jul. 2015.

Brink, Barbara
"Création de centres d'accueil pour les enfants des rues: principes directeurs", in *Bâtiments et Équipements éducatifs 25*, Unesco, 1997.

Bury, Véronique
"Permis ou interdit ? Lorsque le règlement reconnaît le droit de bouger", in *Dossiers EPS*, n° 83, *Corps et climat scolaire*, Ed. EP&S, 2016.

Clerc, Pascal
"En rangs", in *Diversité*, n° 179, *Habiter l'école. Lieu ouvert, lieu fermé*, 2015.

Cohen, Jonathan
"School climate and culture improvement. A prosocial strategy that recognizes, educates and supports the whole child and the whole community", in *Handbook of prosocial éducation*, vol. 1, Rowman & Littlefield Publishers Inc., 2012.

Giralté, Alice
"Climat scolaire, architecture et usages des espaces scolaires", in *Diversité*, n° 179, *Habiter l'école. Lieu ouvert, lieu fermé*, 2015.

Gotman, Anne
"La question de l'hospitalité aujourd'hui", in *Communications*, vol. 65, n° 1, *L'Hospitalité*, 1997.

Jaffro, Laurent
"Foucault et le problème de l'éducation morale », in *Le Télémaque. Philosophie, Éducation, Société*, n° 29, *Éducation et Altérité*, Presses universitaires de Caen, 2006.

Lelièvre, Claude
"Le corps sexué est un objet d'attention dangereux", *Fenêtre sur cours*, n° 296, SNUIpp, fev. 2007.

Lock, Jennifer V.
"Designing learning to engage students in the global classroom", in *Technology, Pedagogy and Education*, vol. 24, n° 2, Routledge, 2015.

Lussault, Michel
"L'école ne peut pas être indifférente à l'expérience singulière du monde", in *Diversité*, n° 179, *Habiter l'école. Lieu ouvert, lieu fermé*, 2015.

Marchand, Bruno
"L'architecture scolaire d'aujourd'hui", in *Bulletin CIIP*, n° 15, dez. 2004.

Maroy, Christian
"Les évolutions du travail enseignant en France et en Europe: facteurs de changement, incidences et résistance dans l'enseignement secondaire", in *Les cahiers de recherche en éducation et formation*, n° 42, GIRSEF, jul. 2005.

Marquez, Emmanuelle
"La qualité du cadre de vie conditionne la pensée et le comportement", in *Diversité*, n° 179, *Habiter l'école. Lieu ouvert, lieu fermé*, 2015.

Mazalto, Maurice; Paltrinieri, Luca
"Introduction. Espaces scolaires et projets éducatifs", in *Revue internationale d'éducation de Sèvres*, n° 64, Les Espaces scolaires, dezembro 2013.

Morin, Edgar
"Peut-on concevoir une science de l'autonomie?", *Cahiers internationaux de sociologie*, vol. 11, *Les Sociologies*, PUF, 1981.

Musset, Marie
"De l'architecture scolaire aux espaces d'apprentissage: au bonheur d'apprendre?", in *Dossier d'actualité Veille et Analyse*, n° 75, Ifé, maio 2012.

Nair, Prakash
"The classroom is obsolete: it's time for something new", in *Education Week*, n° 28, jul. 2011.

New, Rebecca S.
"Les écoles, espaces intentionnels pour l'enfance. Le cas de Reggio Emilia en Italie", in *Revue internationale d'éducation de Sèvres*, n° 64, *Les Espaces scolaires*, dez. 2013.

Quéval, Sylvie
"Prairat Eirick. De la déontologie enseignante", *Revue française de pédagogie*, n° 154, 2006.

Silke, Lange; Reynolds, Richard; White, David
"A journey around my classroom: the psychogeography learning spaces", in *UAL Creative Teaching and Learning Journal*, vol. 1, n° 2, University of the Arts London, nov. 2016.

Westbrook, Robert
"John Dewey (1859-1952) ", in *Prospects: quarterly review of comparative education*, vol. 23, n° 1/2, Unesco, 1993.

Zoïa, Geneviève; Visier, Laurent
"Construire l'école du bien-être dans un quartier pauvre. Une expérience d'accompagnement sociologique", in *Espaces et Sociétés*, n° 166, *Espaces scolaires et éducatifs*, Erès, 2016.

Diversité
n° 179, *Habiter l'école : lieu ouvert, lieu fermé?* Réseau Canopé, 1° trimestre 2015.

TDC
n° 874, *Le Design*, Scérén-CNDP, 15 abr. 2004.

TDC
n° 1018, *L'Innovation technologique*, Scérén-CNDP, 15 jun. 2011.

TDC
n° 1078, *Le design se réinvente*, Canopé-CNDP, 15 jun. 2014.

SITES

AMBIENTE ESCOLAR

www.reseau-canope.fr/climatscolaire

DESIGN

www.citedudesign.com
"Je participe à la rénovation de mon école!"
Caminho: Accueil – La recherche/Projets – Expérimentation – Vignettes.

www.codesign-it.com
"Le design et l'éducation : rencontre avec Ruchi Junnarkar".
Caminho: Accueil – Ideas – Search: Le design et l'éducation : rencontre avec Ruchi Junnarkar.

www.eliumstudio.com
"En archipel".
Caminho: Accueil – Loupe / Rechercher En archipel / Carte blanche via, en archipel.

www.plateforme-socialdesign.net

www.reseau-canope.fr/arts-visuels/design
"Réseau Canopé à l'heure du design".
Moteur de recherche : Réseau Canopé à l'heure du design.

DIGITAL

www.collegedesbernardins.fr
"Apprendre à enseigner à l'ère numérique".
Caminho: Accueil – Archives – Bande de recherche bas de page (6 outubro 2016).

eduscol.education.fr
"Le design thinking dans l'éducation".
Caminho: Accueil Eduscol – Contenus et pratiques d'enseignement / Enseigner avec le numérique – Bas de page: Tout le numérique / Fil: Veille éducation numérique / Mars 2016 / Le design thinking dans l'éducation.

www.educavox.fr
"L'aménagement des espaces de l'école numérique et la cité du design."
Caminho: Accueil – Actualités – Reportages – Bande de recherche bas de page.
ou
Motor de busca: L'aménagement des espaces de l'école numérique et la cité du design.

archives-ouvertes.fr
"Je participe à la rénovation de mon école! Une démarche participative unique et innovante menée à Saint-Étienne".
Caminho: Consultation / Par type de publication / Communication dans un congrès / Rechercher : Caroline d'Auria-Goux.

www.descolarisation.org
Thierry Pardo, Une éducation sans école, Ecosociété, 2015.
Caminho: Documents principaux / Bibliographie Déscolarisation.

SIGLAS

A

AEP
Association pour l'environnement pédagogique
Associação para o ambiente pedagógico

ADPTSE
Association pour le développement de la pédagogie, du tourisme scientifique et écologique
Associação para o desenvolvimento da pedagogia, do turismo científico e ecológico

AFPSSU
Association française de promotion de la santé dans l'environnement scolaire et universitaire
Associação francesa de promoção da saúde no ambiente escolar e universitário

AMO
Assistance à maîtrise d'ouvrage
Assistência à coordenação de obras

AP
Accompagnement personnalisé
Acompanhamento personalizado

ATOSS
Personnels administratifs, techniques, ouvriers, de service sociaux et de santé
Funcionários administrativos, técnicos, operários, de serviços sociais e de saúde

ATSEM
Agent territorial spécialisé des écoles maternelles
Agente regional especializado em escolas maternais

B

BBC
British Broadcasting Corporation

BPI
Bibliothèque publique d'information
Biblioteca pública de informação

BTS
Brevet de technicien supérieur
Certificado de técnico superior

C

CAP
Certificat d'aptitude professionnelle
Certificado de aptidão profissional

CARDIE
Coordination[1] académique pour la recherche et le développement en innovation et expérimentation
Coordenação acadêmica pela pesquisa e desenvolvimento em inovação e experimentação

CAUE
Conseil d'architecture, d'urbanisme et de l'environnement
Conselho de arquitetura, urbanismo e meio ambiente

CCH
Code de la construction et de l'habitation
Código da construção e da habitação

CD
Compact Disc

CDI
Centre de documentation et d'information
Centro de documentação e informação

CE1
Cours élémentaire 1
Curso elementar 1

CHAM
Classe à horaires aménagés musique
Aula de música

CHSCT
Comité d'hygiène, de sécurité et des conditions de travail
Comitê de higiene, segurança e condições de trabalho

CIEP
Centre international d'études pédagogiques
Centro internacional de estudos pedagógicos

CLAIR
Collèges et lycées pour l'ambition, l'innovation et la réussite
Colégios e liceus pela ambição, inovação e sucesso escolar

Classe à PAC
Classe à projet artistique et culturel
Aula de projeto artístico e cultural

CLIS
Classe pour l'inclusion scolaire
Classe de inclusão escolar

---

1   Segundo a Academia, podemos encontrar também os termos "centre", "cellule", "conseil académique" para designar Cardie ou la Cardie.

CM2
Cours moyen 2
Curso intermediário 2

CNRS
Centre national de la recherche scientifique
Centro nacional de pesquisa científica

CPE
Conseiller principal d'éducation
Conselheiro principal de educação

CRDP
Centre régional de documentation pédagogique
Centro regional de documentação pedagógica

CRI
Centre de recherche interdisciplinaire
Centro de pesquisa interdisciplinar

D

DHG
Dotation horaire globale
Alocação horária geral

DRAC
Direction régionale des affaires culturelles
Direção regional de assuntos culturais

DSAA DP
Diplôme supérieur d'arts appliqués design produit
Diploma superior de artes aplicadas em design industrial

E

ECLAIR
Écoles, collèges et lycées pour l'ambition, l'innovation et la réussite
Escolas, colégios e liceus para ambição, inovação e sucesso escolar

EMA
École, mutations, apprentissages
Escola, mutações, aprendizagens

EPCC
Établissement public de coopération culturelle
Estabelecimento público de cooperação cultural

EPI
Enseignements pratiques interdisciplinaires
Ensino prático interdisciplinar

EPS
Éducation physique et sportive
Educação física e esportiva

SIGLAS

ERP
Etablissements recevant du public
Estabelecimentos abertos ao público

F

FRAC
Fonds régional d'art contemporain
Fundo regional de arte contemporânea

G

GIRSEF
Groupe interdisciplinaire de recherche sur la socialisation, l'éducation et la formation
Grupo interdisciplinar de pesquisa sobre socialização, educação e formação

GPS
Géo-positionnement par satellite
Geoposicionamento por satélite

H

HVC
Heure de vie de classe
Hora de vida em classe

I

IA-IPR EVS
Inspecteur académique-Inspecteur pédagogique régional Établissements vie scolaire
Inspetor acadêmico-Inspetor pedagógico regional dos estabelecimentos de vida escolar

ICSID
International Council of Societies of Industrial Design
Conselho Internacional de Sociedades de Design Industrial

IGAENR
Inspecteur général de l'administration de l'éducation nationale et de la recherche
Inspetor geral da administração de educação nacional e pesquisa

IGEN
Inspecteur général de l'éducation nationale
Inspetor geral da educação nacional

INRP
Institut national de recherche pédagogique
Instituto nacional de pesquisa pedagógica

M

MIT
Massachusetts Institute of Technology
Instituto de Tecnologia de Massachusetts

MRERS
Mouvement des réseaux d'échanges réciproques de savoirs
Movimento de redes de trocas recíprocas de saberes

N

NTIC
Nouvelles technologies de l'information et de la communication
Novas tecnologias de informação e comunicação

O

OCDE
Organisation de coopération et de développement économique
Organização para a cooperação e o desenvolvimento econômico

OECD
Organisation for Economic Co-operation and Development
Organização para Cooperação e Desenvolvimento Econômico

OMS
Organisation Mondiale de la Santé
Organização Mundial da Saúde

ONG
Organisation non gouvernementale
Organização não governamental

P

PACA
Provence-Alpes-Côte d'azur

PEGC
Professeur d'enseignement général des collèges
Professor de ensino geral de colégio

POLAU
Pôle des arts urbains
Polo de artes urbanas

PPRE
Programme personnalisé de réussite éducative
Programa personalizado de sucesso educativo

Q

QCM
Questionnaire à choix multiples
Questionário de múltipla escolha

R

REP
Réseau d'éducation prioritaire
Rede de educação prioritária

REP+
Réseaux d'éducation prioritaire+
Redes de educação prioritária+

S

SNUIpp
Syndicat national unitaire des instituteurs, professeurs des écoles et PEGC
Sindicato nacional unitário dos instrutores, professores de escolas e PEGC

STAS
Transport urbain Saint-Étienne Métropole
Transporte urbano da Metrópole de Saint-Étienne

STI
Sciences et technologies industrielles
Ciências e tecnologias industriais

SVT
Sciences de la vie et de la Terre
Ciências da vida e da terra

T

TBI
Tableau blanc interactif
Quadro branco interativo

TICE
Technologies de l'information et de la communication pour l'enseignement
Tecnologias de informação e comunicação para o ensino

TOS
Techniques, ouvriers et de service
Técnicos, operários e de serviço

TPE
Travaux personnels encadrés
Trabalho pessoal supervisionado

U

UGAP
Union des groupements d'achats publics
União de grupos de compras públicas

UNESCO
Organisation des Nations Unies pour l'éducation, la science et la culture
Organização das Nações Unidas para educação, ciência e cultura

V

VNI
Vidéoprojecteur numérique
Videoprojetor digital

Z

ZEP
Zone d'éducation prioritaire
Zona de educação prioritária

OS AUTORES

CAROLINE D'AURIA

Designer, formada pela Escola Superior de Arte e Design de Saint-Étienne, Caroline d'Auria atuou como professora por cinco anos. Desde 2008, coordena projetos experimentais no polo de pesquisa da Cité du Design e desenvolve protocolos de pesquisa aplicada em design, sobre temas variados. Ela traz um novo olhar sobre os desafios dos usos e das técnicas, frequentemente relacionados a design participativo.

BRIGITTE FLAMAND

Nomeada IA-IPR em 1999, Brigitte Flamand é, desde 2011, IGEN Design & métiers d'art. Sua atividade é centrada na *expertise* de formações de design no Ministério da Educação Nacional e na coordenação do ensino de design e artes aplicadas em escala nacional. Em 2014, com Jean Delpech de Saint-Guilhem [IGAENR], produziu um relatório intitulado *Design e profissões de arte*, para o Ministério da Educação.

JEAN FLEURY

IA-IPR de ciências econômicas e sociais, Jean Fleury ocupou a função de conselheiro acadêmico na Cardie da academia de Lyon. Ao longo de seus estudos [economia, sociologia, ciências políticas] e de sua carreira, dedicou-se amplamente a uma análise dos sistemas de mudanças, particularmente em estabelecimentos escolares. Ele traz também uma reflexão compartilhada sobre as condições da emergência de inovações pedagógicas prefigurando a escola do século XXI.

GILLES GROSSON

Formador de consultores em administração e gestão de projetos no setor público e privado, foi chefe de projetos de experimentação pedagógica e professor. Artista pintor e doutorando em sociologia das organizações [CMW Lyon II], ele realiza uma pesquisa sobre o trabalho criativo de artistas plásticos. Ele atua na Cardie de Lyon e dá suporte a alunos desistentes, de 16 a 25 anos.

CLÉMENCE MERGY

Designer, formada em artes aplicadas, desde 2006 leciona na escola Duperré, na qual coordena o laboratório de projetos em design do espaço, de moda e de meio ambiente. Atualmente, realiza um ano experimental de residência artística no Mobilier National. Desde 2011, conduz pesquisas para a Cité du Design ou pelo Bureau Oblique [estúdio de "inteligências criativas", fundado em 2015].

MARIE MUSSET

IA-IPT de letras, professora associada de letras, lecionou durante mais de vinte e cinco anos, em contextos variados. Seus trabalhos em educação comparada tratam da "profissão de aluno". Sua função de IA-IPR lhe possibilita a implementação de política educativa nas salas de aula e estabelecimentos escolares.

SOPHIE PÈNE

Vice-presidente do Conselho Nacional do Digital, dedica-se ao estudo da transformação digital das instituições educativas, cercadas de novos empreendedores e ameaçadas de "desintermediação", mas capazes de se reinventar. É professora da Universidade Paris Descartes. Entre 2009 e 2012, exercendo o cargo de diretora de pesquisa na ENSCI-Les Ateliers, pôde entrar em contato com o design e designers.

STUDIO TABOURET

O Studio Tabouret traduz em imagens o que parece intangível: conceitos, serviços, cenários de uso, objetos perdidos, espaços do futuro, tecnologias abstratas. Adapta-se conforme o escopo dos projetos: desenho simples, animação didática, 3D, fotorrealismo. Sua equipe é composta por:

Cyril Afsa: designer formado pelo ENSCI-Les Ateliers, iniciou sua carreira com Mathieu Lehanneur e depois com Philippe Starck, orientando-se posteriormente a um design prospectivo, junto a grandes atores do serviço [Orange, La Poste, Suez]. Ele ministra aulas na Arts Décoratifs de Paris.

Gaëtan Robillard: artista visual, formado no Fresnoy e no ENSBA de Lyon, desenvolve um trabalho relacionado ao mar, aos algoritmos e às vidas que desenham as tecnologias; é professor da Universidade Paris-Est Marne-la-Vallée.

MARIE-CLAIRE THOMAS

Encarregada de estudos na Ifé, foi diretora regional adjunta da Canopé Auvergne-Rhône-Alpes, sendo responsável pelo polo de artes e cultura e da edição transmídia. Ela também contribuiu com o desenvolvimento de inovações pedagógicas na reitoria da academia de Lyon e participou de trabalhos de pesquisa sobre avaliação e métodos criativos em educação.

JEAN-PIERRE TIXIER

Designer, formado pela Escola de Belas-Artes de Saint-Étienne, colabora com a revista *Azimuts*. Em 1996, criou a agência Design 2 fois com Betty Aligne, dando sequência a seu trabalho individualmente, voltando-se para o design do espaço. Em 2007, foi cofundador da associação do coletivo Designers +, em Saint-Étienne. Leciona na Escola Nacional Superior de Belas-Artes de Dijon e atua como pesquisador para a Cité du Design.

CAROLINE VELTCHEFF

IA-IPR de estabelecimentos de vida escolar, de 2012 a 2015 foi responsável pelo dossiê *Vida escolar*, no seio da delegação ministerial de prevenção à violência. Ela também fez parte da equipe de criação do site colaborativo Climat Scolaire, projeto realizado pela Rede Canopé. É atualmente diretora regional da Canopé Normandia.